Die öffentliche Hauptverhandlung in Strafsachen

Europäische Hochschulschriften Recht

European University Studies in Law

Publications Universitaires Européennes de Droit

Band/Volume **6093**

Chiir Anthony Gbellu

Die öffentliche Hauptverhandlung in Strafsachen

Eine Untersuchung des Status quo

PETER LANG

Bibliografische Information der Deutschen Nationalbibliothek
Die Deutsche Nationalbibliothek verzeichnet diese Publikation in der Deutschen Nationalbibliografie; detaillierte bibliografische Daten sind im Internet über http://dnb.d-nb.de abrufbar.

Zugl.: Frankfurt (Main), Univ., Diss., 2019.

D 30
ISSN 0531-7312
ISBN 978-3-631-79422-7 (Print)
E-ISBN 978-3-631-79424-1 (E-PDF)
E-ISBN 978-3-631-79425-8 (EPUB)
E-ISBN 978-3-631-79426-5 (MOBI)
DOI 10.3726/b15824

Peter Lang – Berlin · Bern · Bruxelles · New York · Oxford · Warszawa · Wien

Diese Publikation wurde begutachtet.

www.peterlang.com

Vorwort

Die vorliegende Arbeit wurde im Wintersemester 2018/2019 vom Fachbereich Rechtswissenschaft der Johann Wolfgang Goethe-Universität Frankfurt am Main als Dissertation angenommen. Rechtsprechung, Literatur und Gesetzesänderungen konnten bis einschließlich September 2017 berücksichtigt werden.

Mein Dank gilt zunächst meinem Doktorvater Prof. Dr. Cornelius Prittwitz für die Ermöglichung dieser Arbeit und das mir stets entgegengebrachte Vertrauen.

Bedanken möchte ich mich ebenfalls bei Prof. Dr. Klaus Günther für die Erstellung des Zweitgutachtens.

Ann-Christin möchte ich für ihre wertvolle Unterstützung und Rücksichtnahme danken. Sie hat mich stets in meinem Handeln bekräftigt und war während des Entstehungsprozesses der Arbeit eine große Stütze für mich.

Besonders großer Dank gilt meiner Mutter Angela für ihre uneingeschränkte, liebevolle Unterstützung. Sie hat stets an mich geglaubt und mir das Studium sowie die Promotion ermöglicht.

Diese Arbeit ist meiner Mutter gewidmet.

Frankfurt am Main, im Januar 2019

Chiir Anthony Gbellu

I. Inhaltsverzeichnis

Literaturverzeichnis

Alber, Peter-Paul: Die Geschichte der Öffentlichkeit im deutschen Strafverfahren, Berlin 1974. (zitiert: Alber, *Die Geschichte der Öffentlichkeit im dt. Strafverfahren*)

Albrecht, Hans-Jörg/ Dünkel, Frieder/ Spieß, Gerhard: Empirische Sanktionsforschung und die Begründbarkeit von Kriminalpolitik, in: MschrKrim 1981, 310–326.

Allgaier, Edwin: Recht light – unter's Volk gebracht – Zum Bildungswert von Gerichtsshows, in: ZRP 2004, 212.

Altenhain, Karsten: Ein halbherziger Entwurf, in: DRiZ 2016, 304–307.

Altenhain, Karsten: Öffentlichkeit im Strafverfahren – Transparenz und Schutz der Verfahrensbeteiligten, in: NJW – Beilage 2016, 37–41.

Altenhain, Karsten: Öffentlichkeit im Strafverfahren – Transparenz und Schutz der Verfahrensbeteiligten – Gutachten C zum 71. Deutschen Juristentag, München 2016. (zitiert: Altenhain, *Öffentlichkeit im Strafverfahren*)

Alwart, Heiner: „Schreckliches Theater" – wann wird im NSU-Prozess endlich der Vorhang fallen?, in: JZ 2014, 1091–1096.

Alwart, Heiner: Videoübertragung beim NSU-Prozess: Von Authentizität weit entfernt, LTO v. 30.04.2013, abrufbar unter: http://www.lto.de/persistent/a_id/8642/ (abgerufen am 14.08.2017).

Amira, Karl von: Grundriss des germanischen Rechts, 3. Aufl., Straßburg 1913.

Angermaier, Alexander/ Kujath, Johanna Die Ausübung des Hausrechts in Gerichtsgebäuden, in: DRiZ 2012, 338–340.

Arenhövel, Wolfgang: Unsachliche, herabsetzende Kritik an Urteilen, Richtern und Staatsanwälten nimmt zu – Aber die Justiz kommt in den Medien besser weg als die Politik, in: ZRP 2004, 61–62.

Balzter, Sebastian: Urteil im Breivik-Prozess: Ein Schrecken mit Ende, FAZ v. 24.08.2012, abrufbar unter: http://www.faz.net/-gpf-72ctk (abgerufen am 14.08.2017).

Bamberger, Christian: Medienöffentlichkeit im Lichte der Rundfunkfreiheit, in: ZUM 2001, 373–378.

Bannenberg, Britta: Massenmord in Norwegen – Kriminologische Betrachtung des Falles Anders Behring Breivik, in: Zöller, Mark A. (Hrsg.)/Hilger, Hans (Hrsg.)/Küper, Wilfried (Hrsg.)/Roxin, Claus (Hrsg.), Gesamte Strafrechtswissenschaft in internationaler Dimension – Festschrift für Jürgen Wolter zum 70. Geburtstag am 7. September 2013, Berlin 2013, 1205–1222. (zitiert: Bannenberg in *FS Wolter*)

Beccaria, Cesare: Über Verbrechen und Strafen – Nach der Ausgabe von 1766, Alff, Wilhelm (Hrsg.), Frankfurt am Main/Leipzig 1998.

Becker, Anne: Court TV Unveils News Name: truTV, The Huffington Post v. 28.03.2008, abrufbar unter: http://www.huffingtonpost.com/2007/07/11/court-tv-unveils-news-nam_n_55769.html (abgerufen am 24.08.2017).

Becker, Siegfried/ Oldenhage, Klaus: Bundesarchivgesetz – Handkommentar, Baden-Baden 2006. (zitiert: Becker/Oldenhage, *Bundesarchivgesetz-Kom.*)

Beck'scher Online-Kommentar Informations- und Medienrecht: Gersdorf, Hubertus (Hrsg.)/ Paal, Boris P. (Hrsg.), 17. Edition, München 2017. (abrufbar unter:https://beck-online.beck.de)(zitiert:Bearbeiter in *BeckOK-Informations- u. Medienrecht*)

Beck'scher Online-Kommentar StP Omit RiStBV und MiStra: Graf, Jürgen-Peter (Hrsg.), 27. Edition, München 2017. (abrufbar unter: https://beck-online.beck.de) (zitiert: Bearbeiter in *BeckOK-StPO*)

Beck'scher Online-Kommentar Urheberrecht: Ahlberg, Hartwig (Hrsg.)/ Götting, Horst-Peter (Hrsg.), 16. Edition, München 2017. (abrufbar unter: https://beck-online.beck.de) (zitiert: Bearbeiter in *BeckOK-Urheberrecht*)

Beese, Wilhelm: Der Grundsatz der Öffentlichkeit im deutschen Strafprozess, Kiel 1938. (zitiert: Beese, *Grundsatz der Öffentlichkeit im dt. Strafprozess*)

Bentele, Günter (Hrsg.)/ Brosius, Hans-Bernd (Hrsg.)/ Jarren, Otfried (Hrsg.) Lexikon Kommunikations- und Medienwissenschaft, 2. Aufl., Wiesbaden 2013. (zitiert: Bearbeiter in *Lexikon Kommunikations- und Medienwissenschaft*)

Beulke, Werner: Empirische und normative Probleme der Verwendung neuer Medien in der Hauptverhandlung, in: ZStW 2001, 709–742.

Bleicher, Joan Kristin: Internet, Stuttgart 2010.

Bock, Joachim: Beschränkungen für Pressevertreter bei Hauptverhandlungen in Strafsachen – Sitzplatzvergabe und andere Probleme, in: jM 2014, 123–129.

Boehme-Neßler, Volker: Recht als Theater? – Auswirkungen der Fernsehkultur auf das Recht, in: ZRP 2003, 125–128.

Bohsem, Guido: Steuerhinterziehung: Zahl der Selbstanzeigen steigt rasant, SZ v. 16.04.2014, abrufbar unter: http://www.sueddeutsche.de/geld/steuerhinterziehung-zahl-der-selbstanzeigen-steigt-rasant-1.1937758 (abgerufen am 24.08.2017).

Bräutigam, Frank: Die Reform von § 169 GVG – Eine Chance für Justiz, Medien und Publikum – Stellungnahme für den „Ausschuss für Recht und Verbraucherschutz“ des Deutschen Bundestages, abrufbar unter: http://www.bundestag.de/blob/500952/64abf594f94065e13490f9eb57e411f0/braeutigam-data.pdf (abgerufen am 02.09.2017). (zitiert: Bräutigam, Die Reform von § 169 GVG – Stellungnahme)

Braun, Yvonne: Medienberichterstattung über Strafverfahren im deutschen und englischen Recht – Zugleich eine Erörterung der Fernsehöffentlichkeit der Hauptverhandlung, Freiburg im Breisgau 1998. (zitiert: Braun, *Medienberichterstattung über Strafverfahren*)

Britz, Guido: Court-TV? – Zum Stand der Diskussion um § 169 Satz 2 GVG, in: jM 2015, 127–130.

Britz, Guido: Das Fernsehen gehört in die Hauptverhandlung – Kritische Anmerkungen zur Vorschrift des § 169 S. 2 GVG, in: Lüderssen, Klaus (Hrsg.)/Volk, Klaus (Hrsg.)/Wahle, Eberhard (Hrsg.), Festschrift für Wolf Schiller – zum 65. Geburtstag am 12. Januar 2014, Baden-Baden 2014, 81–102. (zitiert: Britz in *FS Schiller*)

Bubrowski, Helene: Presseandrang beim NSU-Prozess: Strafrechtler für Übertragung in anderen Saal, FAZ v. 27.03.2013, abrufbar unter: http://www.faz.net/aktuell/politik/inland/presseandrang-beim-nsu-prozess-strafrechtler-fuer-uebertragung-in-anderen-saal-12130498.html (abgerufen am 14.08.2017).

Bund Deutscher Verwaltungsrichter und Verwaltungsrichterinnen: Effektiven Rechtsschutz sichern – Medienöffentlichkeit in bestehendem Umfang gewährleisten – Stellungnahme zum Entwurf eines Gesetzes zur Erweiterung der Medienöffentlichkeit in Gerichtsverfahren und zur Verbesserung von Kommunikationshilfen für Menschen mit Sprach- und Hörbehinderungen, abrufbar unter: http://www.bdvr.de/index.php/id-20162017-131.html?file=files/bdvr-site/content/stellungnahmen/st_2016-09-12_EMoeGG.pdf (abgerufen 02.09.2017). (zitiert: BDVR, Stellungnahme zum EMöGG)

Bund-Länder-Arbeitsgruppe „Zeit-gemäße Neufassung des § 169 GVG“: Abschlussbericht, abrufbar unter: http://www.bmjv.de/SharedDocs/Downloads/DE/PDF/Abschlussbericht_Bund_Laender_Arbeitsgruppe_169GVG.pdf;jsessionid=B216FD7C851AA6F6AD2B24E5265C0831.1_cid334?__blob=publicationFile&v=1 (abgerufen am 01.09.2017).

Bundesrechtsanwaltskammer: Stellungnahme Nr. 18/2016 – Juli 2016 – Referentenentwurf eines Gesetzes zur Erweiterung der Medienöffentlichkeit in Gerichtsverfahren und zur Verbesserung der Kommunikationshilfen für Sprach- und Hörbehinderte (EMöGG) – § 169 GVG, abrufbar unter: http://www.brak.de/zur-rechtspolitik/stellungnahmen-pdf/stellungnahmen-deutschland/2016/juli/stellungnahme-der-brak-2016-18.pdf (abgerufen am 02.09.2017). (zitiert: BRAK, Stellungnahme Nr. 18/2016)

Bundesrechtsanwaltskammer: Stellungnahme Nr. 45/2014 – November 2014 – Zu den Reformüberlegungen zur Videoübertragung im Strafprozess; hier zur Änderung des § 169 GVG zur Ermöglichung einer Bild- und Tonübertragung der Hauptverhandlung in einen anderen Saal, abrufbar unter: http://www.brak.de/zur-rechtspolitik/stellungnahmen-pdf/stellungnahmen-deutschland/2014/november/stellungnahme-der-brak-2014-45.pdf (abgerufen am 01.09.2017). (zitiert: BRAK, Stellungnahme Nr. 45/2014)

Bundesverband Deutscher Zeitungsverleger e. V. (Hrsg.): Die deutschen Zeitungen in Zahlen und Daten 2015, Berlin 2014. (zitiert: BDZV, *Die dt. Zeitungen in Zahlen u. Daten 2015*)

Bundesverband Deutscher Zeitungsverleger e. V. (Hrsg.): Die deutschen Zeitungen in Zahlen und Daten 2017, Berlin 2016. (zitiert: BDZV, *Die dt. Zeitungen in Zahlen u. Daten 2017*)

Bundesverband Deutscher, Zeitungsverleger e. V./ Deutscher, Journalisten-Verband/ Deutscher, Presserat/ Verband Deutscher Zeitschriftenverleger/ Vereinte Dienstleistungsgewerkschaft: Gemeinsame Stellungnahme zum Ref-erentenentwurf eines Gesetzes zur Erweiterung der Medienöffentlichkeit im Gerichtsverfahren und zur Verbesserung der Kommunikationshilfen für Sprach- und Hörbehinderte (EMöGG), abrufbar unter: http://www.presserat.de/fileadmin/user_upload/Stellungnahmen/Stellungnahme_Medienoeffentlichkeit_im_Gerichtsverfahren.pdf (abgerufen am 02.09.2017). (zitiert: BDZV, DJV, Dt. Presserat, VDZ, dju in ver.di, Gemeinsame Stellungnahme zum EMöGG)

Bundeszentrale für politische Bildung: Gerichtsshows ab 2000 – Gerichtsshows und ihre Vorgänger in BRD und DDR, abrufbar unter: http://www.bpb.de/gesellschaft/medien/deutsche-fernsehgeschichte-in-ost-und-west/245158/gerichtsshows-ab-2000 (abgerufen am 29.08.2017). (zitiert: bpb, Gerichtsshows ab 2000)

Burbulla, Frank: Die Fernsehöffentlichkeit als Bestandteil des Öffentlichkeitsgrundsatzes, Frankfurt am Main/Berlin/Bern/New York/Paris/Wien 1998. (zitiert: Burbulla, *Die Fernsehöffentlichkeit*)

Burhoff, Detlef: Handbuch für die strafrechtliche Hauptverhandlung, 8. Aufl., Köln 2016. (zitiert: Burhoff, *Handbuch strafrechtl. Hauptverhandlung*)

Busse, Felix: Die Würde des Menschen auch im Strafverfahren achten – Drei Preise an vier Journalisten für Print, Hörfunk und Fernsehen – Laudatio, in: AnwBl 2011, 541–543.

CDU, CSU und SPD: Deutschlands Zukunft gestalten – Koalitionsvertrag zwischen CDU, CSU und SPD – 18. Legislaturperiode, abrufbar unter: https://www.cdu.de/sites/default/files/media/dokumente/koalitionsvertrag.pdf (abgerufen am 29.08.2017).

Chudoba, Ulrich: Richterliche Unabhängigkeit und Medieninteresse am Beispiel des Pascal-Prozesses, in: Holzwarth, Stephanie (Hrsg.)/Lambrecht, Ulrich (Hrsg.)/Schalk, Sebastian (Hrsg.)/Späth, Annette (Hrsg.)/Zech, Eva (Hrsg.), Die Unabhängigkeit des Richters – Richterliche Entscheidungsfindung in den Blick genommen, Tübingen 2009, 53–63. (zitiert: Chudoba in *Die Unabhängigkeit des Richters*)

Coelln, Christian von: Benutzung eines Laptops durch Gerichtsreporter, Anmerkung zu BVerfG, Einstweilige Anordnung v. 03.12.2008, 1 BvQ 47/08, in: jurisPR-ITR 12/2009, Anmerkung 5.

Coelln, Christian von: Mehr Medienöffentlichkeit vor Gericht?, in: AfP 2016, 491–495.

Coelln, Christian von: Zur Medienöffentlichkeit der Dritten Gewalt – rechtliche Aspekte des Zugangs der Medien zur Rechtsprechung im Verfassungsstaat des Grundgesetzes, Tübingen 2005.

Curti, Henning: Strafe und Generalprävention – Ein empirischer Nachweis für die Bundesrepublik Deutschland, in: ZRP 1999, 234–237.

Dallinger, Wilhelm: Aus der Rechtsprechung des Bundesgerichtshofs in Strafsachen, in: MDR 1972, 750–753.

Danziger, Christine: Die Medialisierung des Strafprozesses – Eine Untersuchung zum Verhältnis von Medien und Strafprozess, Berlin 2009.

Deutscher Anwaltverein: Stellungnahme Nr. 38/2016 – Stellungnahme: des Deutschen Anwaltsvereins durch den Ausschuss Strafrecht zum Entwurf eines Gesetzes zur Erweiterung der Medienöffentlichkeit in Gerichtsverfahren, abrufbar unter: https://anwaltverein.de/de/newsroom/sn-38-16-erweiterung-der-medienoeffentlichkeit-in-gerichtsverfahren-169-gvg?file=files/anwaltverein.de/downloads/newsroom/stellungnahmen/2016/DAV-SN-38.pdf (abgerufen am 02.09.2017). (zitiert: DAV, Stellungnahme Nr. 38/2016)

Deutscher Fachjournalisten-Verband: FAQ – Wer stellt Presseausweise aus?, abrufbar unter: http://www.presseausweis.de/faq/wer_stellt_presseausweise_aus.html (abgerufen am 29.08.2017).

Deutscher Juristentag e. V.: 71. Deutscher Juristentag Essen 2016, Beschlüsse, abrufbar unter: http://www.djt.de/fileadmin/downloads/71/Beschluesse_gesamt.pdf (abgerufen am 28.08.2017).

Deutscher Presserat: Publizistische Grundsätze (Pressekodex) – Richtlinien für die publizistische Arbeit nach den Empfehlungen des Deutschen Presserates – Beschwerdeordnung, abrufbar unter: http://www.presserat.de/fileadmin/user_upload/Downloads_Dateien/Pressekodex2017_web.pdf (abgerufen am 28.08.2017). (zitiert: Pressekodex d. dt. Presserats)

Deutscher Presserat: Statistik Beschwerden 2015, abrufbar unter: http://www.presserat.de/fileadmin/user_upload/Statistiken/Beschwerden_2015.pdf (abgerufen am 28.08.2017). (zitiert: Statistik Beschwerden 2015 des dt. Presserats)

Deutscher Presserat: Statistik Beschwerden 2016, abrufbar unter: http://www.presserat.de/beschwerde/statistiken/#panel-beschwerdezahlen (abgerufen am 28.08.2017). (zitiert: Statistik Beschwerden 2016 des dt. Presserats)

Deutscher Presserat: Übersicht Rügen 2016, abrufbar unter: http://www.presserat.de/pressekodex/uebersicht-der-ruegen/#panel-2016 (abgerufen am 28.08.2017). (zitiert: Übersicht der Rügen des dt. Presserats für 2016)

Deutscher Richterbund: DRB strikt gegen „court-tv“ – Stellungnahme zu einer Verfassungsbeschwerde der n-tv Nachrichtenfernsehen GmbH & Co. KG, in: DRiZ 1996, 246–250.

Deutscher Richterbund: Stellungnahme Nr. 12/16 – Juli 2016 – Stellungnahme des Deutschen Richterbundes zum Referentenentwurf eines Gesetzes zur Erweiterung der Medienöffentlichkeit in Gerichtsverfahren und zur Verbesserung der Kommunikationshilfen für Sprach- und Hörbehinderte (EMöGG), abrufbar unter: http://www.drb.de/fileadmin/docs/Stellungnahmen/2016/DRB_160708_Stn_Nr_12_Medien%C3%B6ffentlichkeit_in_Gerichtsverfahren.pdf (abgerufen am 02.09.2017).

die Medienanstalten – ALM GbR (Hrsg.): Jahrbuch 2014/2015 – Tradition ist KEIN Geschäftsmodell, Leipzig 2015.

Dreier, Thomas/ Schulze, Gernot: Urheberrechtsgesetz – Urheberrechtswahrnehmungsgesetz – Kunsturhebergesetz – Kommentar, 5. Aufl., München 2015. (zitiert: Bearbeiter in *Dreier/Schulze-UrhG*)

Dudenredaktion (o. J.): „Medium“ auf Duden online, abrufbar unter: http://www.duden.de/node/651831/revisions/1368505/view (abgerufen am 29.08.2017).

Entorf, Horst/ Spengler, Hannes: Die generalpräventive Wirkung erwarteter Strafe – Eine umfassende Auswertung kombinierter Kriminal- und Strafverfolgungsstatistiken im langfristigen Bundesländervergleich, in: MschrKrim 2005, 313–338.

Epping, Volker: Grundrechte, 7. Aufl., Berlin 2017.

Erbs, Georg/ Kohlhaas, Max: Strafrechtliche Nebengesetze, Häberle, Peter (Hrsg.), 213. Aufl., München 2017. (zitiert: Bearbeiter in *Erbs/Kohlhaas-Strafrechtl. Nebengesetze*)

Ernst, Stefan: Kameras im Gerichtssaal, in: ZUM 1996, 187–193.

Fangmann, Helmut: Richterverhältnis und Meinungsfreiheit, in: AuR 1985, 7–14.

Feuerbach, Paul Johann Anselm von: Betrachtungen über die Öffentlichkeit und Mündlichkeit der Gerechtigkeitspflege, Bd. I: Von der Öffentlichkeit der Gerichte – Von der Mündlichkeit der Rechtsverwaltung, Aalen 1969 (Nachdruck der Ausgabe Gießen 1821). (zitiert: v. Feuerbach, *Betrachtungen über d. Öffentlichkeit u. Mündlichkeit d. Gerechtigkeitspflege*)

Feuerbach, Paul Johann Anselm von: Lehrbuch des gemeinen in Deutschland gültigen peinlichen Rechts – Mit vielen Anmerkungen und Zusatzparagraphen und mit einer vergleichenden Darstellung der Fortbildung des Strafrechts durch die neuen Gesetzgebungen, Mittermaier, Karl Joseph Anton (Hrsg.), Aalen 1973 (Nachdruck der 14. Aufl., Gießen 1847). (zitiert: v. Feuerbach, *Lehrbuch des gemeinen Rechts*)

Fink, Michael: Bild- und Tonaufnahmen im Umfeld der strafgerichtlichen Hauptverhandlung, Berlin 2007. (zitiert: Fink, *Bild- u. Tonaufnahmen*)

Fischer, Peter/ Hofer, Peter: Lexikon der Informatik, 15. Aufl., Berlin/ Heidelberg 2011.

Fischer, Thomas: Strafgesetzbuch – mit Nebengesetzen, 64. Aufl., München 2016. (zitiert: Fischer, *StGB-Kom.*)

Foelix, Jean Jacques Gaspard: Über die Mündlichkeit und Öffentlichkeit des Gerichtsverfahrens, dann über das Geschwornengericht, Karlsruhe 1843. (zitiert: Foelix, Über die Mündlichkeit u. Öffentlichkeit)

Foelix, Jean Jacques Gaspard: Verzeichnis der Tagblätter und Zeitschriften, welche am 1. Januar 1839 in Paris erscheinen und die Gesetzgebung, Rechtswissenschaft oder die Praxis der Gerichte zum Gegenstand haben, in: Kritische Zeitschrift für Rechtswissenschaft und Gesetzgebung des Auslandes 1839, 290–298.

Fölster, Uta: Gerichtsöffentlichkeit: Schadet oder dient ein „Mehr" dem Recht?, in: NK 2014, 154–161.

Folter, Christian Tobias: Die Abschreckungswirkung der Todesstrafe – Eine qualitative Metaanalyse, Berlin/Münster 2014.

Franke, Ulrich: Öffentlichkeit im Strafverfahren, in: NJW 2016, 2618–2621.

Freuding, Stefan: Die Verlagerung von Strafverfahren in Massenmedien – Ein pessimistischer Ausblick, in ZRP 2010, 159–161.

Freys, Alexander F. J.: Das Recht der Nutzung und des Unterhalts von Archiven, Baden-Baden 1989. (zitiert: Freys, *Recht d. Nutzung u. d. Unterhalts v. Archiven*)

Friedrichsen, Gisela/ Gerhardt, Rudolf: „Auf die Urteile haben die Medien keinen Einfluss", in: ZRP 2014, 92–94.

Friedrichsen, Gisela: Das Interesse der Öffentlichkeit an einer Justizberichterstattung durch die Medien, in: StV 2005, 169–170.

Friedrichsen, Gisela/ Gerhardt, Rudolf: „Fernsehen hat meiner Meinung nach im Gerichtssaal nichts zu suchen“, in: ZRP 2015, 187–189.

Friedrichsen, Gisela: Medien und Justiz – Der Blick der Gerichtsreporterin, in: Boehme-Neßler, Volker (Hrsg.), Die Öffentlichkeit als Richter? – Litigation-PR als neue Methode der Rechtsfindung, Baden-Baden 2010, 52–59. (zitiert: Friedrichsen in *Die Öffentlichkeit als Richter?*)

Friedrichsen, Gisela: Zwischenruf „Litigation-PR“ – Prozessführung über Medien?, in ZRP 2010, 263–265.

Friehe, Matthias: Diskursive Gerichtsöffentlichkeit, in: Stiftung der Hessischen Rechtsanwaltschaft (Hrsg.), Von der Kontrolle des Gerichts zur Befriedigung des Informationsbedürfnisses der Gesellschaft – Gibt es einen Funktionswandel der „Öffentlichkeit des Gerichtsverfahrens“ (§ 169 GVG)?, Göttingen 2014, 1–40. (zitiert: Friehe in *Kontrolle d. Gerichts/Befriedigung d. Informationsbedürfnisses*)

Friske, Hans-Jürgen: Justiz und Medien – Vergleichende Analyse der Justizberichterstattung einer Regionalzeitung aus den Jahren 1960 und 1980 unter besonderer Berücksichtigung des Richterbildes, Münster 1988.

Fromm, Ingo E.: Nutzung moderner Kommunikationsmittel in Sitzungssälen – Umfang und Grenzen der Verwendung von Smartphones in der Hauptverhandlung, in: MMR 2016, 233–236.

Fromm, Ingo E.: Zulässige und verfahrensfehlerhafte Beschränkungen des Öffentlichkeitsgrundsatzes im Strafprozess, in: NJOZ 2015, 1193–1197. (abrufbar unter: http://rsw.beck.de/cms/main?site=njoz)

Geiger, Willi: Die Unabhängigkeit des Richters, in: DRiZ 1979, 65–69.

Gerhardt, Rudolf/ Huff, Martin W.: Gerichtsshows, in: ZRP 2003, 68.

Gerhardt, Rudolf: Im Namen der Medien. Welchen Einfluss haben Rundfunk und Presse auf den Strafprozess?, in: Boehme-Neßler, Volker (Hrsg.), Die Öffentlichkeit als Richter? – Litigation-PR als neue Methode der Rechtsfindung, Baden-Baden 2010, 171–182. (zitiert: Gerhardt in *Die Öffentlichkeit als Richter?*)

Gilles, Peter: Richterliche Unabhängigkeit und parteipolitische Bindung von Richtern, in: DRiZ 1983, 41–48.

Graf, Jürgen: Die Öffentlichkeit der Hauptverhandlung – Mehr Plätze im Verhandlungssaal oder Videoübertragung erforderlich?, in: PUBLICUS 2013, 22–24. (abrufbar unter: https://publicus.boorberg.de/)

Grimm, Dieter: Fernsehen im Gerichtssaal? – Entscheidend ist das Ausmaß der Berichterstattung, in: ZRP 2011, 61–62.

Grimme-Preis-Archiv: 34. Grimme-Preis, abrufbar unter: http://www.grimme-preisarchiv.de/#id_2132 (abgerufen am 29.08.2017).

Große Strafrechtskommission des, Deutschen Richterbundes: Gutachten zum Thema: Ist das 1964 geschaffene Verbot von Bild- und Tonübertragungen aus Gerichtsverhandlungen noch zeitgemäß?, abrufbar unter: http://www.bmjv.de/SharedDocs/Downloads/DE/StudienUntersuchungenFachbuecher/Gutachten_StrafrechtskommissionRichterbund_%C2%A7169.pdf;jsessionid=BDE6DC5550DB14871749EF78BA05F081.1_cid289?__blob=publicationFile&v=3 (abgerufen am 01.09.2017). (zitiert: Gr. Strafrechtskommission d. Dt. Richterbundes, Gutachten)

Günther, Klaus: Kritik der Strafe I, in: WestEnd 2004, 117–131.

Habermas, Jürgen: Strukturwandel der Öffentlichkeit – Untersuchungen zu einer Kategorie der bürgerlichen Gesellschaft, 7. Aufl., Neuwied/Berlin 1975.

Hagenkötter, Julia: Gerechtigkeit gedeiht nicht gut im Dunkeln., in: Stiftung der Hessischen Rechtsanwaltschaft (Hrsg.), Von der Kontrolle des Gerichts zur Befriedigung des Informationsbedürfnisses der Gesellschaft – Gibt es einen Funktionswandel der „Öffentlichkeit des Gerichtsverfahrens“ (§ 169 GVG)?, Göttingen 2014, 41–69. (zitiert: Hagenkötter in *Kontrolle d. Gerichts/Befriedigung d. Informationsbedürfnisses*)

Hain, Karl-E.: „Big Brother“ im Gerichtssaal?, in: DÖV 2001, 589–594.

Hamm, Rainer: Justiz und Medien, in: AfP 2014, 202–210.

Hassemer, Winfried: Grundsätzliche Aspekte des Verhältnisses von Medien und Strafjustiz, in: StV 2005, 167–168.

Hassemer, Winfried: Medien im Bundesverfassungsgericht, in: Rode, Irmgard (Hrsg.)/Leipert, Matthias (Hrsg.), Das moderne Strafrecht in der Mediengesellschaft – Einfluss der Medien auf Gesetzgebung, Rechtsprechung und Forensik, Berlin/Münster 2009, 13–26. (zitiert: Hassemer in *Strafrecht in der Mediengesellschaft*)

Hassemer, Winfried: Über die Öffentlichkeit gerichtlicher Verfahren – heute, in: ZRP 2013, 149–151.

Hegel, Georg Wilhelm Friedrich: Werke, Bd. VII: Grundlinien der Philosophie des Rechts oder Naturrecht und Staatswissenschaft im Grundrisse – Mit Hegels eigenhändigen Notizen und den mündlichen Zusätzen, 4. Aufl., Frankfurt am Main 1995. (zitiert: Hegel, *Grundlinien d. Philosophie d. Rechts*)

Helle, Jürgen: Besondere Persönlichkeitsrechte im Privatrecht – Das Recht am eigenen Bild, das Recht am gesprochenen Wort und der Schutz des geschriebenen Wortes, Tübingen 1991. (zitiert: Helle, *Bes. Persönlichkeitsrechte*)

Herzog, Annelies: Öffentlichkeits- und Medienarbeit des Strafverteidigers (Litigation-PR), Berlin 2014. (zitiert: Herzog, Öffentlichkeits- und Medienarbeit des Strafverteidigers)

Hirsch, Günter: Auch Richter nehmen sich fundierte Kritik zu Herzen – Journalisten dürfen den Richtern die Meinung sagen, Politiker nicht, in: ZRP 2000, 536–539.

Holzinger, Stephan/ Wolff, Uwe: Im Namen der Öffentlichkeit – Litigation-PR als strategisches Instrument bei juristischen Auseinandersetzungen, Wiesbaden 2009.

Hübner-Raddatz, Stefani Patricia: Fernsehöffentlichkeit im Gerichtssaal, Münster 2002.

Huff, Martin W.: Bundesjustizministerium will Urteilsverkündungen live aus dem Gerichtssaal, in: ZAP 2016, 763–764.

Huff, Martin W.: Saalöffentlichkeit auch in Zukunft ausreichend – Keine Änderung des § 169 S. 2 GVG, in: NJW 2001, 1622–1623.

Huff, Martin W.: Zu wenig Platz beim NSU-Prozess: OLG München könnte Bilder in Medienraum übertragen, LTO v. 06.03.2013, abrufbar unter: http://www.lto.de/persistent/a_id/8273/ abgerufen am 14.08.2017).

Jahn, Matthias/ Gerhardt, Rudolf: Prominentenstrafrecht – Mediale Ausschlachtung und ihre Grenzen, in: ZRP 2016, 155–157.

Jakobs, Günther: Strafrecht, Allgemeiner Teil – Die Grundlagen und die Zurechnungslehre – Lehrbuch, 2. Aufl., Berlin/New York 1991. (zitiert: Jakobs, *Strafrecht AT*)

Jescheck, Hans-Heinrich: Die Bedeutung der Öffentlichkeit für die moderne Kriminalpolitik, in: ZStW 1959, 1–14.

Jung, Heike: (Straf-)Justiz und Medien – eine unendliche Geschichte, in GA 2014, 257–265.

Justizpressekonferenz Karlsruhe e. V.: Offener Brief an den Vorsitzenden Richter Manfred Götzl, in: Schmidt, Holger, Justizjournalisten schreiben an das OLG München, SWR v. 03.04.2013, im Wortlaut abrufbar unter: http://www.swr.de/blog/terrorismus/2013/04/03/justizjournalisten-schreiben-dem-olg-munchen/ (abgerufen am 19.09.2017).

Justizpressekonferenz Karlsruhe e. V.: Stellungnahme zur Reform des § 169 GVG durch das EMöGG, abrufbar unter: http://www.justizpressekonferenz.de/downloads/EM%C3%B6GG.pdf (abgerufen am 02.09.2017). (zitiert: JPK, Stellungnahme zur Reform des § 169 GVG durch das EMöGG)

Kahr, Robert: Der mediale Umgang mit dem Breivik-Prozess, Bundeszentrale für politische Bildung v. 24.08.2012, abrufbar unter: http://www.bpb.de/politik/hintergrund-aktuell/142949/der-mediale-umgang-mit-dem-breivik-prozess (abgerufen am 21.09.2017). (zitiert: Kahr, bpb v. 24.08.2012)

Kant, Immanuel: Werkausgabe, Bd. VIII: Die Metaphysik der Sitten, Weischedel, Wilhelm (Hrsg.), 5. Aufl., Frankfurt am Main 1982.

Karlsruher Kommentar zur Strafprozessordnung: Hannich, Rolf (Hrsg.), 7. Aufl., München 2013. (zitiert: Bearbeiter in *Karlsruher Kommentar StPO*)

Kaulbach, Ann-Marie: Moderne Medien in der Gerichtsverhandlung – Ein Plädoyer für eine neue Debatte, in: ZRP 2009, 236–239.

Kaulbach, Ann-Marie: Verfassungskonformität des § 169 Satz 2 GVG, in: JR 2011, 51–54.

Kepplinger, Hans Mathias: Die Öffentlichkeit als Richter? Empirische Erkenntnisse zu einer brisanten Frage, in: Boehme-Neßler, Volker (Hrsg.), Die Öffentlichkeit als Richter? – Litigation-PR als neue Methode der Rechtsfindung, Baden-Baden 2010, 154–170. (zitiert: Kepplinger in *Die Öffentlichkeit als Richter?*)

Kepplinger, Hans Mathias: Reciprocal Effects: Toward a Theory of Mass Media Effects on Decision Makers, in: IJPP 2007, No. 2, 3–23.

Kern, Eduard: Geschichte des Gerichtsverfassungsrechts, München/Berlin 1954.

Kern, Eduard: Sind die Vorschriften über die Öffentlichkeit des Verfahrens verletzt, wenn ein einzelner Zuhörer ohne gesetzlichen Grund aus dem Sitzungssaal verwiesen wird?, Anmerkung zu BGH, Urteil v. 10.04.1962 – 1 StR 22/62 (BGHSt 17, 201), in: JZ 1962, 564–565.

Kissel, Otto Rudolf/ Mayer, Herbert: Gerichtsverfassungsgesetz – Kommentar, 8. Aufl., München 2015. (zitiert: Kissel/Mayer, *GVG-Kom.*)

Kleinknecht, Theodor: Schutz der Persönlichkeit des Angeklagten durch Ausschluss der Öffentlichkeit in der Hauptverhandlung, in: Hamm, Rainer (Hrsg.)/Matzke, Walter (Hrsg.), Festschrift für Erich Schmidt-Leichner zum 65. Geburtstag, München 1977, 111–119. (zitiert: Kleinknecht in FS Schmidt-Leichner)

Kloepfer, Michael: Datenschutz in Redaktionen – Bilanz und Perspektiven, in: AfP 2005, 118–127.

Knauer, Florian: Neue juristische Publikationsformate im Internet – Stand, Perspektiven und Auswirkungen von Open Access, Wikis, Blogs, Twittern und Podcasts, in: NJOZ 2009, 3004–3017.

Knothe, Matthias/ Wanckel, Endress: „Angeklagt vor laufender Kamera“, in: ZRP 1996, 106–110.

Konferenz der Justizministerinnen und Justizminister 2013: Beschluss – TOP II. 18: Zeitgemäße Neufassung des § 169 Gerichtsverfassungsgesetz, abrufbar unter: https://www.justiz.nrw.de/JM/jumiko/beschluesse/2013/fruehjahrs konferenz13/TOP_II_18.pdf (abgerufen am 02.09.2017). (zitiert: Konferenz d. Justizministerinnen u. Justizminister 2013, Beschluss, TOP II. 18)

Koppenhöfer, Brigitte: Als Richterin im Zentrum des Medien-sturms. Justiz und Medien, dargestellt am Beispiel des sog. Mannesmann-Verfahrens, in: Boehme-Neßler, Volker (Hrsg.), Die Öffentlichkeit als Richter? – Litigation-PR als neue Methode der Rechtsfindung, Baden-Baden 2010, 60–63. (zitiert: Koppenhöfer in *Die Öffentlichkeit als Richter?*)

Kreicker, Helmut: Medienübertragungen von Gerichtsverhandlungen im Lichte der EMRK – Zur Vereinbarkeit der geplanten Änderungen des § 169 GVG mit europäischen Grundrechten, in: ZIS 2017, 85–105.

Kretschmer, Joachim: Einige Eckpunkte in der Entwicklung der Videoaufzeichnung von strafprozessualen Zeugenvernehmungen, in: JR 2006, 453–459.

Krieg, Henning: Twittern im Gerichtssaal – The revolution will not be televised – Twitter, Micro-Blogging und News-Ticker – zieht die Live-Berichterstattung trotz § 169 S. 2 GVG in den deutschen Gerichtssälen ein?, in: K u. R 2009, 673–678.

Kühne, Hans-Heiner: Öffentlichkeitsprinzip, Medienakkreditierung und Gleichheitsgrundsatz, in: StV 2013, 417–419.

Kujath, Johanna: Der Laienjournalismus im Internet als Teil der Medienöffentlichkeit im Strafverfahren – Neue Herausforderungen durch die Entwicklung des Web 2.0, Berlin 2011. (zitiert: Kujath, *Der Laienjournalismus im Internet*)

Kujath, Johanna: Die Medienöffentlichkeit im „NSU-Prozess“, in: AfP 2013, 269–276.

Kuß, Matthias: Öffentlichkeitsmaxime der Judikative und das Verbot von Fernsehaufnahmen im Gerichtssaal, Berlin 1999. (zitiert: Kuß, Öffentlichkeitsmaxime der Judikative)

Kutschaty, Thomas/ Gerhardt, Rudolf: „Die Justiz ist nicht scheu, aber sie ist zurückhaltend“, in: ZRP 2013, 219–220.

Lansnicker, Frank: Richteramt in Deutschland – Im Spannungsfeld zwischen Recht und Politik – Darstellung und Analyse anhand von ausgewählten Fallbeispielen, Frankfurt am Main/Berlin/Bern/New York/Paris/Wien 1996.

Lappi-Seppälä, Tapio: Controlling Prisoner Rates: Experiences from Finland, in: UNAFEI (Hrsg.), Resource Material Series 2008, No. 74, 3–19.

Leitner, Werner: Videotechnik im Strafverfahren – Ein Petitum für mehr Dokumentation und Transparenz, Baden-Baden 2012.

Lent, Wolfgang: Elektronische Presse zwischen E-Zines, Blogs und Wikis – Was sind Telemedien mit journalistisch-redaktionell gestalteten Angeboten?, in: ZUM 2013, 914–920.

Leyendecker, Hans: Die Verfahrensbeteiligten aus der Perspektive der Medien, in: StV 2005, 179–181.

Libor, Christine: Kameras im Gerichtssaal? Zur Zulässigkeit verschiedener Formen der Berichterstattung über Gerichtsverfahren, in: AfP 2014, 224–229.

Lijnden, Constantin Baron van: Berichterstattung zum NSU-Prozess: „Sie ist tatsächlich durch und durch rosa", LTO v. 11.02.2014, abrufbar unter: http://www.lto.de/persistent/a_id/10950/ (abgerufen am 24.08.2017).

Limbach, Anna Caroline: Das Strafrecht der Paulskirchenverfassung 1848/49, Frankfurt am Main/Berlin/Bern/New York/Paris/Wien 1995. (zitiert: Limbach, *Das Strafrecht d. Paulskirchenverfassung*)

Limperg, Bettina/ Gerhardt, Rudolf: Gründe gegen Fernsehübertragungen aus dem Gerichtssaal – Die Rechtskultur würde sich unweigerlich verändern, in ZRP 2016, 124–125.

Lippe, Bernd: Aufgaben und Arbeitsweisen des Gerichtsberichterstatters, in: Wassermann, Rudolf (Hrsg.), Justiz und Medien, Neuwied/Darmstadt 1980, 127–133. (zitiert: Lippe in *Justiz und Medien*)

Löwe, Ewald/ Rosenberg, Werner: Die Strafprozessordnung und das Gerichtsverfassungsgesetz – Großkommentar, Erb, Volker (Hrsg.)/ Esser, Robert (Hrsg.)/ Franke, Ulrich (Hrsg.)/ Graalmann-Scheerer, Kirsten (Hrsg.)/ Hilger, Hans (Hrsg.)/ Ignor, Alexander (Hrsg.), Bd. X, 26. Aufl., Berlin 2010; Bd. VII/2, 26. Aufl., Berlin 2013. (zitiert: Bearbeiter in *Löwe-Rosenberg*)

Lorenz, Pia: Kabinett beschließt Gesetz: Ein kleines bisschen Gerichtsfernsehen, LTO v. 31.08.2016, abrufbar unter: http://www.lto.de/persistent/a_id/20431/. (abgerufen am 24.08.2017)

Maier, Nadine: Litigation PR – Medienarbeit in juristischen Auseinandersetzungen, Hamburg 2012.

Manegold, Bartholomäus: Archivrecht – Die Archivierungspflicht öffentlicher Stellen und das Archivzugangsrecht des historischen Forschers im Licht der Forschungsfreiheitsverbürgerung des Art. 5 Abs. 3 GG, Berlin 2002.

Marxen, Klaus: Tonaufnahmen während der Hauptverhandlung für Zwecke der Verteidigung, in: NJW 1977, 2188–2193.

Maunz, Theodor/ Schmidt-Bleibtreu, Bruno/ Klein, Franz/ Bethge, Herbert: Bundesverfassungsgerichtsgesetz – Kommentar, Bd. I, 50. Aufl., München 2017. (zitiert: Bearbeiter in *Maunz/Schmidt-Bleibtreu/Klein/Bethge*)

Mauz, Gerhard: Die Gerechten und die Gerichteten, Frankfurt am Main/Berlin 1968.

Meier, Bernd-Dieter: Strafrechtliche Sanktionen, 4. Aufl., Heidelberg/Dordrecht/London/New York/Berlin 2015.

Meinecke, Fabian: Prominentenstrafrecht – Funktionsträger aus Politik und Wirtschaft im Strafverfahren, Baden-Baden 2016.

Merk, Beate: Erweiterung der Öffentlichkeit – mit Augenmaß, in: DRiZ 2013, 234–235.

Meurer, Dieter: Anmerkung zu BGH, Urteil v. 17.02.1989 – 2 StR 402/88 (BGHSt. 36, 119), in: JR 1990, 389–392.

Meyer-Goßner, Lutz/ Schmitt, Bertram: Strafprozessordnung – Gerichtsverfassungsgesetz, Nebengesetze und ergänzende Bestimmungen, 60. Aufl., München 2017. (zitiert: Bearbeiter in *Meyer-Goßner/Schmitt*)

Mitsch, Wolfgang: Medienpräsenz und Persönlichkeitsschutz in der öffentlichen Hauptverhandlung, in: ZRP 2014, 137–140.

Mittermaier, Carl Joseph Anton: Das deutsche Strafverfahren in der Fortbildung durch Gerichts-Gebrauch und Partikular-Gesetzbücher und in genauer Vergleichung mit dem englischen und französischen Straf-Prozesse, Erste Abteilung, 2. Aufl., Heidelberg 1832. (zitiert: Mittermaier, *Das dt. Strafverfahren*)

Morsch, Anke: Justiz und Medien, in: ZRP 2014, 254.

Mosbacher, Andreas: Keine Angst vor Fernsehkameras!, in: DRiZ 2016, 299.

Mosbacher, Andreas: Stellungnahme zu dem Entwurf eines Gesetzes zur Erweiterung der Medienöffentlichkeit in Gerichtsverfahren und zur Verbesserung der Kommunikationshilfen für Menschen mit Sprach- und Hörbehinderungen (Gesetz über die Erweiterung der Medienöffentlichkeit in Gerichtsverfahren – EMöGG) – BT-Drucks. 18/10144 – zur öffentlichen Anhörung im Rechtsausschuss des Deutschen Bundestages am 29. März 2017, abrufbar unter: https://www.bundestag.de/blob/500956/b86d2c56f7406e285de40b60c847ed60/mosbacher-data.pdf (abgerufen am 02.09.2017). (zitiert: Mosbacher, Stellungnahme zum EMöGG)

Münchener Kommentar zum StGB: Joecks, Wolfgang (Hrsg.)/ Miebach, Klaus (Hrsg.), Bd. V, 2. Aufl., München 2014; Bd. I, 3. Aufl., München 2017. (zitiert: Bearbeiter in *MüKo-StGB*)

Münchener Kommentar zur Zivilprozessordnung: – mit Gerichtsverfassungsgesetz und Nebengesetzen, Krüger, Wolfgang (Hrsg.)/ Rauscher, Thomas (Hrsg.), Bd. III, 4. Aufl., München 2013. (zitiert: Bearbeiter in *MüKo-ZPO*)

Nasheri, Hedieh: Crime and Justice in the Age of Court TV, New York 2002.

Nestler, Cornelius: Medienöffentlichkeit und die Hauptverhandlung im Strafverfahren, in: Bundesministerium der Justiz (Hrsg.), Kriminalität in den Medien – 5. Kölner Symposium, 27. – 29. September 1999, Universität zu Köln, Mönchengladbach 2000, 139–149. (zitiert: Nestler in *Kriminalität in den Medien*)

Neumann-Duesberg, Horst: Bildberichterstattung über absolute und relative Personen der Zeitgeschichte, in: JZ 1960, 114–118.

Neumeyer, Jochen/ Münch, Theresa: NSU vor Gericht: Wie der Breivik-Prozess zum Vorbild wird, Die Welt v. 08.04.2013, abrufbar unter: http://www.welt.de/115104040 (abgerufen am 24.08.2017).

Norouzi, Ali B.: Öffentlichkeit im Strafverfahren – Bemerkungen zur geplanten Reform des § 169 GVG anlässlich des 71. Deutschen Juristentages in Essen, in: StV 2016, 590–595.

Ostendorf, Heribert: Wieviel Strafe braucht die Gesellschaft? – Plädoyer für eine soziale Strafrechtspflege, Baden-Baden 2000.

Papier, Hans-Jürgen: Die richterliche Unabhängigkeit und ihre Schranken, in: NJW 2001, 1089–1094.

Pfeiffer, Christian/ Windzio, Michael/ Kleimann, Matthias: Die Medien, das Böse und wir – Zu den Auswirkungen der Mediennutzung auf Kriminalitätswahrnehmung, Strafbedürfnisse und Kriminalpolitik, in: MschrKrim 2004, 415–435.

Pfeiffer, Gerd: Strafprozessordnung – Kommentar, 5. Aufl., München 2005. (zitiert: Pfeiffer, *StPO-Kom.*)

Pfeifle, Florian: Medienöffentlichkeit im Gerichtssaal – Neue Herausforderungen im Informationszeitalter?, in: ZG 2010, 283–306.

Pohl, Günter: Praxis des Strafrichters, Heidelberg 1987.

Primbs, Stefan: Social Media für Journalisten – Redaktionell arbeiten mit Facebook, Twitter & Co, Wiesbaden 2016.

Prittwitz, Cornelius: Strafrecht und Risiko – Untersuchungen zur Krise von Strafrecht und Kriminalpolitik in der Risikogesellschaft, Frankfurt am Main 1993.

Putzke, Holm/ Zenthöfer, Jochen: Der Anspruch auf Übermittlung von Abschriften strafgerichtlicher Entscheidungen, in: NJW 2015, 1777–1783.

Rath, Christian: Pressearbeit und Diskursmacht des Bundesverfassungsgerichts, in: Ooyen, Robert Christian van (Hrsg.)/ Möllers, Martin H. W. (Hrsg.), Handbuch Bundesverfassungsgericht im politischen System, 2. Aufl., Wiesbaden 2015, 403–412. (zitiert: Rath in *Handbuch BVerfG im politischen System*)

Riedel, Katja: Freispruch im Prozess um Paulchen-Panther-Melodie – Geschmacklos, aber nicht strafbar, SZ v. 03.01.2013, abrufbar unter: http://www.sueddeutsche.de/muenchen/prozess-um-paulchen-panther-melodie-geschmacklos-aber-nicht-strafbar-1.1563520 (abgerufen am 01.09.2017).

Riehl, Katharina: Gerichtsshow „Alexander Hold“ bei Sat 1 endet: Fortsetzung des Krimis mit anderen Mitteln, SZ v. 08.02.2013, abrufbar unter: http://sz.de/1.1594320 (abgerufen am 14.08.2017).

Rittig, Steffen: Mehr Medienöffentlichkeit im Gerichtsverfahren? – Zu den Reformüberlegungen zu § 169 GVG, in: NJ 2016, 265–269.

Rohde, Fritz: Die Öffentlichkeit im Strafprozess, Bochum 1972.

Roßmann, Robert: Justizminister Maas will das Filmen von Urteilsverkündungen zulassen, SZ v. 29.04.2016, abrufbar unter: http://www.sueddeutsche.de/politik/gesetzentwurf-kamera-laeuft-1.2971443 (abgerufen am 24.08.2017).

Roxin, Claus: Anmerkung zu BGH, Urteil v. 13.02.1968 – 5 StR 706/67, in: JZ 1968, 803–806.

Roxin, Claus: Prävention, Tadel und Verantwortung – Zur neuesten Strafzweckdiskussion, in: GA 2015, 185–202.

Roxin, Claus: Strafrecht Allgemeiner Teil, Bd. I, 4. Aufl., München 2006. (zitiert: Roxin, *Strafrecht AT*)

Roxin, Claus/ Schünemann, Bernd: Strafverfahrensrecht – Ein Studienbuch, 29. Aufl., München 2017.

Rückert, Sabine: Der Gerichtsreporter – Chronist oder Wächter? – Wann ein Prozessbeobachter sich positionieren muss -, in: StV 2012, 378–381.

Sarstedt, Werner: Rundfunkaufnahmen im Gerichtssaal, in: JR 1956, 121–127.

Satzger, Helmut (Hrsg.)/ Schluckebier, Wilhelm (Hrsg.)/ Widmaier, Gunter (Hrsg.): Strafprozessordnung – Kommentar, 2. Aufl., Köln 2016. (zitiert: Bearbeiter in *SSW-StPO*)

Schäfer, Gerhard: Anmerkung zu BVerfG (Erster Senat), Beschl. v. 19.12.2007 – 1 BvR 620/07 (BVerfGE 119, 309), in: JR 2008, 119.

Schlieter, Kai: Knastreport – Das Leben der Weggesperrten, Frankfurt am Main 2011.

Schlothauer, Reinhold: Strafverfahren und Öffentlichkeit, in: StV 2015, 665–668.

Schlothauer, Reinhold: Video-Vernehmung und Zeugenschutz – Verfahrenspraktische Fragen im Zusammenhang mit dem Gesetz zur Änderung der StPO etc. (Zeugenschutzgesetz), in: StV 1999, 47–51.

Schmidt, Eberhard: Anmerkung zu BGH, Urteil v. 02.07.1969 – 4 StR 226/69 (BGHSt 23, 82), in: JZ 1970, 35–36.

Schmidt, Eberhard: Die Sache der Justiz – Justizrechtliche Grundsätze und ihre Konsequenzen im prozessualen und materiellen Recht, Göttingen 1961.

Schmidt, Eberhard: Einführung in die Geschichte der deutschen Strafrechtspflege, 3. Aufl., Göttingen 1995 (2., unveränderter Nachdruck der 3. Aufl.). (zitiert: Eb. Schmidt, *Einf. in d. Geschichte d. dt. Strafrechtspflege*)

Schmidt, Jan: Weblogs – Eine kommunikationssoziologische Studie, Konstanz 2006.

Schöch, Heinz: Erfahrungen mit der Videovernehmung nach dem Zeugenschutzgesetz, in: Eser, Albin (Hrsg.)/Goydke, Jürgen (Hrsg.)/Maatz, Kurt Rüdiger (Hrsg.)/Meurer, Dieter (Hrsg.), Strafverfahrensrecht in Theorie und Praxis – Festschrift für Lutz Meyer-Goßner zum 65. Geburtstag, München 2001, 365–384. (zitiert: Schöch in *FS-Meyer-Goßner*)

Schönke, Adolf/ Schröder, Horst: Strafgesetzbuch – Kommentar, 29. Aufl., München 2014. (zitiert: Bearbeiter in *Schönke/Schröder-StGB*)

Schröder, Richard/ Künßberg, Eberhard von: Lehrbuch der deutschen Rechtsgeschichte, 7. Aufl., Berlin 1966. (zitiert: Schröder/v. Künßberg, *Lehrbuch d. dt. Rechtsgeschichte*)

Schuckert, Rolf: Der Grundsatz der Volksöffentlichkeit im deutschen Zivil- und Strafprozessrecht, Schramberg (Schwarzwald), 1936. (zitiert: Schuckert, *Der Grundsatz d. Volksöffentlichkeit*)

Schünemann, Bernd: Zeugenbeweis auf dünnem Eis – Von seinen tatsächlichen Schwächen, seinen rechtlichen Gebrechen und seiner notwendigen Reform -, in: Eser, Albin (Hrsg.)/Goydke, Jürgen (Hrsg.)/Maatz, Kurt Rüdiger (Hrsg.)/Meurer, Dieter (Hrsg.), Strafverfahrensrecht in Theorie und Praxis – Festschrift für Lutz Meyer-Goßner zum 65. Geburtstag, München 2001, 385–407. (zitiert: Schünemann in *FS-Meyer-Goßner*)

Schultz, Tanjev: OLG-Präsident will Lehren aus NSU-Prozess ziehen: OLG-Präsident erwägt Videoübertragung, SZ v. 04.09.2013, abrufbar unter: http://www.sueddeutsche.de/politik/lehren-aus-nsu-prozess-olg-praesident-erwaegt-videouebertragung-1.1761664 (abgerufen am 16.08.2017).

Schumann, Ekkehard: Praktisch undurchführbar, juristisch fragwürdig: Die Videoübertragung im Strafprozess, in: DRiZ 2013, 254–257.

Sendler, Horst: Zur Unabhängigkeit des Verwaltungsrichters, in: NJW 1983, 1449–1458.

Siebrasse, Pamela: Ausschluss von Ton- und Fernseh-Rundfunkaufnahmen in Gerichtsverhandlungen – Anmerkung zu BVerfG, Urteil v. 24.01.2001 – 1 BvR 2623/95, in: StV 2001, 661.

Sjurts, Insa (Hrsg.): Gabler Lexikon Medienwirtschaft, 2. Aufl., Wiesbaden 2011. (zitiert: Bearbeiter in *Gabler Lexikon Medienwirtschaft*)

SK-StPO: Systematischer Kommentar zur Strafprozessordnung, Wolter, Jürgen (Hrsg.), Bd. IX, 5. Aufl., Köln 2016; Bd. VII, 4. Aufl., Köln 2014; Bd. V, 5. Aufl., Köln 2016; Bd. IV, 5. Aufl., Köln 2015; Bd. III, 5. Aufl., Köln 2016; Bd. I, 4. Aufl., Köln 2014. (zitiert: Bearbeiter in *SK-StPO*)

Staats, Johann-Friedrich: Deutsches Richtergesetz, Baden-Baden 2012. (abrufbar unter: https://nomos.beck.de/Home) (zitiert: Staats, *DRiG-Kom.*)

Statista: Top 10 Soziale Netzwerke nach der Anzahl der Besucher im September 2013 (in Millionen), abrufbar unter: http://de.statista.com/statistik/daten/studie/170467/umfrage/besucherzahlen-sozialer-netzwerke-in-deutschland/ (abgerufen am 02.09.2017).

Statistisches Bundesamt: Justiz- & Rechtspflege – Gerichtsverfahren, abrufbar unter: https://www.destatis.de/DE/ZahlenFakten/GesellschaftStaat/Rechtspflege/Tabellen/Gerichtsverfahren.html (abgerufen am 29.08.2017).

Statistisches Bundesamt: Rechtspflege – Strafgerichte 2013, Wiesbaden 2014, abrufbar unter: https://www.destatis.de/DE/Publikationen/Thematisch/Rechtspflege/GerichtePersonal/Strafgerichte2100230137004.pdf?__blob=publicationFile (abgerufen am 01.09.2017).

Statistisches Bundesamt: Rechtspflege – Strafgerichte 2015, Wiesbaden 2016, abrufbar unter: https://www.destatis.de/DE/Publikationen/Thematisch/Rechtspflege/GerichtePersonal/Strafgerichte2100230157004.pdf?__blob=publicationFile (abgerufen am 01.09.2017).

Steiner, Michael: Das Bild der Justiz in Gerichtsshows – Erwiderung zu Pro und Contra Gerichtsshows, ZRP 2003, 68, in: ZRP 2003, 245–247.

Sundermann, Tom: NSU-Prozess: Saunagang vor dem Richter, ZEIT ONLINE v. 09.05.2013, abrufbar unter: http://www.zeit.de/gesellschaft/zeitgeschehen/2013-05/nsu-prozess-gerichtssaal (abgerufen am 16.08.2017).

Swoboda, Sabine: Videotechnik im Strafverfahren, Berlin 2002.

Thomas, Heinz/ Putzo, Hans: Zivilprozessordnung – Kommentar, bearb. v. Thomas, Heinz/Putzo, Hans/Reichold, Klaus/Hüßtege, Rainer/Seiler, Christian, 38. Aufl., München 2017. (zitiert: Bearbeiter in *Thomas/Putzo-ZPO*)

Tillmanns, Lutz/ Gerhardt, Rudolf: Journalismus zwischen Medienethik und Medienrecht, in: ZRP 2015, 29–30.

Tilmann, Job: Prozessführung der Staatsanwaltschaft und Medien, in: StV 2005, 175–176.

Tretbar, Christian: NSU-Prozess: Kommt die Videoübertragung im Gerichtssaal?, Der Tagesspiegel v. 03.05.2013, abrufbar unter: http://www.tagesspiegel.de/politik/nsu-prozess-kommt-die-videouebertragung-im-gerichtssaal/8158066.html (abgerufen am 16.08.2017).

Vogel, Irmela: Fernsehübertragungen von Strafverfahren in der Bundesrepublik Deutschland und in den USA, Frankfurt am Main/Berlin/Bern/Bruxelles/ New York/Oxford/ Wien 2005.

Walter, Michael: Über Medien als Kriminalpolitiker, in: Rode, Irmgard (Hrsg.)/ Leipert, Matthias (Hrsg.), Das moderne Strafrecht in der Mediengesellschaft – Einfluss der Medien auf Gesetzgebung, Rechtsprechung und Forensik, Berlin/ Münster 2009, 27–42. (zitiert: Walter in *Strafrecht in der Mediengesellschaft*)

Wandtke, Artur-Axel (Hrsg.)/ Bullinger, Winfried (Hrsg.): Praxiskommentar zum Urheberrecht, 4. Aufl., München 2014. (zitiert: Bearbeiter in *Wandtke/ Bullinger*)

Wegner, Kilian: Die Öffentlichkeit der Hauptverhandlung als knappe Ressource – Überlegungen anlässlich des sog. NSU-Prozesses, in: BLJ 2014, 37–42. (abrufbar unter: www.law-journal.de)

Weimann, Holger/ Leppert, Norbert/ Höbermann, Frauke: Gerichtsreporter – Praxis der Berichterstat-tung, Berlin 2005. (zitiert: Bearbeiter in *Gerichtsreporter*)

Wewer, Göttrik: Darf der Staat Facebook und Twitter nutzen?, in: ZRP 2016, 23–25.

Wiesinger, Andreas: Boulevardzeitungen im crossmedialen Vergleich – Inhalte und Gestaltung des populären Journalismus, Innsbruck 2015.

Witzler, Jochen: Die personale Öffentlichkeit im Strafverfahren, Pfaffenweiler 1993.

Wolf, Manfred: Abgrenzung zwischen richterlicher Unabhängigkeit und Dienstaufsicht – Anmerkung zu BGH, Urteil v. 27.09.1976 – RiZ (R) 3/75, in: NJW 1977, 1063–1064.

Zuck, Rüdiger: Mainstream-Denken contra Medienöffentlichkeit – Zur Politik der n-tv-Entscheidung des BVerfG, in: NJW 2001, 1623–1624.

Abkürzungsverzeichnis

a. A.	*andere Ansicht*
a. F.	*alte Fassung*
Abs.	*Absatz*
AfP	*Zeitschrift für Medien- und Kommunikationsrecht*
AG	*Amtsgericht, Arbeitsgemeinschaft*
ALM	*Arbeitsgemeinschaft der Landesmedienanstalten*
Anm.	*Anmerkung*
AnwBl	*Anwaltsblatt*
ArbGG	*Arbeitsgerichtsgesetz*
ARD	*Arbeitsgemeinschaft der öffentlich-rechtlichen Rundfunkanstalten der Bundesrepublik Deutschland*
Art.	*Artikel*
AT	*Allgemeiner Teil*
Aufl.	*Auflage*
AuR	*Arbeit und Recht*
Az.	*Aktenzeichen*
BArchG	*Bundesarchivgesetz*
BayObLG	*Bayerisches Oberstes Landesgericht*
Bd.	*Band*
BDVR	*Bund Deutscher Verwaltungsrichter und Verwaltungsrichterinnen*
BDZV	*Bundesverband Deutscher Zeitungsverleger*
bearb.	*bearbeitet*
BeckOK	*Beck'scher Online-Kommentar*
BeckRS	*Beck online Rechtsprechung*
Bes.	*Besondere*
BGB	*Bürgerliches Gesetzbuch*
BGBl.	*Bundesgesetzblatt*
BGH	*Bundesgerichtshof*
BGHSt	*Entscheidungen des Bundesgerichtshofs in Strafsachen*
BLJ	*Bucerius Law Journal*
Blog	*Weblog*
BMJV	*Bundesministerium der Justiz und für Verbraucherschutz*
bpb	*Bundeszentrale für politische Bildung*
BRAK	*Bundesrechtsanwaltskammer*

BRD	*Bundesrepublik Deutschland*
BR-Drucks.	*Bundesrats-Drucksache*
bspw.	*beispielsweise*
BT-Drucks.	*Bundestags-Drucksache*
BVerfG	*Bundesverfassungsgericht*
BVerfGE	*Entscheidungen des Bundesverfassungsgerichts*
BVerfGG	*Bundesverfassungsgerichtsgesetz*
BVerwG	*Bundesverwaltungsgericht*
BVerwGE	*Entscheidungen des Bundesverwaltungsgerichts*
bzgl.	*bezüglich*
bzw.	*beziehungsweise*
ca.	*circa*
CCC	*Constitutio Criminalis Carolina*
CDU	*Christlich Demokratische Union Deutschlands*
Co.	*Compagnie*
CSU	*Christlich-Soziale Union in Bayern*
d.	*des, der, die*
d. h.	*das heißt*
DAV	*Deutscher Anwaltverein*
DDR	*Deutsche Demokratische Republik*
ders.	*derselbe*
DFJV	*Deutscher Fachjournalisten-Verband*
dies.	*dieselbe*
dju	*Deutsche Journalistinnen- und Journalisten-Union*
DJV	*Deutscher Journalisten-Verband*
DÖV	*Die Öffentliche Verwaltung*
DRB	*Deutscher Richterbund*
DRiG	*Deutsches Richtergesetz*
DRiZ	*Deutsche Richterzeitung*
dt.	*deutsche, deutschen*
Dt.	*Deutscher, Deutschen*
E	*Entwurf*
e. V.	*eingetragener Verein*
Eb.	*Eberhard*
EGGVG	*Einführungsgesetz zum Gerichtsverfassungsgesetz*
EGMR	*Europäischer Gerichtshof für Menschenrechte*
Einf.	*Einführung*

E-Mail	*electronic mail*
EMöGG	*Gesetz über die Erweiterung der Medienöffentlichkeit in Gerichtsverfahren*
EMRK	*Europäische Menschenrechtskonvention*
etc.	*et cetera*
evtl.	*eventuelle*
f.	*folgende*
FAQ	*Frequently Asked Questions*
FAZ	*Frankfurter Allgemeine Zeitung*
ff.	*fortfolgende*
Fn.	*Fußnote*
FS	*Festschrift*
GA	*Goltdammer's Archiv für Strafrecht*
GbR	*Gesellschaft bürgerlichen Rechts*
GG	*Grundgesetz*
ggf.	*gegebenenfalls*
GmbH	*Gesellschaft mit beschränkter Haftung*
Gr.	*Große*
GVG	*Gerichtsverfassungsgesetz*
h. M.	*herrschende Meinung*
HArchivG	*Hessisches Archivgesetz*
Hrsg.	*Herausgeber*
Hs	*Halbsatz*
i. S. d.	*im Sinne des*
i. S. v.	*im Sinne von*
i. V. m.	*in Verbindung mit*
IJPP	*The Harvard International Journal of Press/Politics*
inkl.	*inklusive*
IPBPR	*Internationaler Pakt über bürgerliche und politische Rechte*
IT	*Informationstechnik*
JGG	*Jugendgerichtsgesetz*
jM	*juris – Die Monatszeitschrift*
JPK	*Justizpressekonferenz*
JR	*Juristische Rundschau*
jurisPR-ITR	*juris PraxisReport IT-Recht*
JZ	*JuristenZeitungW*

K u. R	*Kommunikation und Recht*
KG	*Kammergericht, Kommanditgesellschaft*
Kom.	*Kommentar*
KUG	*Gesetz betreffend das Urheberrecht an Werken der bildenden Künste und der Photographie*
KunstUrhG	*Gesetz betreffend das Urheberrecht an Werken der bildenden Künste und der Photographie*
LG	*Landgericht*
lt.	*laut*
LTO	*Legal Tribune Online*
m. w. N.	*mit weiteren Nachweisen*
MDR	*Monatsschrift für Deutsches Recht*
MiStra	*Anordnung über Mitteilungen in Strafsachen*
MMR	*Multimedia und Recht*
MschrKrim	*Monatsschrift für Kriminologie und Strafrechtsreform*
MüKo	*Münchener Kommentar*
n. F.	*neue Fassung*
NJ	*Neue Justiz*
NJOZ	*Neue Juristische Online-Zeitschrift*
NJW	*Neue Juristische Wochenschrift*
NJW-Beil.	*Neue Juristische Wochenschrift-Beilage*
NJW-RR	*Neue Juristische Wochenschrift-Rechtsprechungsreport*
NK	*Neue Kriminalpolitik*
No.	*Number*
NPD	*Nationaldemokratische Partei Deutschlands*
Nr.	*Nummer*
NSA	*National Security Agency*
NStZ	*Neue Zeitschrift für Strafrecht*
NStZ-RR	*Neue Zeitschrift für Strafrecht-Rechtsprechungsreport*
NSU	*Nationalsozialistischer Untergrund (Rechtsradikale Vereinigung)*
o. J.	*ohne Jahr*
OLG	*Oberlandesgericht*
O-Ton	*Originalton*
OVG	*Oberverwaltungsgericht*

Pegida	*Patriotische Europäer gegen die Islamisierung des Abendlandes (Organisation)*
PKS	*Polizeiliche Kriminalstatistik*
PR	*Public Relations*
RefE	*Referentenentwurf*
RGBl.	*Reichsgesetzblatt*
RGSt	*Entscheidungen des Reichsgerichts in Strafsachen*
RiStBV	*Richtlinien für das Strafverfahren und das Bußgeldverfahren*
Rn.	*Randnummer*
Rspr.	*Rechtsprechung*
S.	*Satz, Seite*
SED	*Sozialistische Einheitspartei Deutschlands*
SK	*Systematischer Kommentar*
sog.	*sogenannte, sogenannten*
SPD	*Sozialdemokratische Partei Deutschlands*
SSW	*Satzger/Schluckebier/Widmaier*
StGB	*Strafgesetzbuch*
StPÄG	*Gesetz zur Änderung der Strafprozessordnung und des Gerichtsverfassungsgesetzes*
StPO	*Strafprozessordnung*
strafrechtl.	*strafrechtliche*
StV	*Strafverteidiger (Zeitschrift)*
SWR	*Südwestrundfunk*
SZ	*Süddeutsche Zeitung*
TAZ	*Die Tageszeitung*
TOP	*Tagesordnungspunkt*
TV	*Television*
u.	*und*
u. a.	*unter anderem*
UNAFEI	*United Nations Asia and Far East Institute for the Prevention of Crime and the Treatment of Offenders*
UrhG	*Urheberrechtsgesetz*
US	*United States (of America)*
USA	*United States of America*
usw.	*und so weiter*

v.	*von, vom*
VDZ	*Verband Deutscher Zeitschriftenverleger*
ver.di	*Vereinte Dienstleistungsgewerkschaft*
VG	*Verdens Gang (Norwegische Zeitung)*
vgl.	*vergleiche*
VwGO	*Verwaltungsgerichtsordnung*
VwVfG	*Verwaltungsverfahrensgesetz*
WestEnd	*WestEnd. Neue Zeitschrift für Sozialforschung*
z. B.	*zum Beispiel*
ZAP	*Zeitschrift für die Anwaltspraxis*
ZG	*Zeitschrift für Gesetzgebung*
ZIS	*Zeitschrift für Internationale Strafrechtsdogmatik*
ZPO	*Zivilprozessordnung*
ZRP	*Zeitschrift für Rechtspolitik*
ZSchG	*Zeugenschutzgesetz*
ZStW	*Zeitschrift für die gesamte Strafrechtswissenschaft*
ZUM	*Zeitschrift für Urheber- und Medienrecht*
zw.	*zwischen*

A. Einleitung

Gem. § 169 S. 1 GVG sind die Verhandlungen vor dem erkennenden Gericht heutzutage öffentlich, d.h. für jedermann zugänglich. Ausnahmen von diesem Öffentlichkeitsgrundsatz gibt es bspw. in Strafverfahren gegen Jugendliche gem. § 48 I JGG. Die Möglichkeit, als Zuhörer an einer Gerichtsverhandlung teilnehmen zu können, gilt heutzutage gemeinhin als Selbstverständlichkeit und wird seit vielen Jahren nicht (mehr) ernsthaft in Frage gestellt. Man ist sich im Allgemeinen durchaus über die Vorzüge dieser Möglichkeit der Teilhabe an Gerichtsverfahren bewusst.

Der Öffentlichkeit von Gerichtsverfahren kam früher vor allem eine *Kontrollfunktion* zu. Durch die Öffentlichkeit von Gerichtsverhandlungen sollte der damaligen Willkür vor Gericht, namentlich der Kabinettsjustiz, ein Ende gesetzt werden. Dem Richter sollte durch die Anwesenheit des „Volkes" auf die Finger geschaut werden. Die Funktion der Gerichtsöffentlichkeit hat allerdings einen Bedeutungswandel durchlaufen. So steht heutzutage nicht mehr die Kontrolle der Justiz an vorderster Stelle, sondern das *Informationsinteresse*. Es hat somit die ursprüngliche Funktion der gerichtlichen Öffentlichkeit abgelöst und steht nunmehr im Zentrum der gerichtlichen Öffentlichkeit. Gerichstverfahren, die dem Ansturm der Öffentlichkeit, vor allem der Medienvertreter, aus Kapazitätsgründen nicht gerecht werden können, verdeutlichen diesen Funktionswandel nur zu gut.

Habermas brachte es bereits in den 60er Jahren in seiner Habilitationsschrift „Strukturwandel der Öffentlichkeit" treffend zum Ausdruck, als er schrieb, dass medienintensive Strafprozesse „das kritische Prinzip der Publizität auf analoge Weise verkehren; statt einer Kontrolle der Rechtsprechung durch die versammelten Staatsbürger dient es immer mehr der Präparation der gerichtlich verhandelten Vorgänge für die Massenkultur der versammelten Verbraucher".[1] Die Frage, ob das vielfach angesprochene gesteigerte Informationsinteresse zugleich ein gewisses Sensationsinteresse impliziert, darf in diesem Kontext gewiss gestellt werden. Die Übergänge dürften hier durchaus fließend sein.

Der gegenwärtige Bedeutungsverlust der Kontrollfunktion kommt etwa dadurch zum Ausdruck, dass viele gerichtliche Verhandlungen der Öffentlichkeit entzogen sind, bspw. Verhandlungen in Familiensachen gem. § 170 I 1 GVG,

---

1 Habermas, *Strukturwandel der Öffentlichkeit*, S. 245.

ohne dass deren Entscheidungen in Hinblick auf die Richtigkeit und Gerechtigkeit von der Öffentlichkeit ernsthaft in Zweifel gezogen werden.[2] Zwar findet in Deutschland der Großteil gerichtlicher Verhandlungen öffentlich statt, jedoch lässt sich die Anzahl nichtöffentlicher Verhandlungen keineswegs als gering bezeichnen.

Der Bedeutungsverlust der Kontrollfunktion zeigt sich zugleich darin, dass die Justiz im Vergleich zu früher viel weniger „kontrolliert" werden muss. Die Zeiten, in denen noch hinter verschlossener Tür geurteilt wurde und in denen viele Menschen der Willkür richterlichen Handelns ausgesetzt waren, gehören hierzulande längst der Vergangenheit an. Die Öffentlichkeit von Gerichtsverhandlungen und die Unabhängigkeit der Richter haben zu einem Abbau der Willkür und einem Wachstum an Rechtssicherheit geführt. Die mitunter scharfe Kritik der Gerichtsreporterzunft der zwanziger Jahre des 20. Jahrhunderts ist heutzutage eine Entschärfte, da die Justiz der Gegenwart an Reputation gewonnen hat.[3] Das Vertrauen der Bevölkerung in die Arbeit der deutschen Justiz ist weitgehend positiv gezeichnet.[4]

Dass die Kontrollfunktion heutzutage nicht gänzlich obsolet ist, dürfte gleichwohl evident sein, wenngleich sie – zumindest in der hiesigen Rechtsgemeinschaft – im Vergleich zu vergangenen Tagen auf ein Minimum an Bedeutung degradiert wurde. Die Kontrolle justizieller Arbeit wird auch zukünftig noch von Nöten sein und ihre Rolle in öffentlichen Gerichtsverhandlungen nicht gänzlich verlieren. Der Bedeutungsverlust der Kontrollfunktion ist aber keinesfalls als eine negative Entwicklung einzustufen, sondern ist vielmehr Ausdruck eines souveränen Rechtsstaates. Damit ist das Bild eines souveränen Rechtsstaates indessen noch nicht komplettiert, kann er seine Kompetenz doch erst dann vollends zum Ausdruck bringen, wenn er ebenfalls dem gesteigerten Informationsinteresse der Bevölkerung gerecht werden kann. Der Bedeutungswandel der Öffentlichkeit wirft daher eine Vielzahl an Fragen in Bezug auf das öffentliche Strafverfahren im 21. Jahrhundert auf.

Man könnte hinsichtlich des gesteigerten Informationsinteresses durchaus über eine *Ausweitung* der Öffentlichkeit diskutieren, und der Frage nachgehen, ob ein „Mehr" an Öffentlichkeit der Sache nach zweckdienlich wäre. Ist die deutsche Justiz im Umgang mit der Öffentlichkeit bisweilen zu konservativ? Im sog. „NSU-Prozess" ging es bereits vor Beginn der Hauptverhandlung um die

---

2 Kleinknecht in FS Schmidt-Leichner, 111, 113.

3 Hirsch, ZRP 2000, 536, 537.

4 Vgl. Wegner, BLJ 2014, 37, 38 f.; Friedrichsen/Gerhardt, ZRP 2014, 92.

Frage, wie man mangels ausreichender Kapazitäten im Zuschauerraum dem ausgeprägten Informationsbedürfnis der Medien gerecht werden könne. Es wurde unter anderem diskutiert, mit technischen Hilfsmitteln die Gerichtsverhandlung in einen anderen Raum des Gerichtes zu übertragen, damit eine Vielzahl von Zuschauern (hauptsächlich aber die Medienvertreter) der Verhandlung beiwohnen könne. Letzten Endes wurde von dieser Möglichkeit der Erweiterung der (Saal-)Öffentlichkeit kein Gebrauch gemacht, den Forderungen wurde nicht entsprochen.

Es stellt sich allerdings die Frage, ob eine solche Live-Übertragung generell eine sinnvolle Erweiterung der Gerichtsöffentlichkeit darstellt. Die Frage verdient heute noch besondere Aufmerksamkeit und wird daher Bestandteil der folgenden Ausführungen werden. Freilich ist die Diskussion über eine solche Übertragungsmöglichkeit nicht erst mit dem NSU-Prozess im Jahre 2013 aufgekommen; sie findet ihren Ursprung hierzulande bereits im 20 Jahrhundert. Allerdings hat der NSU-Prozess die Frage über eine solche Möglichkeit der Erweiterung der Öffentlichkeit neu entfacht. Sicher scheint ebenfalls zu sein, dass der NSU-Prozess nicht der letzte „Mammutprozess" der Justiz sein wird, bei dem eine solche Debatte geführt werden wird. Der nun doch stattfindende sog. Love-Parade-Prozess[5] vor der 6. großen Strafkammer des Landgerichts Duisburg[6] hat wahrscheinlich ebenso genügend Potenzial für eine vergleichbare Debatte. Da auf der Love-Parade im Jahre 2010 in Duisburg insgesamt 21 Menschen gestorben und mindestens 652 Menschen – teilweise schwer – verletzt wurden[7], ist von einem enormen Interesse der Öffentlichkeit (Presse, Angehörige, Freunde der Opfer etc.) auszugehen.

Wenn es um ein „Mehr" an Öffentlichkeit geht, so kommen natürlich noch weitere Möglichkeiten in Betracht. Von Relevanz ist bspw. das Live-Blogging

---

5 Die Eröffnung des Hauptverfahrens wurde zunächst vom LG Duisburg aus tatsächlichen Gründen abgelehnt, siehe Beschluss LG Duisburg v. 30.03.2016, abrufbar unter: www.lg-duisburg.nrw.de/dokumente/LG_Duisburg_Loveparade.pdf (abgerufen am 18.06.2017).

6 Der 2. Strafsenat des OLG Düsseldorf hat den angefochtenen Beschluss des LG Duisburg v. 30.03.2016 aufgehoben, die Anklage der Staatsanwaltschaft Duisburg zur Hauptverhandlung zugelassen, und somit das Hauptverfahren eröffnet, siehe Beschluss OLG Düsseldorf v. 18.04.2017, abrufbar unter: http://www.olg-duesseldorf.nrw.de/behoerde/presse/Loveparade/OLG-Duesseldorf_Beschluss-Loveparade-18_-April-2017_anonymisierte-Fassung.pdf (abgerufen am 18.06.2017).

7 Die Welt v. 05.04.2016, abrufbar unter: http://www.welt.de/154006998 (abgerufen am 18.06.2017).

(bzw. auch „Twittern") aus dem Gerichtssaal. Die Thematik wurde in der Rechtswissenschaft bisher nur punktuell behandelt, verdient jedoch im Kontext der öffentlichen Hauptverhandlung eine genauere Betrachtung. In diesem Kontext stellen sich Fragen nach der Vereinbarkeit mit dem Verbot des § 169 S. 2 GVG oder der Zulässigkeit des Einschreitens gegen ein solches Verhalten im Rahmen einer sitzungspolizeilichen Maßnahme nach § 176 GVG.

Auf der anderen Seite hat sich jedoch bei vielen Menschen zugleich die Erkenntnis durchgesetzt, dass heutzutage ein „Zuviel" an Öffentlichkeit mit vielerlei Nachteilen verbunden ist, ja sogar schädlich für die Verfahrensbeteiligten sein kann. Es stellt sich demnach die Frage, ob es im 21. Jahrhundert aufgrund der gewandelten Verhältnisse auf der anderen Seite nicht zugleich einer *Eingrenzung* der Öffentlichkeit bedarf. Muss daher dem ausgeprägten Informationsinteresse nicht vielleicht Einhalt geboten werden? Stellt eine zu ausgeprägte, eine über das erforderliche Maß hinausgehende Öffentlichkeit gar einen „Kniefall vor den Medien"[8] dar? Dient das gesteigerte Informationsbedürfnis nicht sogar mehr der Unterhaltung der Bevölkerung? Letzten Endes soll das Recht aber nicht der Unterhaltung dienen, sondern Gerechtigkeit schaffen. Sind wir als Rechtsgemeinschaft daher an einem Punkt angekommen, an dem sich die Justiz wieder etwas „zurückziehen" muss, um ein faires Verfahren gewährleisten zu können?

Gegenstand der folgenden Untersuchung soll die öffentliche Hauptverhandlung in Strafsachen sein. Gegenstand der Auseinandersetzung wird – zwangsläufig – auch der im Jahre 1964 eingeführte § 169 S. 2 GVG sein, der seit seiner Einführung keiner grundlegenden Änderung unterworfen wurde und bis heute fortbesteht, jedoch seit Jahrzehnten im Fokus der Kritik steht. Gleichwohl ist eine vollständige Aufhebung des § 169 S. 2 GVG weiterhin nicht absehbar. Der Gesetzgeber hat sich nun allerdings der Vorschrift angenommen und möchte zumindest gewisse Ausnahmen von dieser Verbotsnorm ermöglichen. Im Konkreten geht es um eine gerichtsinterne Tonübertragung der Verhandlung, der Aufzeichnung der Verhandlung zu Gunsten historischer und wissenschaftlicher Bestrebungen sowie Urteilsübertragungen oberster Bundesgerichte. All diese Gesichtspunkte werden ebenfalls Gegenstand der vorliegenden Abhandlung werden.

Gerichtsverfahren wie der NSU-Prozess verdeutlichen die gegenwärtige Brisanz und zugleich die Relevanz der öffentlichen Hauptverhandlung und der damit einhergehenden Problematik. Auch zukünftig wird es (strafrechtliche)

8 Schäfer, Anm. zu BVerfG (Erster Senat), Beschl. v. 19.12.2007 – 1 BvR 620/07 (BVerfGE 119, 309), JR 2008, 119.

Gerichtsverfahren geben, bei denen ein gesteigertes (Informations-)Interesse der Öffentlichkeit gegeben sein wird. Eine souveräne Justiz muss auf die gewandelten Verhältnisse daher vorbereitet sein und darf sich der Stellung kritischer Frage, bspw. ob der Status quo der öffentlichen Hauptverhandlung nicht einer Änderung bzw. Anpassung bedarf, nicht scheuen. Indessen darf ein grundlegender Aspekt nicht vernachlässigt werden: Die Gewährleistung eines fairen Verfahrens. Dies zu gewährleisten stellt eine fundamentale Eigenschaft eines souveränen Rechtsstaates dar. Ob dieses Ziel insbesondere mit einem „Mehr“ an Öffentlichkeit erreicht werden kann, gilt es zu untersuchen.

B. These der Dissertation

Der Status Quo der öffentlichen Hauptverhandlung in Strafsachen ist – zumindest was medienintensive Prozesse anbelangt – nicht befriedigend. Ein restriktives „Mehr“ an Öffentlichkeit könnte sich hingegen positiv auf diesen auswirken und zugleich vielerlei Belange befriedigen, ohne dass die Arbeit der Justiz oder etwaige Rechte der Verfahrensbeteiligten erheblich tangiert wären. Ein Ausgleich der verschiedenen Interessen wäre daher möglich. Auf der anderen Seite soll damit zugleich verdeutlicht werden, dass ein „Weniger“ an Öffentlichkeit – zumindest was die öffentliche Hauptverhandlung betrifft – den Status Quo nicht verbessern könnte, im Gegenteil sogar kontraproduktiv wäre.

C. Warum soll der Fokus gerade auf die Hauptverhandlung gelegt werden?

Die Hauptverhandlung in Strafsachen stellt – vorausgesetzt, es werden alle Stadien des gesamten Verfahrens durchlaufen – „lediglich" einen Bestandteil des gesamten Strafverfahrens dar. Mit Blick etwa auf das der Hauptverhandlung vorgeschaltete Ermittlungsverfahren kann jedoch ohne Weiteres festgestellt werden, dass bereits hier bedeutsame Weichen für den weiteren Verlauf gestellt werden. In diesem gilt es zu klären, ob der Angeschuldigte der Tat hinreichend verdächtig ist und es daher zu einer Eröffnung des Hauptverfahrens kommen soll (§ 203 StPO) oder andernfalls ein solches nicht eröffnet wird (§ 204 I StPO). Bereits im Rahmen des Ermittlungsverfahrens gilt es, die Rechte des Angeschuldigten im Zuge der Ermittlungstätigkeit zu berücksichtigen. Die Beachtung des Grundsatzes der Unschuldsvermutung, welcher Teil des Rechtsstaatsprinzips und von wesentlicher Bedeutung für ein faires Verfahren ist[9], sowie das allgemeine Persönlichkeitsrecht gem. Art. 2 I i. V. m. Art. 1 I GG müssen daher gewahrt werden. Dies gilt nicht nur für die jeweils ermittelnde Staatsanwaltschaft (als sog. „Herrin des Verfahrens"), sondern ebenfalls für die in diesem Kontext berichtenden Medien. Diese können nämlich bereits in diesem frühen Stadium des Verfahrens des Öfteren eine tragende Rolle spielen und auf das laufende Verfahren entsprechend einwirken. Manchmal ist aber auch gerade der Grund der Einleitung eines Ermittlungsverfahrens auf das Tätigwerden der Medien zurückzuführen.[10]

Die Berührungspunkte, welche zwischen einem Strafverfahren und der Öffentlichkeit existieren, sind natürlich zahlreich; sie sind teilweise sogar untrennbar miteinander verbunden. Es böte sich daher grundsätzlich an, das Strafverfahren an sich, also in seiner Gänze hinsichtlich der Öffentlichkeit zu thematisieren. Die öffentliche Hauptverhandlung stellt jedoch nicht nur einen wesentlichen Teil justizieller Arbeit dar, ihr kommt hinsichtlich der Öffentlichkeit auch eine ganz eigene und ausgeprägte Bedeutung zu. Sie bietet zahlreiche interessante Themenfelder und verdient es daher im Rahmen einer wissenschaftlichen Abhandlung ausführlich thematisiert zu werden. Es sind indessen nicht nur die „klassischen Themen", welche (nicht nur) innerhalb der Rechtswissenschaft seit Jahren ausgiebig diskutiert werden (Stichwort: Fernsehaufnahmen während der Verhandlung), sondern – dank des stetigen Fortschreitens der

9 Deutscher Richterbund, DRiZ 1996, 246, 248.

10 Dazu u. a. Tilmann, StV 2005, 175.

technischen Möglichkeiten – zugleich Themen, welche erst in den letzten Jahren aufgekommen sind und an Signifikanz gewonnen haben (Stichwort: Bloggen während der Verhandlung). Nicht zuletzt ist es die vom Gesetzgeber beabsichtigte Modifizierung des § 169 GVG, welche gerade für die Hauptverhandlung in Strafsachen von Relevanz ist und daher Anlass für eine eingehendere Untersuchung bietet. Im Folgenden soll der Schwerpunkt daher auf der öffentlichen Hauptverhandlung in Strafsachen liegen. Der Bezug zur Öffentlichkeit soll im Rahmen dieser Arbeit zudem stets Beachtung finden.

D. Die Öffentlichkeit der Gerichtsverhandlung

I. Historische Entwicklung der Öffentlichkeit

Die Öffentlichkeit der Gerichtsverhandlung in der heutigen Zeit gilt als Selbstverständlichkeit eines souveränen Rechtsstaates. Jene Errungenschaft ist jedoch nicht seit jeher gegeben, sondern durchlief einen mühsamen und beschwerlichen, über Jahrhunderte andauernden Entwicklungsprozess, welcher nachfolgend, beginnend in der germanischen Zeit bis hin zum Ende des zweiten Weltkriegs, – zumindest in seinen groben Zügen – dargestellt werden soll.

1. Germanische und fränkische Zeit

Im alten deutschen Recht – d.h. bis zum Anbruch des Mittelalters – lag die Rechtsprechung noch ausschließlich in den Händen des Volkes, welche im Rahmen von Volksversammlungen (damals als „Ding" bezeichnet[11]) an bestimmten Orten und Zeiten ohne eine besondere Ladung in feierlicher Manier abgehalten wurde.[12] Es gab zum einen die Landesversammlung (Landsgemeinde), welche ausschließlich für todeswürdige Sachen zuständig war, und zum anderen die Bezirksversammlung.[13] Jene Versammlungen fanden unter freiem Himmel statt.[14] Bevorzugt wählte man Anhöhen für die Versammlungen aus; viele Versammlungen fanden zudem an Opferstätten statt.[15] Die Findung des Rechts durch das Volk vollzog sich nach freier Überzeugung und von Fall zu Fall.[16] Verhandelt wurde nur tagsüber, der für gewöhnlich feierliche Schluss wurde sodann mit Sonnenuntergang verkündet.[17] Die Verhandlungsleitung oblag dabei dem König oder dem Fürsten.[18] Es entsprach überall – auch noch im 15. Jahrhundert – dem Grundsatz, dass der Vorsitzende Richter nicht selbst das Urteil fällte.[19] Vielmehr

---

11 Schröder/v. Künßberg, *Lehrbuch d. dt. Rechtsgeschichte*, S. 26.

12 Kern, *Geschichte des Gerichtsverfassungsrechts*, S. 1.

13 v. Amira, *Grundriss des germanischen Rechts*, S. 252; Kern, *Geschichte des Gerichtsverfassungsrechts*, S. 1.

14 v. Amira, *Grundriss des germanischen Rechts*, S. 252; Schröder/v. Künßberg, *Lehrbuch d. dt. Rechtsgeschichte*, S. 45.

15 v. Amira, *Grundriss des germanischen Rechts*, S. 252 f.

16 Kern, *Geschichte des Gerichtsverfassungsrechts*, S. 1.

17 Schröder/v. Künßberg, *Lehrbuch d. dt. Rechtsgeschichte*, S. 48.

18 Schröder/v. Künßberg, *Lehrbuch d. dt. Rechtsgeschichte*, S. 28.

19 Mittermaier, *Das dt. Strafverfahren*, S. 55.

wurde das Urteil von dem Vorsitzenden Richter erfragt, und, nachdem das Urteil durch das versammelte Volk gefunden wurde, von diesem letzten Endes ausgesprochen.[20] Der Vorsitzende Richter hatte daher nur die formelle Leitung inne.[21]

Für freie waffenberechtigte Volksgenossen bestand die sog. Dingpflicht, also die Verpflichtung zur persönlichen Anwesenheit bei den Versammlungen.[22] Die Dingpflicht beinhaltete darüber hinaus auch die Verpflichtung, dem Richter aktiv Hilfe zu leisten.[23] Derjenige, der dieser Verpflichtung nicht ohne eine Rechtfertigung nachkam, wurde sodann bußpflichtig.[24] Darüber hinaus stand es aber auch den nicht dingpflichtigen Volksgenossen frei, der Verhandlung zumindest als Zuhörer beizuwohnen.[25] Den unfreien und fremden Personen war dies wohl stets untersagt.[26] Die Bedeutung der Öffentlichkeit des Verfahrens zu jener altdeutschen Zeit ist im Hinblick auf die Bedeutung, die der Öffentlichkeit erst später zukommen sollte (die Kontrolle des Gerichts), aber nicht vergleichbar, stellten die dingpflichtigen Personen doch einen ganz wesentlichen Teil des Gerichtes selbst dar.[27] Die Öffentlichkeit des damaligen Verfahrens lässt sich daher als eine Notwendige charakterisieren.

Mit der Gründung des Frankenreiches von Chlodevech im fünften Jahrhundert begann die sog. fränkische Zeit.[28] In der fränkischen Zeit sollten die Grundlagen für die Öffentlichkeit erst einmal dieselben bleiben.[29] Die Schöffenverfassung, welche durch Karl dem Großen eingeführt wurde, führte später jedoch dazu, dass die allgemein bestehende Dingpflicht auf echte Dinge – welche

20 v. Feuerbach, *Betrachtungen über d. Öffentlichkeit u. Mündlichkeit d. Gerechtigkeitspflege*, S. 73.

21 Schuckert, *Der Grundsatz d. Volksöffentlichkeit*, S. 6.

22 Schuckert, *Der Grundsatz d. Volksöffentlichkeit*, S. 5 f.; v. Feuerbach, *Betrachtungen über d. Öffentlichkeit u. Mündlichkeit d. Gerechtigkeitspflege*, S. 66 f; v. Amira, *Grundriss des germanischen Rechts*, S. 255; Beese, *Grundsatz der Öffentlichkeit im dt. Strafprozess*, S. 9.

23 Schuckert, *Der Grundsatz d. Volksöffentlichkeit*, S. 6.

24 v. Feuerbach, *Betrachtungen über d. Öffentlichkeit u. Mündlichkeit d. Gerechtigkeitspflege*, S. 68.

25 Schröder/v. Künßberg, *Lehrbuch d. dt. Rechtsgeschichte*, S. 45; Schuckert, *Der Grundsatz d. Volksöffentlichkeit*, S. 6.

26 Schröder/v. Künßberg, *Lehrbuch d. dt. Rechtsgeschichte*, S. 45.

27 v. Feuerbach, *Betrachtungen über d. Öffentlichkeit u. Mündlichkeit d. Gerechtigkeitspflege*, S. 72.

28 Beese, *Grundsatz der Öffentlichkeit im dt. Strafprozess*, S. 10.

29 Schuckert, *Der Grundsatz d. Volksöffentlichkeit*, S. 6.

lediglich dreimal im Jahr stattfanden[30] – oder ungebotene Dinge reduziert wurde.[31] Hinsichtlich des gebotenen Ding – welches wesentlich häufiger stattfand[32] – bestand eine fakultative Öffentlichkeit.[33] Die Pflicht zum Erscheinen erstreckte sich vor allem nur noch auf den reichen Teil der Bevölkerung, wohingegen der ärmere Teil von jener Pflicht zum Erscheinen befreit wurde.[34] Die Findung des Urteils war nun jedoch nicht mehr dem Volk allein vorbehalten, sondern wurde von sieben Schöffen, welche auf Lebenszeit bestellt und damit Beamte wurden, ausgeübt.[35] Die Schöffen schlugen im echten Ding das Urteil vor, in anderen Gerichten – nun ohne Gerichtsgemeinde – fällten sie das Urteil selbst.[36] Das Volk – einst aktiver und notwendiger Teil der Öffentlichkeit – übernahm im Zuge des fränkischen Verfahrens nun mehr und mehr die Rolle des passiven Zuschauers.[37]

2. Das 9. – 13. Jahrhundert

Während des 9. bis zum 13. Jahrhundert sollte es dann zu einer deutlichen Zersplitterung und Heterogenität des formellen deutschen Rechtes kommen[38] und darüber hinaus mehr und mehr zu einer Einschränkung des Öffentlichkeitsgrundsatzes.[39] Die freien Bauern büßten mit der Zeit ihre Rechte (das Waffen- und Fehderecht) ein und mussten sich zum Ende des Mittelalters hin den Grundherren gänzlich unterordnen.[40] Ein wesentlicher Teil der Bevölkerung wurde daher rechtlos, sodass die Partizipation am Prozess in jeder Hinsicht ausgeschlossen war.[41] Die Einführung des römisch-kanonischen Rechts in Deutschland führte zudem dazu, dass das Volk – sowie die meisten Schöffen – für dieses unbekannte Recht kein Verständnis aufbringen konnte und es deswegen auf die

---

30 Schuckert, *Der Grundsatz d. Volksöffentlichkeit*, S. 6; Kern, *Geschichte des Gerichtsverfassungsrechts*, S. 6.

31 Alber, *Die Geschichte der Öffentlichkeit im dt. Strafverfahren*, S. 13.

32 Kern, *Geschichte des Gerichtsverfassungsrechts*, S. 6.

33 Schuckert, *Der Grundsatz d. Volksöffentlichkeit*, S. 6.

34 Kern, *Geschichte des Gerichtsverfassungsrechts*, S. 6.

35 Kern, *Geschichte des Gerichtsverfassungsrechts*, S. 6; Schuckert, *Der Grundsatz d. Volksöffentlichkeit*, S. 6; v. Amira, *Grundriss des germanischen Rechts*, S. 258.

36 Kern, *Geschichte des Gerichtsverfassungsrechts*, S. 6.

37 Witzler, *Die personale Öffentlichkeit im Strafverfahren*, S. 21.

38 Schuckert, *Der Grundsatz d. Volksöffentlichkeit*, S. 7; Kern, *Geschichte des Gerichtsverfassungsrechts*, S. 7.

39 Schuckert, *Der Grundsatz d. Volksöffentlichkeit*, S. 7; Beese, *Grundsatz der Öffentlichkeit im dt. Strafprozess*, S. 12.

40 Beese, *Grundsatz der Öffentlichkeit im dt. Strafprozess*, S. 12.

41 Beese, *Grundsatz der Öffentlichkeit im dt. Strafprozess*, S. 12.

Teilnahme an der Verhandlung verzichtete.[42] Fanden Gerichtsverhandlungen einst noch auf Marktplätzen oder unbebauten Orten statt, so verschob sich die Örtlichkeit der Verhandlungen dahingehend, dass zusehends in Gildehäusern, Kirchen, Rathäusern oder in speziell dafür errichteten Gerichtssälen verhandelt wurde.[43] Zwar blieben die Fenster und Türen dieser Verhandlungsstätten zunächst offen, jedoch entstand eine Scheidewand zwischen dem Gericht und dem Volk.[44]

3. Der Inquisitionsprozess

Von maßgebender Bedeutung in der Entwicklung der Öffentlichkeit war die Bambergische Peinliche Halsgerichtsordnung („Bambergensis") von 1507, welche die Mündlichkeit und Öffentlichkeit von Gerichtsverhandlungen beseitigte.[45] Der Gedanke dahinter war der, dass anhand eines geheimen schriftlichen Verfahrens eine gewissenhaftere, gründlichere Entscheidung und zugleich eine Eindämmung der Kriminalität gewährleistet werden sollte.[46] Die Nichtöffentlichkeit des Verfahrens wurde sodann von der Bambergensis in die Peinliche Gerichtsordnung Kaiser Karls V. von 1532 (Constitutio Criminalis Carolina (CCC)) übernommen.[47] Sie stellte die erste richtige Kodifikation dar, welche die Zweiheit des hiesigen und des fremden Rechts im Bereich des Strafrechts und des Strafprozesses überwand.[48] Mit der Carolina hatte sich der Inquisitionsprozess etabliert und den öffentlichen Anklageprozess dadurch praktisch beseitigt.[49]

Die Folter, welche wohl bereits gegen Ende des 12. Jahrhunderts in Deutschland gebräuchlich[50] und von 1350 an einer rasanten Verbreitung in Deutschland unterzogen war[51], war dabei Bestandteil des Inquisitionsprozesses. Neben

42 Beese, *Grundsatz der Öffentlichkeit im dt. Strafprozess*, S. 12; Schuckert, *Der Grundsatz d. Volksöffentlichkeit*, S. 8.

43 Schuckert, *Der Grundsatz d. Volksöffentlichkeit*, S. 7; v. Amira, *Grundriss des germanischen Rechts*, S. 253.

44 Alber, *Die Geschichte der Öffentlichkeit im dt. Strafverfahren*, S. 14.

45 Schuckert, *Der Grundsatz d. Volksöffentlichkeit*, S. 9.

46 Schuckert, *Der Grundsatz d. Volksöffentlichkeit*, S. 9.

47 Schuckert, *Der Grundsatz d. Volksöffentlichkeit*, S. 9; Alber, *Die Geschichte der Öffentlichkeit im dt. Strafverfahren*, S. 16.

48 v. Amira, *Grundriss des germanischen Rechts*, S. 971 f.

49 Schuckert, *Der Grundsatz d. Volksöffentlichkeit*, S. 9; Beese, *Grundsatz der Öffentlichkeit im dt. Strafprozess*, S. 13.

50 Eb. Schmidt, *Einf. in d. Geschichte d. dt. Strafrechtspflege*, S. 91.

51 Eb. Schmidt, *Einf. in d. Geschichte d. dt. Strafrechtspflege*, S. 92.

unmittelbaren Einwirkungen auf den Körper des Beschuldigten[52] durch Schläge oder Ähnlichem waren es z. B. auch Haftumstände wie Frost, Ungeziefer, Finsternis und Hunger, welche charakteristisch für die Art der Anwendung der Folter waren.[53] Gegen Ende des 14. Jahrhunderts finden sich (wohl) nur zwei Quellen des sächsischen Rechtsbereiches, namentlich die sog. Magdeburger Fragen und die Blume des Sachsenspiegels, welche die Folter als Mittel Methode zur Geständniserlangung ablehnen.[54] Sie sollte erst *von Friedrich dem Großen* am Beginn seiner Regierung am 3. Juni 1740 abgeschafft werden (wenngleich noch Ausnahmen bestanden, die jedoch später ebenfalls abgeschafft wurden).[55] Ungeachtet dessen wurden dadurch die Struktur und der Sinn des Inquisitionsprozesses nicht tangiert.[56]

Die Befragung und Folterung des Beschuldigten im Zuge des Inquisitionsprozesses fand in einem Vorverfahren, welches durch eine geringe Anzahl beauftragter Schöffen geprägt war, statt, und vollzog sich vor allem unter Ausschluss der Öffentlichkeit in den Stuben der Ämter und den Folterkammern der obrigkeitlichen Gefängnisse.[57] Das Geständnis der Beschuldigten bildete sodann die Grundlage für den sog. „endlichen Rechtstage“, d. h. dem öffentlichen Gerichtstermin, welcher das Verfahren letztendlich zum Abschluss bringen sollte.[58] Da jedoch das Vorverfahren und damit das Entlocken des Geständnisses des Beschuldigten der maßgebende Teil des gesamten Verfahrens darstellte, war der endliche Rechtstag hingegen „nur noch ein der Öffentlichkeit gebotenes formales Schaustück“.[59] Auf ihm wurde lediglich das zuvor gefundene Urteil verkündet.[60] Bereits im 14. Jahrhundert kam es daher auch dazu, dass zum Teil vollständig auf den endlichen Rechtstag verzichtet und der Beschuldigte auch unter Ausschluss der Öffentlichkeit verurteilt wurde.[61]

---

52 Das Instrument der Folter kam darüber hinaus auch gegenüber Zeugen zum Einsatz, um sie ggf. zu bestimmten Aussagen zu nötigen, Mittermaier, *Das dt. Strafverfahren*, S. 340.

53 Eb. Schmidt, *Einf. in d. Geschichte d. dt. Strafrechtspflege*, S. 95.

54 So Eb. Schmidt, *Einf. in d. Geschichte d. dt. Strafrechtspflege*, S. 96 f.

55 Eb. Schmidt, *Einf. in d. Geschichte d. dt. Strafrechtspflege*, S. 269 f.

56 Eb. Schmidt, *Einf. in d. Geschichte d. dt. Strafrechtspflege*, S. 270.

57 Eb. Schmidt, *Einf. in d. Geschichte d. dt. Strafrechtspflege*, S. 99.

58 Eb. Schmidt, *Einf. in d. Geschichte d. dt. Strafrechtspflege*, S. 100.

59 Eb. Schmidt, *Einf. in d. Geschichte d. dt. Strafrechtspflege*, S. 101 f.; vgl. Alber, *Die Geschichte der Öffentlichkeit im dt. Strafverfahren*, S. 14.

60 Beese, *Grundsatz der Öffentlichkeit im dt. Strafprozess*, S. 13.

61 Eb. Schmidt, *Einf. in d. Geschichte d. dt. Strafrechtspflege*, S. 102.

Um 1500 machte sich zugleich Widerstand – vor allem von den Bauern – gegen den Inquisitionsprozess und somit gegen ein geheimes Verfahren, breit.[62] In vielen Fällen konnte nur die alte Gerichtsverfassung mit ihrem öffentlichen Verfahren die Bauern vor dem gesetzlosen Betragen ihrer Herren bewahren.[63] Während des Bauernkriegs (von 1523 bis 1525) wurde daher von den Bauern ein Plan für eine umfangreiche Reichsreform erarbeitet.[64] Diese sah vor, sich vom damals geltenden Recht abzuwenden, hin zu einem göttlichen und natürlichen Recht, den Ausschluss aller Rechtsgelehrten und Geistlichen von allen öffentlichen Ämtern – einschließlich der Gerichte -, und eine vollkommende Reorganisation des Gerichtswesens.[65] Jene Bemühungen sollten jedoch nicht von Erfolg gekrönt werden.[66]

Die Peinliche Gerichtsordnung Karls V. vom Jahre 1532 stellte sodann das erste deutsche Reichsstrafgesetzbuch dar.[67] Als wesentliche Neuerung der Peinlichen Gerichtsordnung sah diese die Aktenversendung – wenngleich diese Einrichtung bereits älter war – vor.[68] Da in den deutschen Strafgerichten oftmals keine Juristen ansässig waren, Richter und Schöffen aus verschiedensten städtischen oder ländlichen Berufen entstammten und daher über kein fundiertes juristisches Fachwissen verfügten, sollte anhand des Instituts der Aktenversendung dieser schwerwiegende Mangel letztendlich ausgeglichen werden.[69] Die örtlichen unteren Gerichte sollten in fraglichen Fällen nunmehr den Rat von Rechtsverständigen, z. B. von den Oberhöfen oder den Juristenfakultäten, einholen.[70] Jene Rechtsverständige konnten sich von dem Angeklagten oder Zeugen jedoch keinen persönlichen Eindruck verschaffen, sie waren auf den Inhalt der Akten beschränkt.[71] Im Zuge der Aktenversendung wurde das Gerichtsverfahren nunmehr schriftlich und mittelbar, die Öffentlichkeit des Verfahrens schwand zusehends.[72]

---

62 Alber, *Die Geschichte der Öffentlichkeit im dt. Strafverfahren*, S. 15.
63 Alber, *Die Geschichte der Öffentlichkeit im dt. Strafverfahren*, S. 15.
64 Kern, *Geschichte des Gerichtsverfassungsrechts*, S. 23.
65 Kern, *Geschichte des Gerichtsverfassungsrechts*, S. 23.
66 Kern, *Geschichte des Gerichtsverfassungsrechts*, S. 24.
67 Kern, *Geschichte des Gerichtsverfassungsrechts*, S. 34.
68 Kern, *Geschichte des Gerichtsverfassungsrechts*, S. 34.
69 Eb. Schmidt, *Einf. in d. Geschichte d. dt. Strafrechtspflege*, S. 135.
70 Kern, *Geschichte des Gerichtsverfassungsrechts*, S. 36 f.; Eb. Schmidt, *Einf. in d. Geschichte d. dt. Strafrechtspflege*, S. 135.
71 Mittermaier, *Das dt. Strafverfahren*, S. 145.
72 Kern, *Geschichte des Gerichtsverfassungsrechts*, S. 37; vgl. Mittermaier, *Das dt. Strafverfahren*, S. 144.

Der Inquisitionsprozess entwickelte sich im 14. und 15. Jahrhundert zu einem im alleinigen Ermessen des Richters stehenden, oftmals von richterlicher Willkür geprägten, Verfahren.[73] Das Verfahren war nicht von richterlichem, sondern vielmehr von polizeilichem Geist bestimmt: Ziel war die zügige Erlangung eines Geständnisses des Beschuldigten und damit eine rasche Aburteilung, welche Kosten und Zeit sparte und zugleich eine abschreckende Wirkung ermöglichte.[74] Wenngleich Friedrich Wilhelm I. nicht mehr persönlich dem Gericht beiwohnte, so hielt er (im Besonderen in der Kriminalordnung aus dem Jahre 1717) weiterhin an seinem Bestätigungsrecht für Strafurteile, und damit der Möglichkeit, nach seinem Belieben das Urteil zu schärfen oder zu mildern, fest.[75] In dem Glauben, dass nur dadurch der Rechtspflege Gleichmäßigkeit und Gerechtigkeit zuteilwerden könne, bediente sich König Friedrich der Große zumindest gelegentlich noch seines Rechtes, die Strafurteile der Gerichte zu bestätigen und dabei zu schärfen.[76] Noch bis zum Ende des 18. Jahrhunderts sollte der gemeinrechtliche Inquisitionsprozess unbestritten die deutschen Strafverfahren dominieren.[77]

4. Der Einfluss Frankreichs

Der geheime Inquisitionsprozess sollte in Frankreich bereits etwas früher als in Deutschland die Oberhand gewinnen und bis in die Mitte des 18. Jahrhunderts in Frankreich als das herrschende Verfahren maßgebend bleiben.[78] Ging die stetige Schwächung der Öffentlichkeit von Gerichtsverfahren in Deutschland noch von partikularen Kräften aus, so ging sie in Frankreich vom König selbst aus.[79] Persönlichkeiten wie *Montesquieu*, *Voltaire* und *Beccaria* sollten die Reformbewegungen hingegen maßgebend antreiben.[80] Die Französische Revolution führte dann zu einer wesentlichen Umformung des Gerichtsverfassungsrechts und des Strafverfahrens in Frankreich.[81]

---

73 Eb. Schmidt, *Einf. in d. Geschichte d. dt. Strafrechtspflege*, S. 102; vgl. Schuckert, *Der Grundsatz d. Volksöffentlichkeit*, S. 10.
74 Eb. Schmidt, *Einf. in d. Geschichte d. dt. Strafrechtspflege*, S. 102.
75 Kern, *Geschichte des Gerichtsverfassungsrechts*, S. 44.
76 Kern, *Geschichte des Gerichtsverfassungsrechts*, S. 47; Eb. Schmidt, *Einf. in d. Geschichte d. dt. Strafrechtspflege*, S. 248.
77 Rohde, *Die Öffentlichkeit im Strafprozess*, S. 54.
78 Alber, *Die Geschichte der Öffentlichkeit im dt. Strafverfahren*, S. 25.
79 Alber, *Die Geschichte der Öffentlichkeit im dt. Strafverfahren*, S. 25.
80 Alber, *Die Geschichte der Öffentlichkeit im dt. Strafverfahren*, S. 26 f.
81 Kern, *Geschichte des Gerichtsverfassungsrechts*, S. 51.

Mehrere Dekrete aus dem August 1789 beseitigten zunächst die Folter und sprachen sich für die Öffentlichkeit des Verfahrens aus.[82] Es sollten jedoch nicht die einzigen Dekrete dieser Zeit bleiben, die sich dem französischen Rechtswesen – einschließlich des Gerichtsverfahrens – annahmen.[83] Die Gesetzestexte *„Code d'instruction criminelle"* und *„Code de procedure civile"* beinhalteten nicht nur die Einrichtung von Schwur- und Schöffengerichten, sondern ebenfalls die Wiederkehr zum Anklagegrundsatz mit den Prinzipien der freien Beweiswürdigung, die Mündlichkeit der Verhandlung, sowie einer Öffentlichkeit des Verfahrens, die keiner Beschränkung unterliegen sollte.[84] Anders als es der deutsche Frühliberalismus im Sinn hatte, sollte der Adressatenkreis der Öffentlichkeit von Beginn an nicht vom Geschlecht oder vom gesellschaftlichen Stand abhängig gemacht werden.[85]

5. Das 19. Jahrhundert

Die Französische Revolution sollte sodann der Auslöser für die in Deutschland stattfindende Debatte über die Öffentlichkeit in der ersten Hälfte des 19. Jahrhunderts sein.[86] Die im Jahre 1825 in Frankreich gegründete Zeitung namens „Gazette des tribunaux"[87], welche fast ausschließlich aus Prozessberichten bestand, lieferte Anregungen für die zu jener Zeit wenig ausgeprägte deutsche Debatte über die Öffentlichkeit von Gerichtsverfahren.[88] Große Bedeutung erlangte indessen das „Niederrheinische Archiv", welches als halbamtliches Organ der Immediat-Justiz-Kommission als Sammelbecken aller Befürworter der Öffentlichkeit fungierte.[89]

Paul Johann Anselm von Feuerbach[90] brachte in seinem 1821 erschienen Buch „Betrachtungen über die Öffentlichkeit und Mündlichkeit der Gerechtigkeitspflege" die Notwendigkeit öffentlicher Gerichtsverhandlungen weiter zum Ausdruck. Es sei – so *von Feuerbach* in seinem besagten Werk – gerade nicht

---

82 Mittermaier, *Das dt. Strafverfahren*, S. 82.
83 M. w. N. Mittermaier, *Das dt. Strafverfahren*, S. 82.
84 Schuckert, *Der Grundsatz d. Volksöffentlichkeit*, S. 10 f.
85 Rohde, *Die Öffentlichkeit im Strafprozess*, S. 55.
86 Rohde, *Die Öffentlichkeit im Strafprozess*, S. 56.
87 Weitere Informationen über diese finden sich bei Foelix, Kritische Zeitschrift für Rechtswissenschaft und Gesetzgebung des Auslandes 1839, 290 f.
88 Alber, *Die Geschichte der Öffentlichkeit im dt. Strafverfahren*, S. 137.
89 Alber, *Die Geschichte der Öffentlichkeit im dt. Strafverfahren*, S. 35.
90 Ausführliche biographische Angaben siehe Eb. Schmidt, *Einführung in d. Geschichte d. dt. Strafrechtspflege*, S. 232 ff.

paradox, wenn Gerichtsverhandlungen ob der begrenzten Kapazitäten nicht mehr in den gewöhnlichen Gerichtsälen, sondern wieder unter freiem Himmel, auf offenen Märkten oder in Kirchen stattfänden.[91] Wenngleich er Befürworter der Öffentlichkeit für Gerichtsverhandlungen war, so wollte er diese jedoch nicht für jedermann. So verstoße die Zulassung von Frauen als Teil der Saalöffentlichkeit bereits gegen die öffentliche Sittlichkeit.[92] Vielmehr sollte keinem der Zugang zur Gerichtsverhandlung ermöglicht werden, „der nicht die Eigenschaften zur vollen Ausübung aller bürgerlichen Rechte besitzt, niemand der nicht schon den Verfassungseid geschworen hat, niemand der nicht durch Amt, Eigentum, oder ständiges Gewerbe ansässig ist".[93] Sollte es im Falle von Strafverhandlungen an Zuhörern mangeln, so müsse eine gewisse Anzahl von tauglichen Bürgern zur regelmäßigen Teilnahme daran verpflichtet werden.[94] Für den einzelnen dazu Verpflichteten sei dies keine Bürde: „so wird Jeder gern eine Pflicht übernehmen, die, ohne ihn besonders zu beschweren, ihm zugleich als Ehrenvorzug gilt".[95]

Im Anschluss des Werkes *Feuerbachs* sollte es nun die Mehrheit der Wissenschaftler sein, die die Einführung eines öffentlich-mündlichen Verfahrens forderten.[96] Dabei ging der größte Teil der Rechtswissenschaft damit d'accord, dass es in diesem Kontext nicht um eine absolute Öffentlichkeit des Verfahrens, sondern allein um die Öffentlichkeit der Hauptverhandlung gehen soll.[97] Die absoluten Regierungen deutscher Staaten unternahmen hingegen einen finalen Versuch, den Forderungen der liberalen bürgerlichen Gesellschaft, einschließlich der Forderung nach der Öffentlichkeit des Verfahrens, entgegenzuwirken, sodass eine praktische Umsetzung der angestoßenen Reformen erst in der Mitte des 19. Jahrhunderts stattfinden sollte.[98]

---

91 v. Feuerbach, *Betrachtungen über d. Öffentlichkeit u. Mündlichkeit d. Gerechtigkeitspflege*, S. 34 f.

92 v. Feuerbach, *Betrachtungen über d. Öffentlichkeit u. Mündlichkeit d. Gerechtigkeitspflege*, S. 178 f., 190 f.

93 v. Feuerbach, *Betrachtungen über d. Öffentlichkeit u. Mündlichkeit d. Gerechtigkeitspflege*, S. 179.

94 v. Feuerbach, *Betrachtungen über d. Öffentlichkeit u. Mündlichkeit d. Gerechtigkeitspflege*, S. 182.

95 v. Feuerbach, *Betrachtungen über d. Öffentlichkeit u. Mündlichkeit d. Gerechtigkeitspflege*, S. 182.

96 M. w. n. Rohde, *Die Öffentlichkeit im Strafprozess*, S. 57; Schuckert, *Der Grundsatz d. Volksöffentlichkeit*, S. 11.

97 Schuckert, *Der Grundsatz d. Volksöffentlichkeit*, S. 13 f.

98 Schuckert, *Der Grundsatz d. Volksöffentlichkeit*, S. 14.

6. Die Paulskirchenverfassung

Die Paulskirchenverfassung vom 28. März 1849 beschleunigte den Entwicklungsprozess der Öffentlichkeit von Gerichtsverhandlungen, obgleich die geistige Vorbereitung zur Aufnahme des Instituts bereits im Vorfeld abgeschlossen war.[99] Die Verfassung konnte zudem aufgrund der gescheiterten Reichsgründung keine eigenständig praktische Relevanz erlangen.[100] Während der vorangegangenen Beratungen stand die Öffentlichkeit von Gerichtsverfahren nicht zur Disposition.[101] Die Frage, ob die Öffentlichkeit dahingehend begrenzt werden müsse, dass Frauen und Kinder der Zugang zur Gerichtsverhandlung verwehrt bleiben sollte, wurde von keinem Abgeordneten diskutiert.[102] Ebenso wurde von keinem der Versuch unternommen, den Zugang zur Verhandlung von der Bildung oder dem Vermögen abhängig zu machen.[103]

Gem. § 178 S. 1 des X. Artikels der Paulskirchenverfassung sollten Gerichtsverfahren öffentlich und mündlich sein. Eine Einschränkung von diesem Gebot sah lediglich § 178 S. 2 der Paulskirchenverfassung vor. Danach sollten Ausnahmen von der Öffentlichkeit im Interesse der Sittlichkeit durch das Gesetz bestimmt werden. Jene Beschränkung sollte einzig dem Schutze des sittlich gefährdeten Publikums dienen und nicht dem des Opfers oder Angeklagten.[104] Im Vorfeld sprachen sich hingegen radikale Mitglieder der Nationalversammlung gegen eine solche Beschränkung aus; Kinder würden ohnehin von einer öffentlichen Gerichtsverhandlung außen vor gelassen werden und verletzbare Frauen würden bereits von sich aus fernbleiben.[105]

Bereits im Jahre 1848 nahmen Hessen-Darmstadt, Kurhessen und Bayern eine Veränderung des Strafverfahrens vor.[106] Die Verordnung über die Einführung des mündlichen und öffentlichen Verfahrens mit Geschworenen in Untersuchungssachen vom 03. Januar 1849 führte dann in Preußen im Allgemeinen die Mündlichkeit und Öffentlichkeit im Strafverfahren ein.[107] Im selben Jahr kam es sodann auch durch Nassau, Württemberg, Braunschweig und Hannover zu einer

---

99 Alber, *Die Geschichte der Öffentlichkeit im dt. Strafverfahren*, S. 148.
100 Beese, *Grundsatz der Öffentlichkeit im dt. Strafprozess*, S. 17.
101 Alber, *Die Geschichte der Öffentlichkeit im dt. Strafverfahren*, S. 144 f., 146 f.
102 Limbach, *Das Strafrecht d. Paulskirchenverfassung*, S. 111.
103 Limbach, *Das Strafrecht d. Paulskirchenverfassung*, S. 111.
104 Limbach, *Das Strafrecht d. Paulskirchenverfassung*, S. 113.
105 Alber, *Die Geschichte der Öffentlichkeit im dt. Strafverfahren*, S. 146.
106 Alber, *Die Geschichte der Öffentlichkeit im dt. Strafverfahren*, S. 147.
107 Kern, *Geschichte des Gerichtsverfassungsrechts*, S. 78.

Umstrukturierung des Strafverfahrens.[108] Eine erstmals einheitliche gesetzliche Regelung der justiziellen Öffentlichkeit brachte das Gerichtsverfassungsgesetz vom 27.01.1877.[109] Die Gerichtsöffentlichkeit stand weiterhin nicht zur Disposition, vielmehr ging es um ihre konkrete gesetzliche Ausgestaltung, so wird etwa der noch in der ersten Hälfte des 19. Jahrhunderts bedenkenlose Ausschluss von Frauen aufgegeben.[110] Die Möglichkeit des Ausschlusses der Öffentlichkeit aufgrund der Gefährdung der Sittlichkeit oder der öffentlichen Ordnung war jedoch von Beginn an im Gesetz vorzufinden.[111] Erste Änderungen des Gerichtsverfassungsgesetzes durch den Gesetzgeber, wie etwa die Möglichkeit des Ausschlusses der Öffentlichkeit im Zuge der Mitteilung der Urteilsgründe oder die Strafandrohung für Presseberichte aus nichtöffentlichen Verhandlungen, sollten sodann bereits im Jahre 1888 folgen.[112] Weitere Reformbemühungen, welche insbesondere den Fokus vermehrt auf die mittelbare Öffentlichkeit legten, sollten ferner zu Beginn des 20. Jahrhunderts nicht ausbleiben.[113]

7. Das 20. Jahrhundert

Erwähnenswert ist, dass mit dem Jugendgerichtsgesetz vom 16.02.1923 durch § 23 die Nichtöffentlichkeit der Verhandlung, einschließlich der Verkündung der Entscheidung bei Jugendstrafverfahren, eingeführt wurde.[114] Während der Zeit des Nationalsozialismus blieben die Vorschriften des GVG de iure in Kraft, es bestand Einigkeit über die grundsätzliche Öffentlichkeit von Gerichtsverfahren.[115] Allerdings wurde die Öffentlichkeit der Gerichtsverfahren allenfalls dann ernst genommen, wenn sie für die nationalsozialistische Staatsführung nutzbar gemacht werden konnte.[116] „Das neue Strafrecht ist am Gemeinschaftsgedanken ausgerichtet, d. h. es erteilt die Antwort der Volksgemeinschaft auf die vom Täter

---

108 Alber, *Die Geschichte der Öffentlichkeit im dt. Strafverfahren*, S. 147.

109 Rohde, *Die Öffentlichkeit im Strafprozess*, S. 62; Schuckert, *Der Grundsatz d. Volksöffentlichkeit*, S. 16.

110 Rohde, *Die Öffentlichkeit im Strafprozess*, S. 63.

111 Rohde, *Die Öffentlichkeit im Strafprozess*, S. 64.

112 Dazu Rohde, *Die Öffentlichkeit im Strafprozess*, S. 65 f.; Witzler, *Die personale Öffentlichkeit im Strafverfahren*, S. 38 f.

113 Rohde, *Die Öffentlichkeit im Strafprozess*, S. 67 ff.

114 Siehe RGBl. I, S. 137.

115 Rohde, *Die Öffentlichkeit im Strafprozess*, S. 72.

116 Rohde, *Die Öffentlichkeit im Strafprozess*, S. 73; dazu ebenso Witzler, *Die personale Öffentlichkeit im Strafverfahren*, S. 44 f.

offenbarte Pflicht- und Treuverletzung [...]. Gegenstand des Strafverfahrens ist demgemäß die Ehre des Volksgenossen und seine Tauglichkeit für die Gemeinschaft."[117] Der Diskurs rund um die Thematik der mittelbaren Öffentlichkeit nahm sodann nach Ende des zweiten Weltkrieges in Deutschland wieder deutlich an Fahrt auf.[118]

II. Gesetzeslage heute

1. § 169 S. 1 GVG

Gem. § 169 S. 1 GVG ist die Verhandlung vor dem erkennenden Gericht einschließlich der Verkündigung der Urteile und Beschlüsse öffentlich. Unter dem Begriff „Öffentlichkeit" ist im GVG nur die „unmittelbare" Öffentlichkeit zu fassen, nicht jedoch die „mittelbare" oder „erweiterte" Öffentlichkeit.[119] Unter der *unmittelbaren* Öffentlichkeit wird entsprechend des herkömmlichen Öffentlichkeitsbegriffs die körperliche Anwesenheit von Zuhörern verstanden.[120] Mit der *mittelbaren* Öffentlichkeit ist diejenige Öffentlichkeit gemeint, bei der die Zuhörer selbst nicht persönlich im Gerichtssaal anwesend sind, sondern sich ihre Meinungsbildung auf Prozessberichte zurückführen lassen.[121] Für die mittelbare Öffentlichkeit notwendig ist demnach ein Informationsmedium[122], wobei unter der mittelbaren Öffentlichkeit zum einen die durch die Medien informierten Personen und zum anderen die Prozessberichterstattung durch die Medien selbst verstanden wird[123]. Letzteres setzt wiederum die unmittelbare Öffentlichkeit, folglich die körperliche Anwesenheit vor Ort, voraus.[124]

Die Verhandlung ist nur öffentlich vor dem „erkennenden" Gericht, d.h. vor dem die Endentscheidung in der Sache zu treffenden Spruchkörper.[125] Unter der Verhandlung ist nur der mündlich vorgetragene Verfahrensstoff – d.h. die Hauptverhandlung gem. §§ 226 ff. StPO – zu fassen und nicht etwa das Verfahren

---

117 Beese, *Grundsatz der Öffentlichkeit im dt. Strafprozess*, S. 19 f.

118 Rohde, *Die Öffentlichkeit im Strafprozess*, S. 74 f.

119 BGHSt 36, 119, 120.

120 Kissel/Mayer, *GVG-Kom.*, § 169 GVG, Rn. 3.

121 Wickern in *Löwe-Rosenberg*, Vor § 169 GVG, Rn. 14.

122 v. Coelln, *Zur Medienöffentlichkeit der Dritten Gewalt*, S. 30.

123 Wickern in *Löwe-Rosenberg*, Vor § 169 GVG, Rn. 14; a. A. Kissel/Mayer, *GVG-Kom.*, § 169 GVG, Rn. 3.

124 Kissel/Mayer, *GVG-Kom.*, § 169 GVG, Rn. 3.

125 Kissel/Mayer, *GVG-Kom.*, § 169 GVG, Rn. 10.

als Ganzes.[126] Von der Öffentlichkeit ausgeschlossen sind daher Verfahrensabschnitte wie bspw. das Ermittlungsverfahren gem. §§ 158 ff. StPO. Gem. § 243 I 1 StPO beginnt die Hauptverhandlung mit dem Aufruf der Sache. Sie schließt gem. § 260 I StPO mit der auf die Beratung folgenden Verkündung des Urteils. Darüber hinaus können sich an die Urteilsverkündung noch die Verkündung von Nebenentscheidungen (vgl. §§ 268a, 268b StPO) und Belehrungen (§§ 35a, 268a III und § 268c StPO) anschließen, die zwar nicht Teil der Urteilsverkündung sind, jedoch einen Teil der Hauptverhandlung bilden und daher noch der Verhandlung zuzuordnen sind.[127] Ferner ist der Zeitraum, den das Gericht bis zur Beendigung seiner weiterhin obliegenden Aufgaben benötigt, noch der Verhandlung zuzuordnen.[128]

§ 169 S. 1 GVG findet gem. § 2 EGGVG auf die ordentliche Gerichtsbarkeit (Zivil- und Strafsachen) Anwendung. Die Öffentlichkeit der Verhandlung erstreckt sich jedoch auch auf andere Gerichtsbarkeiten. Durch einen entsprechenden Verweis des § 17 BVerfGG auf die Vorschriften der Titel 14 bis 16 des Gerichtsverfassungsgesetzes findet der Grundsatz der Öffentlichkeit ebenfalls Anwendung für Verhandlungen vor dem Bundesverfassungsgericht. Ferner findet der Grundsatz der Öffentlichkeit in zahlreichen anderen Gerichtsbarkeiten entsprechend Anwendung wie bspw. gem. § 55 VwGO in Verhandlungen vor den Verwaltungsgerichten oder in Verhandlungen vor den Arbeitsgerichten gem. § 52 ArbGG. § 169 S. 1 GVG kann daher als Generalnorm bezeichnet werden.[129] Seit dem Inkrafttreten des Gerichtsverfassungsgesetzes[130] am 1.Oktober 1879 unterlag die Vorschrift – damals noch § 170 GVG[131] – keinerlei wesentlichen inhaltlichen Änderungen.

Nach dem Grundsatz der Öffentlichkeit muss jedermann ohne Ansehung seiner Zugehörigkeit zu bestimmten Gruppen der Bevölkerung und ohne Ansehung bestimmter persönlicher Eigenschaften die Möglichkeit haben, an Gerichtsverhandlungen als Zuhörer teilzunehmen.[132] Die Vertreter der Medien dürfen daher genauso wie die „normalen“ Bürger – d. h. diejenigen ohne professionellen Hintergrund – als Zuschauer an einer öffentlichen Verhandlung

---

126 Velten in *SK-StPO*, § 169 GVG, Rn. 4.

127 Wickern in *Löwe-Rosenberg*, § 169 GVG, Rn. 7.

128 Wickern in *Löwe-Rosenberg*, § 169 GVG, Rn. 7.

129 Bamberger, ZUM 2001, 373, 376; v. Coelln, *Zur Medienöffentlichkeit der Dritten Gewalt*, S. 83 f.

130 Siehe RGBl. 1877, Nr. 4, S. 77.

131 Siehe RGBl. 1877, Nr. 4, S. 72.

132 BGHSt 27, 13, 14.

teilnehmen. Die Beachtung des Öffentlichkeitsgrundsatzes steht dabei nicht zur Disposition der Verfahrensbeteiligten.[133] Gem. § 175 I GVG darf der Zugang zu öffentlichen Verhandlungen hingegen unerwachsenen und solchen Personen versagt werden, die in einer der Würde des Gerichts nicht entsprechenden Weise erscheinen. Letzteres liegt jedoch nicht bei dem vor, der „in einer wenigstens einem Mindestmaß an Respekt gegenüber dem Gericht und den Verfahrensbeteiligten und dem Ernst einer Gerichtsverhandlung entsprechenden äußeren Form erscheint und auftritt"[134]. Liegen also die Mindestvoraussetzungen an Erscheinungsbild (§ 175 I GVG) und Sicherheit vor, so darf unter den für die Verhandlung Erschienenen keine Auswahl getroffen werden.[135] Zusammenfassend lässt sich somit sagen, dass die Zuhörer durch „quivis ex populo" gebildet sind und als „pars pro toto" fungieren.[136]

Der Grundsatz der Öffentlichkeit gilt jedoch nicht ausnahmslos. Aus § 169 GVG lässt sich kein Recht ableiten, alle Vorgänge im Sitzungssaal zur Kenntnis nehmen zu können wie z. B. die Einsichtnahme von Urkunden oder Akten.[137] Der Zutritt zur Verhandlung muss darüber hinaus nur nach Maßgabe der räumlichen Möglichkeiten und örtlichen Verhältnisse gewährt werden.[138] So weisen die Sitzungssäle der Gerichte oftmals nicht mehr als 50–100 Sitzplätze auf.[139] Aus dem Öffentlichkeitsprinzip lässt sich ferner kein Recht ableiten, dass jeder Gerichtssaal den Zugang für Rollstuhlfahrer oder Gehbehinderte ermöglicht.[140] Ob der Hauptverhandlung letzten Endes überhaupt Zuhörer beiwohnen, bleibt indessen ohne Bedeutung und verletzt den Öffentlichkeitsgrundsatz nicht, sofern nur die abstrakte Möglichkeit der Teilnahme gewährleistet bleibt.[141]

Der Grundsatz der Öffentlichkeit mündlicher Verhandlungen ist ein Bestandteil des Rechtsstaatsprinzips.[142] Durch den Grundsatz der Öffentlichkeit obliegt

---

133 Diemer in *Karlsruher Kommentar StPO*, § 169 GVG, Rn. 5.
134 Diemer in *Karlsruher Kommentar StPO*, § 175 GVG, Rn. 2.
135 Kissel/Mayer, *GVG-Kom.*, § 169 GVG, Rn. 30.
136 Velten in *SK-StPO*, § 169 GVG, Rn. 13.
137 Schmitt in *Meyer-Goßner/Schmitt*, § 169 GVG, Rn. 3; Kissel/Mayer, *GVG-Kom.*, § 169 GVG, Rn. 52; dazu kritisch Velten in SK-StPO, § 169 GVG, Rn. 14.
138 BGH NStZ 1984, 470; BGHSt 21, 72, 73; 27, 13, 14.
139 Fromm, NJOZ 2015, 1193, 1195.
140 Wickern in *Löwe-Rosenberg*, § 169 GVG, Rn. 31.
141 BGHSt 5, 75, 83.
142 BVerfGE 103, 44, 63.

es der Justiz, sich immer wieder aufs Neue vor der Gesamtheit zu legitimieren.[143] Dieser ist z. B. dann nicht hinreichend beachtet, wenn nur ein einziger Zuhörer im Rahmen einer Hauptverhandlung Platz finden kann.[144] Ein Verstoß gegen das Öffentlichkeitsprinzip liegt hingegen nicht vor, wenn der Vorsitzende oder das Gericht den Ausschluss der Öffentlichkeit nicht zu vertreten hat.[145] Ausreichend ist, wenn der Vorsitzende vor dem Beginn der Verhandlung und im Falle des Andauerns von Zeit zu Zeit kontrolliert, ob die Öffentlichkeit der Verhandlung hergestellt ist.[146] Ist die Beschränkung der Öffentlichkeit auf ein Verschulden nachgeordneter Beamten oder Bediensteter zurückzuführen, so ist eine etwaige Verletzung der Aufsichts- und Weisungspflicht des Gerichtes ihnen gegenüber maßgebend.[147]

Ein Verstoß gegen die Vorschriften der Öffentlichkeit stellt gem. § 338 Nr. 6 StPO einen absoluten Revisionsgrund dar, d. h. das Urteil muss zwingend ohne weitere Prüfung aufgehoben werden. Der Öffentlichkeitsgrundsatz erstreckt sich jedoch nicht auf alle Verfahren. So schließt bspw. § 48 I JGG in Strafverfahren gegen Jugendliche die Öffentlichkeit aus. Der Erziehungsgedanke und der Schutz der Jugendlichen gehen dem Prinzip der Öffentlichkeit vor.[148] Ferner gewährleistet Art. 6 I EMRK für Zivil- und Strafsachen die Öffentlichkeit der Verhandlung. Art. 6 EMRK geht jedoch in seinem Gewährleistungsgehalt nicht über die Regelungen der §§ 169 ff. GVG hinaus.[149] Das Öffentlichkeitsprinzip findet sich zudem noch in Art. 14 I IPBPR wieder.

2. § 169 S. 2 GVG

Die Vorschrift § 169 S. 2 GVG trifft Festsetzungen bezüglich der mittelbaren Öffentlichkeit. Gem. § 169 S. 2 GVG sind Ton- und Fernseh-Rundfunkaufnahmen sowie Ton- und Filmaufnahmen zum Zwecke der öffentlichen Vorführung oder Veröffentlichung ihres Inhalts unzulässig. Das Verbot ist absolut

---

143 Jescheck, ZStW 1959, 1, 3.

144 OLG Köln NStZ 1984, 282 f.; BayObLG NJW 1982, 395, 396.

145 BGHSt 21, 72, 74; 22, 297, 300; BGH NStZ 1995, 143 f.; BGH bei Miebach/Kusch, NStZ 1991, 120, 122; BayObLG MDR 1994, 1235; Wiedner in *BeckOK-StPO*, § 338 StPO, Rn. 130; a. A. Velten in *SK-StPO*, § 169 GVG, Rn. 23; Roxin/Schünemann in *Strafverfahrensrecht*, § 47, Rn. 24.

146 Diemer in *Karlsruher Kommentar StPO*, § 169 GVG, Rn. 12.

147 Wiedner in *BeckOK-StPO*, § 338 StPO, Rn. 130.

148 BGHSt 22, 21, 25.

149 Velten in *SK-StPO*, Vor § 169 GVG, Rn. 16; So auch Kissel/Mayer, *GVG-Kom.*, § 169 GVG, Rn. 83.

und lässt sich daher nicht durch das Zustimmen der Verfahrensbeteiligten wie z. B. dem Verteidiger und dem Angeklagten umgehen.[150] Dass dies durch den Angeklagten nicht möglich sein kann, wird z. B. dadurch deutlich, dass § 169 S. 2 GVG u. a. dazu bestimmt ist, etwaigen Anreizen zum Herostratentum entgegenzuwirken.[151]

Der Satz 2 der Vorschrift wurde vom Gesetzgeber im Jahre 1964 durch Art. 11 Nr. 5 StPÄG eingeführt.[152] Im Gesetzesentwurf der Bundesregierung im Jahre 1962 sollte dem Vorsitzenden noch die Möglichkeit eingeräumt werden, aus wichtigen Gründen für die Verkündung des Urteils Ausnahmen von dem Verbot zuzulassen.[153] Einer solchen Ausnahme stimmte der Bundesrat jedoch nicht zu.[154] Der Beschluss des Rechtsausschusses des Deutschen Bundestages formulierte dann letztlich den später eingeführten und noch heutzutage bestehenden § 169 S. 2 GVG.[155] Vor Einführung des § 169 S. 2 GVG gab es jedoch durchaus Strafverfahren, in denen Rundfunk- bzw. Fernsehaufnahmen während der Hauptverhandlung zugelassen worden sind.[156] Der Sender Freies Berlin sendete bspw. in den 50er Jahren jede Woche die Sendung „Menschen und Paragraphen – Originalaufnahmen aus Berliner Gerichtssälen".[157]

Für das Verbot von Filmaufnahmen ist es unerheblich, ob sie in moderner Digitaltechnik gespeichert oder auf älteren Medien aufgenommen werden.[158] In zeitlicher Hinsicht gilt § 169 S. 2 GVG nicht vor Beginn oder nach dem Schluss der Hauptverhandlung, sowie für Verhandlungspausen.[159] Die Einschränkung des § 169 S. 2 GVG erstreckt sich nicht auf die Wortberichterstattung der Presse, Bild- und Tonaufnahmen, die nicht Filmaufnahmen sind oder nicht durch den Ton- oder Fernsehrundfunk gesendet werden sollen, sowie das Anfertigen von Zeichnungen.[160] Nicht umfasst sind auch für gerichtliche Zwecke oder der

---

150 BGHSt 22, 83, 85.

151 Roxin, Anm. zu BGH, Urteil v. 13.02.1968 – 5 StR 706/67, JZ 1968, 803.

152 BGBl. I 1067, 1080.

153 BT-Drucks. IV/178, S. 12; kritisch dazu Eb. Schmidt, *Die Sache der Justiz*, S. 28.

154 BT-Drucks. IV/178, S. 49.

155 BT-Drucks. IV/1020, S. 34.

156 Dazu Britz in *FS Schiller*, S. 89 f.; Pfeifle, ZG 2010, 283, 284.

157 Sarstedt, JR 1956, 121.

158 Wickern in *Löwe-Rosenberg*, § 169 GVG, Rn. 43.

159 BT-Drucks. IV/178, S. 46; BGHSt 23, 123, 125; Schmitt in *Meyer-Goßner/Schmitt*, § 169 GVG, Rn. 8a.

160 BT-Drucks. IV/178, S. 45.

Verteidigung[161] dienende Tonbandaufnahmen.[162] Ferner fallen einfache Bildaufnahmen nicht unter die Vorschrift des § 169 S. 2 GVG.[163] Die von § 169 S. 2 GVG nicht erfassten Fälle unterliegen jedoch den sitzungspolizeilichen Befugnissen des Vorsitzenden (§ 176 GVG).[164]

§ 169 S. 2 GVG und das damit einhergehende Verbot der dort benannten Aufnahmen soll zum einen die Wahrheitsfindung schützen.[165] Ohne jenes Verbot sind bewusste sowie unbewusste Beeinflussungen auf Verfahrensbeteiligte nicht auszuschließen und können daher negative Folgen hervorrufen.[166] Aussagen von Angeklagten oder Zeugen könnten im Falle einer Liveübertragung aus dem Gerichtssaal aufgrund der Besorgnis oder Scham ob des erweiterten Personenkreises unvollständig oder unwahr sein.[167] Ferner dient die Vorschrift dem Schutz des Persönlichkeitsrechts (Art. 2 I i. V. m. Art 1 I GG) der Verfahrensbeteiligten.[168] Vor allem Opfer von Sexualstraftaten wären im Zuge ihrer Aussage, die oftmals sehr persönliche Angaben erfordert, durch laufende Kameras einer zu starken Belastung ausgesetzt.[169]

3. § 17a BVerfGG

Etwas anderes gilt gem. § 17a BVerfGG[170] für Verhandlungen vor dem Bundesverfassungsgericht. Abweichend von § 169 S. 2 GVG sind jene Aufnahmen in der mündlichen Verhandlung bis das Gericht die Anwesenheit der Beteiligten festgestellt hat (§ 17a I Nr. 1 BVerfGG) oder bei der öffentlichen Verkündigung von Entscheidungen (§ 17a I Nr. 2 BVerfGG) zulässig. Etwaige Eingriffe in das allgemeine Persönlichkeitsrecht der Prozessbeteiligten wiegen hier nicht so schwer wie bei anderen Verfahren.[171] Mit dieser im Vergleich zu anderen Gerichten erweiterten Medienöffentlichkeit wird der herausragenden Stellung des

---

161 Dazu Marxen, NJW 1977, 2188.
162 BT-Drucks. IV/178, S. 45.
163 BGH MDR 1971, 188; BGH NJW 1970, 63, 64; BT-Drucks. IV/178, S. 45.
164 BT-Drucks. IV/178, S. 45.
165 Wickern in *Löwe-Rosenberg*, § 169 GVG, Rn. 41.; vgl. BT-Drucks. IV/178, S. 45; BVerfGE 103, 44, 64.
166 Zum Einfluss der Medien auf Prozessbeteiligte siehe S. 69 ff.
167 Wickern in *Löwe-Rosenberg*, § 169 GVG, Rn. 41.
168 Vgl. BVerfGE 103, 44, 64.
169 Wickern in *Löwe-Rosenberg*, § 169 GVG, Rn. 41.
170 Eingeführt durch Gesetz vom 16. Juli 1998, siehe BGBl. I, S. 1823.
171 BR-Drucks. 165/97, S. 11.

Bundesverfassungsgerichts Rechnung getragen.[172] Erstmals im Fernsehen übertragen (teilweise live, teils aber auch zeitversetzt) wurde am 27.10.1998 von den Sendern „n-tv“ und „Phoenix“ die Verkündung eines Urteils des Bundesverfassungsgerichts.[173]

4. Verfassungsmäßigkeit des § 169 S. 2 GVG

Die Vorschrift wurde im Jahre 2001 vom Bundesverfassungsgericht für verfassungsgemäß erklärt.[174] Auslöser der von dem Sender „n-tv“ erhobenen Verfassungsbeschwerden waren der sog. Politbüro-Prozess im Jahre 1995, in dem es um den Vorwurf des Totschlags an der innerdeutschen Grenze gegen Mitglieder des Politbüros der SED ging[175], und die Verhandlung im Revisionsverfahren im sog. Kruzifix-Verfahren im Jahre 1999, in dem über die Zulässigkeit der Anbringung von Kruzifixen in bayrischen Schulen verhandelt wurde[176]. In diesen Verfahren beantragte der Sender „n-tv“ während den Verhandlungen Fernsehaufnahmen anfertigen zu dürfen und das Material im Rahmen einer sog. Pool-Lösung anderen zugelassenen Fernsehveranstalter zur Verfügung zu stellen.[177] Hilfsweise wurde vom Sender beantragt zumindest einzelne Verfahrensabschnitte wie z. B. die Verlesung der Anklageschrift oder die Urteilsverkündung aufnehmen zu dürfen.[178] Die Anträge zum Erlass einer einstweiligen Anordnung wurden jedoch vom Bundesverfassungsgericht sowohl für den Politbüro-Prozess[179], als auch für das Kruzifix-Verfahren[180] zurückgewiesen.

172 v. Coelln in *Maunz/Schmidt-Bleibtreu/Klein/Bethge*, § 17a BVerfGG, Rn. 1; siehe auch BT-Drucks. 13/7673, S. 6 f.

173 Wickern in *Löwe-Rosenberg*, Vor § 169 GVG, Rn. 22.

174 BVerfGE 103, 44; dem Urteil zustimmend Huff, NJW 2001, 1622; Siebrasse, Anm. zu BVerfG, Urteil v. 24.01.2001 – 1 BvR 2623/95, StV 2001, 661; abweichend jedoch die Richter Kühling, Hohmann-Dennhardt und Hoffmann-Riem, BVerfGE 103, 72 ff.; das Urteil ablehnend Zuck, NJW 2001, 1623; zur Verfassungsmäßigkeit der Vorschrift bereits Rohde, *Die Öffentlichkeit im Strafprozess*, S. 204 ff.; von der Verfassungswidrigkeit der Vorschrift ausgehend Kaulbach, JR 2011, 51.

175 Siehe dazu BVerfGE 103, 44, 46; BVerfG NJW 1996, 581.

176 BVerwGE 109, 40.

177 BVerfG NJW 1999, 1951; NJW 1996, 581.

178 BVerfG NJW 1999, 1951; NJW 1996, 581.

179 BVerfG NJW 1996, 581.

180 BVerfG NJW 1999, 1951.

Das Bundesverfassungsgericht stellte klar, dass Prozesse zwar in der Öffentlichkeit, aber nicht für die Öffentlichkeit stattfinden.[181] Aus der Informationsfreiheit des Art. 5 I 1 GG und der Rundfunkfreiheit des Art. 5 I 2 GG ergibt sich kein Recht auf Eröffnung einer Informationsquelle.[182] Verhandlungen vor dem erkennenden Gericht als solche sind Informationsquellen, über deren öffentliche Zugänglichkeit der Gesetzgeber innerhalb seiner Befugnisse zur Ausgestaltung des Gerichtsverfahrens und unter Beachtung verfassungsrechtlicher Vorgaben eine Regelung trifft.[183] Der Schutzbereich der Informationsfreiheit aus Art. 5 I 1 GG könne jedoch nur dann tangiert sein, wenn die Informationsquelle allgemein zugänglich sei und in Folge dessen die Zugänglichkeit vom Staat beschränkt werde.[184] Die Vorschrift des § 169 S. 2 GVG sieht aber von Anfang an nur eine eingeschränkte Öffnung der Informationsquelle vor, sodass die Vorschrift gerade kein Schrankengesetz i. S. d. Art. 5 II GG ist.[185] Nach den Ausführungen des Bundesverfassungsgerichts war der Gesetzgeber von Verfassungs wegen nicht verpflichtet, jedoch dazu befugt, eine Regelung wie § 169 S. 2 GVG zu schaffen und damit eine mittelbare Medienöffentlichkeit auszuschließen und demnach die Öffentlichkeit auf die Saalöffentlichkeit zu begrenzen.[186] Ferner war der Gesetzgeber auch nicht von Verfassungs wegen dazu verpflichtet, vergleichbare Vorschriften wie den § 17a BVerfGG für andere Gerichtsbarkeiten zu schaffen.[187]

5. § 176 GVG

Die Sitzungspolizei richtet sich nach § 176 GVG. Danach obliegt die Aufrechterhaltung der Ordnung in der Sitzung dem Vorsitzenden. Sie gehört zur Sachleitung i. S. v. § 238 StPO und ist daher Aufgabe des Richters.[188] Sie ist ein Resultat der unabhängigen richterlichen Gewalt.[189] Bei der Sitzungspolizei geht es um die Wahrung der äußeren Ordnung.[190] Unter der Begrifflichkeit „Ordnung in der Sitzung“ ist der Zustand zu verstehen, „der dem Gericht und den

181 BVerfGE 103, 44, 64.
182 BVerfGE 103, 44, 59.
183 BVerfGE 103, 44, 61.
184 BVerfGE 103, 44, 60.
185 BVerfGE 103, 44, 62.
186 BVerfGE 103, 44, 65.
187 BVerfGE 103, 44, 70.
188 Velten in *SK-StPO*, § 176 GVG, Rn. 17.
189 BGHSt 17, 201, 204.
190 Quentin in *SSW-StPO*, § 176 GVG, Rn. 1.

Verfahrensbeteiligten eine störungsfreie Ausübung ihrer Funktion ermöglicht, die Aufmerksamkeit der übrigen Anwesenden in der öffentlichen Verhandlung nicht beeinträchtigt und allgemein deren gebührlichen Ablauf sichert".[191] Dem Vorsitzenden wird bezüglich der Art und Weise der Aufrechterhaltung der Ordnung, insbesondere des reibungslosen Verhandlungsablaufs, ein Ermessenspielraum gewährt.[192] Daher ist bei der Ausübung der sitzungspolizeilichen Befugnisse stets der Verhältnismäßigkeitsgrundsatz zu beachten.[193] Daraus ergibt sich, dass Personen, welche die äußere Ordnung stören, zunächst abzumahnen und schärfere Mittel anzudrohen sind.[194] Darüber hinaus erfordert das Fairnessgebot in Art. 6 I 1 EMRK die Sicherung einer geordneten Verhandlung.[195] Für die Ausführung einer sitzungspolizeilichen Maßnahme wird sich der Vorsitzende des dafür zuständigen Gerichtspersonals bedienen.[196] Erforderlichenfalls kann für die Vornahme einer sitzungspolizeilichen Maßnahme die Amtshilfe der Polizei in Anspruch genommen werden.[197] Der Begriff der Sitzung ist weiter als der Begriff der Verhandlung in § 169 GVG.[198] Die Sitzung beginnt bereits mit dem Öffnen des Zugangs zum Sitzungssaal, schließt Beratungs- und Sitzungspausen ein, und findet ihr Ende mit dem Verlassen des Saales durch das Gericht.[199]

In räumlicher Hinsicht erstreckt sich die Sitzungspolizei neben dem Sitzungssaal auch auf die unmittelbar angrenzenden Räumlichkeiten wie Vorräume und die Zugänge zum Saal.[200] Außerhalb dieses Bereichs findet das Hausrecht Beachtung. Die Ausübung des Hausrechts in Gerichtsgebäuden obliegt dem Gerichtspräsidenten.[201] Die Sitzungspolizei geht dem Hausrecht vor.[202] Unsicherheiten hinsichtlich der Zuständigkeit und etwaige Überschneidungen können

---

191 OLG Celle BeckRS 2015, 16252.

192 BGHSt 17, 201, 203 f.

193 Quentin in *SSW-StPO*, § 176 GVG, Rn. 5; Wickern in *Löwe-Rosenberg*, § 176 GVG, Rn. 12.

194 Quentin in *SSW-StPO*, § 176 GVG, Rn. 5.

195 Zimmermann in *MüKo-ZPO*, § 176 GVG, Rn. 1.

196 Velten in *SK-StPO*, § 176 GVG, Rn. 16; Diemer in *Karlsruher Kommentar StPO*, § 176 GVG, Rn. 6.

197 BGH NJW 1980, 249.

198 Diemer in *Karlsruher Kommentar StPO*, § 176 GVG, Rn. 2.

199 BVerfG NJW 1996, 310; OLG Hamm NJW 1956, 1452, 1453.

200 BVerfG NJW 1996, 310; BGHSt 44, 23, 24; a. A. Kissel/Mayer, *GVG-Kom.*, § 176 GVG, Rn. 10.

201 BVerfG NJW-RR 2007, 1053, 1054.

202 BGHSt 30, 350, 353; 24, 329, 330; OLG Celle DRiZ 1979, 376, 377.

umgangen werden, indem der Vorsitzende in geeigneten Fällen die Ausübung des Hausrechts für den Zeitraum einer Sitzung übertragen bekommt.[203] Im Zuge von Ortsterminen im öffentlichen Raum erstrecken sich die sitzungspolizeilichen Befugnisse auf die für die Verhandlung notwendige Fläche.[204]

§ 176 GVG bedarf einer generellen restriktiven Auslegung, da sie als Generalklausel – letzten Endes also lediglich eine Aufgabennorm – nur solche Grundrechtseingriffe legitimieren kann, deren Notwendigkeit zur Sicherstellung eines fairen Verfahrens unverzichtbar ist.[205] So ist etwa die Entfernung (§ 177 S. 1 GVG) eines Reporters aus dem Gerichtssaal aufgrund diffamierender Äußerungen der von ihm repräsentierten Zeitung über den Vorsitzenden unzulässig.[206] Der Sitzungspolizeigewalt unterliegen – sofern im räumlichen und zeitlichen Bereich der Sitzung – alle Personen, d. h. neben den nicht beteiligten Zuhörern auch die Mitglieder des Gerichts, der Urkundsbeamte, der Staatsanwalt, der Verteidiger sowie andere am Verfahren teilnehmende Rechtsanwälte.[207]

Eine gesonderte Anfechtung einer Maßnahme gem. § 176 GVG mithilfe der Beschwerde nach § 304 StPO ist grundsätzlich nicht möglich.[208] Dies folgt aus der Vorschrift des § 181 GVG, wonach lediglich gegen die Festsetzung eines Ordnungsmittels in den Fällen der §§ 178, 180 GVG Beschwerde eingelegt werden kann.[209] Von der Zulässigkeit einer Beschwerde wird jedoch ausgegangen, wenn die sitzungspolizeiliche Maßnahme des Vorsitzenden Grundrechte oder Rechtspositionen des Adressaten über die Hauptverhandlung oder über die Rechtskraft des Urteils hinweg dauerhaft tangieren und beeinträchtigen.[210] Ansonsten erscheint der Ausschluss der Beschwerdemöglichkeit als angemessen, da sich die mit der sitzungspolizeilichen Maßnahme einhergehende Wirkung mit dem Abschluss der Hauptverhandlung von selbst erledigt.[211] Sie stellt

---

203 Diemer in *Karlsruher Kommentar StPO*, § 176 GVG, Rn. 5.

204 Quentin in *SSW-StPO*, § 176 GVG, Rn. 3.

205 Velten in *SK-StPO*, § 176 GVG, Rn. 10.

206 BVerfGE 50, 234, 242 f.; vgl. OLG Hamm NJW 1967, 1289, 1290.

207 Diemer in *Karlsruher Kommentar StPO*, § 176 GVG, Rn. 3; Velten in *SK-StPO*, § 176 GVG, Rn. 3; Zimmermann in *MüKo-ZPO*, § 176 GVG, Rn. 4.

208 BGH NJW 2015, 3671; OLG Hamm NStZ-RR 2012, 118; KG NStZ 2011, 120; OLG Zweibrücken StV 1988, 519; OLG Hamburg NJW 1976, 1987; vgl. LG Ravensburg NStZ-RR 2007, 348; OLG Köln NJW 1963, 1508.

209 KG NStZ 2011, 120; a. A. Wolf, Anm. zu BGH, Urteil v. 27.09.1976 – RiZ (R) 3/75, NJW 1977, 1063, 1064.

210 OLG Celle BeckRS 2015, 16252; OLG Hamm NStZ-RR 2012, 118, 119; KG NStZ 2011, 120; vgl. BVerfG StV 2015, 601, 602 f.

211 LG Ravensburg NStZ-RR 2007, 348, 349.

ferner keinen anfechtbaren Justizverwaltungsakt i. S. d. § 23 I EGGVG dar.[212] Die sitzungspolizeiliche Maßnahme des Vorsitzenden kann jedoch mit der Revision angegriffen werden, wenn diese in unzulässiger Weise die Verteidigung des Angeklagten beschränkt, die wahrheitsgemäße Erforschung des Sachverhaltes gefährdet oder aber gegen den Öffentlichkeitsgrundsatz verstößt.[213] Als Akt der öffentlichen Gewalt kann die Anordnung des Vorsitzenden nach § 176 GVG zudem selbstständig mithilfe der Verfassungsbeschwerde angegriffen werden.[214]

6. Bedeutsame Entscheidungen des Bundesverfassungsgerichts zum Verbot von Filmaufnahmen

In diesem Kontext kann auf weitere Entscheidungen des Bundesverfassungsgerichts eingegangen werden. Am 12.11.1992 begann das Strafverfahren vor dem Landgericht Berlin gegen *Erich Honecker* sowie weiterer führender Politiker der ehemaligen DDR, angesichts der Tötung von Menschen an der innerdeutschen Grenze.[215] Der Vorsitzende der 27. Strafkammer ordnete im Vorfeld jedoch die Unzulässigkeit etwaiger Fernsehaufnahmen innerhalb des Verhandlungssaales an und gestatte lediglich, dass solche nur im Sicherheitsbereich außerhalb des Verhandlungssaales gemacht werden dürften.[216] Da sämtliche Angeklagte allerdings durch einen unterirdischen Zugang direkt in den Verhandlungssaal gelangen konnten, wären Filmaufnahmen im Sicherheitsbereich von ihnen gerade nicht möglich gewesen.[217] Hiergegen wendeten sich die Fernsehanstalten mit einer Verfassungsbeschwerde und beantragten den Erlass einer einstweiligen Anordnung mit dem Ziel, im Rahmen einer Pool-Lösung vor Beginn der Verhandlung und nach deren Ende sowie in den jeweiligen Verhandlungspausen Fernsehaufnahmen anfertigen zu können.[218] Auch gegen die daraufhin vom Vorsitzenden abgeänderte Anordnung, wonach am ersten Tag der Hauptverhandlung vor Beginn der Sitzung für ca. fünf Minuten entsprechende Aufnahmen durch ein Kamerateam ohne Mikrofon angefertigt werden durften, erhoben

212 OLG Hamburg MDR 1992, 799.
213 BGHSt 17, 201, 202 f.
214 BVerfGE 87, 334, 338.
215 Wickern in *Löwe-Rosenberg*, Vor § 169 GVG, Rn. 20.
216 BVerfGE 87, 334, 335 f.
217 BVerfGE 91, 125, 129.
218 BVerfGE 87, 334, 336.

die Fernsehanstalten Verfassungsbeschwerde und begehrten den Erlass einer einstweiligen Anordnung.[219]

Das Bundesverfassungsgericht gelangte zu dem Ergebnis, dass die im Rahmen des § 32 BVerfGG vorzunehmende Abwägung etwaiger Folgen im Wesentlichen zugunsten der Beschwerdeführer ausgeht[220], und bejahte somit die Begründetheit des Antrags.[221] Filmaufnahmen innerhalb des Verhandlungssaales sollten vor und auch nach der Verhandlung in einem angemessenen Umfang den Rundfunkanstalten, genauer gesagt einem von ihnen gestellten Fernsehteam (Pool-Lösung), gestattet werden.[222] Eine durch die Anordnung bedingte Beeinträchtigung des geordneten Verfahrensverlaufs aufgrund der vor Ort anwesenden Mitarbeiter der Fernsehanstalten könne – nicht zuletzt durch die vorgeschlagene Pool-Lösung – beinahe ausgeschlossen werden.[223] Dass durch die Fernsehaufnahmen die Gesundheit der Angeklagten tangiert werden könnte, sei ebenfalls unwahrscheinlich.[224] Ebenfalls wies das Bundesverfassungsgericht darauf hin, dass es sich bei den Angeklagten um absolute Personen der Zeitgeschichte i. S. d. § 23 I Nr. 1 KunstUrhG handele und dass die Verbreitung ihrer Bildnisse somit keiner Einwilligung nach § 22 KunstUrhG bedürfe.[225]

Das Bundesverfassungsgericht kam hinsichtlich der eingelegten Verfassungsbeschwerden zu dem Ergebnis[226], dass diese begründet sind und die Anordnungen des Vorsitzenden des Landgerichts Berlin einen Verstoß gegen die Rundfunkfreiheit aus Art. 5 I 2 GG darstellen[227]. Das Gericht betonte in seiner Entscheidung vom 14.07.1994 noch einmal das enorme Informationsinteresse der Öffentlichkeit an dem besagten Prozess, welches durch die Rundfunkanstalten befriedigt werden wollte.[228] Der Persönlichkeitsschutz der Angeklagten erfordere des Weiteren kein vollständiges Verbot von Filmaufnahmen, da sie aufgrund ihrer Eigenschaft als Personen der Zeitgeschichte Abbildungen dulden müssten.[229] Nach dem Dafürhalten des Gerichts war die bereits im Vorfeld vorgeschlagene

---

219 BVerfGE 87, 334, 336.
220 BVerfGE 87, 334, 339 ff.
221 BVerfGE 87, 334, 338 ff.
222 BVerfGE 87, 334, 340 f.
223 BVerfGE 87, 334, 340.
224 BVerfGE 87, 334, 340.
225 BVerfGE 87, 334, 340.
226 BVerfGE 91, 125.
227 BVerfGE 91, 125, 133 ff.
228 BVerfGE 91, 125, 138.
229 BVerfGE 91, 125, 137 f.

Pool-Lösung zudem dazu im Stande, die Gefahr, dass es zu einem Gedränge durch zahlreiche Kamerateams im Verhandlungssaal kommen und die Ernsthaftigkeit und die Würde der Angeklagten tangiert werden könnte, zu beseitigen.[230]

7. Was geschieht, wenn gegen das Verbot aus § 169 S. 2 GVG verstoßen wird?

a) Sitzungspolizei

Der Vorsitzende kann im Falle eines Verstoßes eines Zuhörers gegen § 169 S. 2 GVG von seinen sitzungspolizeilichen Befugnissen Gebrauch machen. So kann der Vorsitzende die Entfernung des Zuhörers – welche nur nach § 177 GVG möglich ist[231] – veranlassen und dessen Aufnahmegerät vorübergehend sicherstellen lassen.[232] Ebenso besteht für ihn die Möglichkeit der Herbeiführung einer polizeirechtlichen Beschlagnahme.[233] Eine über die Sitzung hinausgehende Beschlagnahmung des Aufnahmegerätes ist im Rahmen der Sitzungspolizei hingegen nicht möglich.[234] Die Sitzungspolizei ermächtigt den Vorsitzenden ebenfalls nicht dazu, verbotswidrig angefertigte Aufzeichnungen oder Aufnahmen vernichten zu lassen.[235] Die Veröffentlichung verbotswidrig angefertigter Aufzeichnungen oder Aufnahmen kann letztendlich mithilfe der Sitzungspolizei nicht verhindert werden.[236]

b) Konsequenzen nach dem StGB

aa) § 353d Nr. 1 StGB

Des Weiteren könnte ein vorsätzlicher Verstoß gegen § 169 S. 2 GVG strafrechtliche Konsequenzen nach sich ziehen. § 353d Nr. 1 StGB (Verbotene Mitteilungen über Gerichtsverhandlungen) greift in einem solchen Fall jedoch nicht.[237] § 353d Nr. 1 StGB setzt insofern bereits den Ausschluss der Öffentlichkeit aus einer Gerichtsverhandlung aufgrund eines gesetzlichen Verbotes voraus. Ein solches gesetzliches Verbot findet sich de lege lata nur in § 174 II GVG (Ausschluss der

---

230 BVerfGE 91, 125, 138.
231 Quentin in *SSW-StPO*, § 176 GVG, Rn. 18.
232 Diemer in *Karlsruher Kommentar StPO*, § 169, Rn. 13.
233 Kissel/Mayer, *GVG-Kom.*, § 169 GVG, Rn. 70.
234 Knothe/Wanckel, ZRP 1996, 106, 107.
235 Kissel/Mayer, *GVG-Kom.*, § 169 GVG, Rn. 70; a. A. Altenhain, *Öffentlichkeit im Strafverfahren*, C 103.
236 Kissel/Mayer, *GVG-Kom.*, § 169 GVG, Rn. 70.
237 Kissel/Mayer, *GVG-Kom.*, § 169 GVG, Rn. 70.

Öffentlichkeit aus der Verhandlung wegen Gefährdung der Staatssicherheit).[238] Der Ausschluss der Öffentlichkeit bedarf insofern einer gerichtlichen Anordnung.[239] Ist die Öffentlichkeit hingegen ipso iure ausgeschlossen (z. B. durch § 48 I JGG), so ist die Vorschrift des § 174 II GVG und folglich ebenso § 353d Nr. 1 StGB nicht einschlägig.[240]

bb) §§ 201, 201a StGB

In Betracht käme des Weiteren § 201 StGB (Verletzung der Vertraulichkeit des Wortes). Nach § 201 I Nr. 1 StGB wird allerdings nur derjenige bestraft, der das nichtöffentlich gesprochene Wort eines anderen auf einen Tonträger aufnimmt. Äußerungen in einer öffentlichen Gerichtsverhandlung werden von § 201 StGB daher nicht erfasst.[241] Maßgebend ist, dass ipso iure die Öffentlichkeit vorgesehen ist und somit die grundsätzliche Möglichkeit besteht, als Zuhörer an der Verhandlung teilzunehmen.[242] Daher ist es unerheblich, ob Zuhörer tatsächlich anwesend oder der Anzahl nach nur geringfügig vertreten sind.[243]

Nach *Mitsch* erstreckt sich der Schutzbereich des § 201 StGB – entgegen der herrschenden Meinung – de lege lata auch auf Äußerungen, welche während einer öffentlichen Hauptverhandlung getätigt werden.[244] Dies wird damit begründet, dass selbst bei größeren Gerichtsverhandlungen zahlreiche anwesende Personen während des Sitzungsverlaufs eine mit dem Tatbestand des § 201 StGB vergleichbare annährend „geschlossene Gesellschaft“ bilden, da nach der Eröffnung der Hauptverhandlung ein Hinzutreten von Zuhörern nicht mehr erfolgt bzw. zur Vermeidung von Störungen unterbunden wird.[245] Anders als es in der Öffentlichkeit der Fall ist, bestehen bspw. für einen aussagepflichtigen Zeugen oder zum Teil für den Angeklagten in einer Hauptverhandlung keine Selbstschutzmöglichkeiten vor unerwünschten Aufnahmen von Zuhörern.[246] Die Erweiterung des Schutzbereichs hätte zur Folge, dass ein Zuhörer, welcher während des Gangs

---

238 Perron in *Schönke/Schröder-StGB*, § 353d StGB, Rn. 2; Graf in *MüKo-StGB*, § 353d StGB, Rn. 12.

239 BT-Drucks. 7/550, S. 283.

240 Perron in *Schönke/Schröder-StGB*, § 353d StGB, Rn. 5; vgl. BT-Drucks. 7/550, S. 283.

241 Lenckner/Eisele in *Schönke/Schröder-StGB*, § 201 StGB, Rn. 10.

242 Lenckner/Eisele in *Schönke/Schröder-StGB*, § 201 StGB, Rn. 10.

243 Lenckner/Eisele in *Schönke/Schröder-StGB*, § 201 StGB, Rn. 10.

244 Mitsch, ZRP 2014, 137, 139.

245 Mitsch, ZRP 2014, 137, 139.

246 Mitsch, ZRP 2014, 137, 139 f.

der Verhandlung die von den Verfahrensbeteiligten gesprochenen Worte heimlich aufnimmt, sich gem. § 201 I Nr. 1 StGB strafbar machen würde.[247]

Festzuhalten bleibt, dass § 201 StGB (zumindest nach herrschender Meinung) ebenfalls keinen hinreichenden strafrechtlichen Schutz hinsichtlich Verstößen gegen § 169 S. 2 GVG gewährleisten kann. § 201a StGB (Verletzung des höchstpersönlichen Lebensbereichs durch Bildaufnahmen) ist in diesem Kontext ebenfalls nicht einschlägig. Bereits der Aufenthalt in einem Gerichtssaal kann dem höchstpersönlichen Lebensbereich keinesfalls zugerechnet werden.[248]

cc) Sollten Verstöße gegen § 169 S. 2 GVG zukünftig durch das StGB sanktioniert werden?

Die strafrechtliche Sanktionierung[249] eines vorsätzlichen Verstoßes gegen das Verbot des § 169 S. 2 GVG könnte durchaus eine abschreckende Wirkung entfalten und die Hemmschwelle zu diesem Tun noch weiter erhöhen. Auf der anderen Seite ist aber auf eine generelle Restriktion hinsichtlich des Rückgriffs auf das Strafrecht zu achten. Eine Änderung des StGB wäre nicht das mildeste Mittel.[250] Zudem wird der Vorwurf erhoben, dass eine dahingehende Änderung des StGB, welche Bezug auf eine sitzungspolizeiliche Norm nimmt, bereits aus systematischer Sicht nicht gänzlich überzeugen kann.[251] Letzteres kann aber kein durchgreifendes Argument hinsichtlich einer Änderung des StGB darstellen. Dem Schutz der Persönlichkeitsrechte von Verfahrensbeteiligten kommt eine derart hohe Bedeutung zu, dass eine Vorschrift im StGB diesem Ausdruck verleihen könnte. Die Möglichkeit einer strafrechtlichen Sanktionierung im Zuge eines Verstoßes gegen § 169 S. 2 GVG sollte daher vom Gesetzgeber in Betracht gezogen werden.[252] Verstöße gegen das Verbot des § 169 S. 2 GVG müssen jedoch bereits de lege lata nicht folgenlos bleiben, so kann zumindest auf zivilrechtlichem Wege gegen verbotswidrige Aufnahmen vorgegangen werden.[253]

---

247 Mitsch, ZRP 2014, 137, 140.

248 Mitsch, ZRP 2014, 137, 140.

249 siehe Vorschlag von Mitsch zur Ergänzung des § 353d StGB, ZRP 2014, 137, 140.

250 Knothe/Wanckel, ZRP 1996, 106, 109.

251 Knothe/Wanckel, ZRP 1996, 106, 109.

252 Für eine dahingehend strafrechtliche Sanktionierung etwa Altenhain, NJW-Beil. 2016, 37, 41; ders., *Öffentlichkeit im Strafverfahren,* C 104; auf dem Deutschen Juristentag 2016 wurde ebenfalls *für* die strafrechtliche Reaktion auf Verstöße gegen § 169 S. 2 GVG abgestimmt, 71. Deutscher Juristentag Essen 2016, Beschlüsse, S. 22, abrufbar unter: http://www.djt.de/fileadmin/downloads/71/Beschluesse_gesamt.pdf (abgerufen am 28.08.2017).

253 Dazu Kissel/Mayer, *GVG-Kom.*, § 169 GVG, Rn. 70 f.

c) *Gesetz betreffend das Urheberrecht an Werken der bildenden Künste und der Photographie (KUG)*

Im Rahmen von Verstößen gegen das Verbot des § 169 S. 2 GVG können ebenfalls die §§ 22, 23 I KUG von Relevanz sein. Das Recht am eigenen Bild ist ein Bestandteil, eine besondere Erscheinungsform des allgemeinen Persönlichkeitsrechts aus Art. 2 I i. V. m. Art. 1 I GG.[254] Das allgemeine Persönlichkeitsrecht schließt sich daher lückenlos an den Regelungsbereich der §§ 22 ff. KUG an[255]; besteht also mangels Tatbestandsmäßigkeit kein Anspruch wegen einer Verletzung des Rechts am eigenen Bild, so besteht immer die Möglichkeit des Rückgriffs auf das allgemeine Persönlichkeitsrecht[256]. Schutzgut des Rechtes am eigenen Bild ist das Selbstbestimmungsrecht des Abgebildeten, d. h. die Entscheidungsfreiheit hinsichtlich der Verbreitung oder der öffentlichen Zurschaustellung seines Bildnisses.[257]

Nach § 22 S. 1 KUG dürfen Bildnisse nur mit Einwilligung des Abgebildeten verbreitet oder öffentlich zur Schau gestellt werden. Unter dem Begriff der Verbreitung ist zunächst jede Form der Weitergabe körperlicher Exemplare eines Bildnisses (des Originals oder von den entsprechenden Vervielfältigungsstücken) zu verstehen.[258] Auf die Entgeltlichkeit der Verbreitung kommt es dabei nicht an; somit ist auch das Verschenken von Bildnissen von § 22 S. 1 KUG mit umfasst.[259] Ein Zurschaustellen liegt dann vor, wenn Dritten die Möglichkeit eröffnet wird, das Bildnis wahrzunehmen, d. h. es im weitesten Sinne sichtbar zu machen.[260] Von § 22 KUG umfasst ist daher auch das Einstellen eines Bildnisses im Internet.[261]

Ausnahmen von dem Erfordernis der Einwilligung sind in § 23 KUG näher geregelt. Nach § 23 I Nr. 1 KUG bedarf es keiner nach § 22 KUG erforderlichen Einwilligung, wenn es sich um Bildnisse aus dem Bereich der Zeitgeschichte handelt oder nach § 23 I Nr. 3 KUG um Bilder von Versammlungen, Aufzügen und ähnlichen Vorgängen, an denen die dargestellten Personen teilgenommen

---

254 BVerfGE 34, 238, 246; BVerfG NJW 1973, 1226, 1229; BGH NJW 2007, 1977; 2007, 1981; 1996, 985, 986.

255 Helle, *Bes. Persönlichkeitsrechte*, S. 65.

256 Helle, *Bes. Persönlichkeitsrechte*, S. 65.

257 Helle, *Bes. Persönlichkeitsrechte*, S. 47.

258 Engels in *BeckOK-Urheberrecht*, § 22 KUG, Rn. 51.

259 Specht in *Dreier/Schulze-UrhG*, § 22 KUG, Rn. 9.

260 Specht in *Dreier/Schulze-UrhG*, § 22 KUG, Rn. 10.

261 Specht in *Dreier/Schulze-UrhG*, § 22 KUG, Rn. 10; Kaiser in *Erbs/Kohlhaas-Strafrechtl. Nebengesetze*, § 33 KUG, Rn. 12.

haben. Etwas anderes gilt hingegen nach § 23 II KUG. Danach besteht eine solche Befugnis nicht, wenn dadurch ein berechtigtes Interesse des Abgebildeten oder – im Falle seines Todes – seiner Angehörigen verletzt wird.

aa) Ausnahme nach § 23 I Nr. 1 KUG

Was den Angeklagten anbelangt, so ist die Gefahr der Verletzung seines Rechtes am eigenen Bild größer als bei anderen im Verhandlungssaal anwesenden Personen. Liegt eine Einwilligung nach § 22 KUG nicht vor, so könnte hingegen eine Ausnahme nach § 23 I Nr. 1 KUG einschlägig sein. Die Frage, ob das Bildnis einen Bereich aus der Zeitgeschichte darstellt, erfordert eine Abwägung zwischen den Rechten des Abgebildeten (Art. 1 I, 2 I GG, Art. 8 I EMRK) und den Rechten der Presse (Art. 5 I GG, Art. 10 I EMRK).[262] Entscheidend ist dabei das Interesse der Öffentlichkeit an einer vollumfänglichen Informierung über das Zeitgeschehen.[263] Die Begrifflichkeit des Zeitgeschehens in § 23 I Nr. 1 KUG muss dabei zugunsten der Pressefreiheit in einem weiten Sinne verstanden werden.[264] Dabei obliegt es der Presse nach publizistischen Kriterien zu entscheiden, wann ein solches öffentliches Interesse gegeben ist.[265]

Die Straftat an sich ist ein Teil des Zeitgeschehens.[266] Die im Zuge eines Strafverfahrens stattfindende Auseinandersetzung mit einer Straftat stellt ein zeitgeschichtliches Ereignis dar, welches im Falle eines hinreichenden Informationsinteresses am Verfahrensgegenstand die Veröffentlichung von Bildnissen des Angeklagten sowie anderen Verfahrensbeteiligten zu rechtfertigen vermag.[267] Verhandlungen können somit auch dann ein zeitgeschichtliches Ereignis i. S. d. § 23 I Nr. 1 KUG darstellen, wenn sie nicht außergewöhnliche Ereignisse zum Gegenstand haben oder es an bedeutenden beteiligten Personen fehlt.[268] Sofern die Ausnahme des § 23 I Nr. 1 KUG greifen sollte, wäre ein Verstoß gegen § 169 S. 2 GVG aber weiterhin möglich. Zu beachten ist in diesem Zusammenhang jedoch die Ausnahme gem. § 23 II KUG. Die rechtswidrige Herstellung eines Bildnisses i. S. d. § 169 S. 2 GVG verletzt nämlich ein berechtigtes Interesse des Abgebildeten und begründet somit ein Verbot der Publikation

---

262 BGH NJW 2011, 746, 747; 2010, 2432, 2436; 2009, 1499, 1500; 2007, 1977, 1978.

263 BGH NJW 2011, 746, 747; 2007, 1977, 1978; Engels in *BeckOK-Urheberrecht*, § 23 KUG, Rn. 2.

264 BGH NJW 2011, 746, 747; 2007; 1977, 1978.

265 BGH NJW 2007, 1977, 1979.

266 Fricke in *Wandtke/Bullinger*, § 23 KUG, Rn. 15.

267 Fricke in *Wandtke/Bullinger*, § 23 KUG, Rn. 16.

268 v. Coelln, *Zur Medienöffentlichkeit der Dritten Gewalt*, S. 419.

nach § 23 II KUG.[269] Die Ausnahme nach § 23 I Nr. 1 KUG dürfte betreffend der Zuhörer ausnahmsweise nur dann einschlägig sein, wenn ein Zuhörer etwa aufgrund einer besonderen Verhaltensweise – bspw. durch Randalieren – im Gerichtssaal auffällig wird.[270]

Von der Rechtsprechung wurde der Begriff der „Person der Zeitgeschichte" entwickelt, wobei zunächst zwischen einer relativen und einer absoluten Person der Zeitgeschichte[271] unterschieden wurde. Als relative Person der Zeitgeschichte wurde diejenige qualifiziert, welche aufgrund eines zeitgeschichtlichen Ereignisses das Interesse der Allgemeinheit auf sich gezogen hat.[272] Das Erfordernis einer Einwilligung entfiel daher, wenn die Person im Zusammenhang mit dem besagten Ereignis abgebildet wurde.[273] Das zeitgeschichtliche Interesse ergibt sich somit aus der Verbindung zwischen der Person des Betroffenen und dem Ereignis.[274]

Indessen wurde eine Person, welche bereits durch ihren Status und ihre Bedeutung allgemein öffentliche Aufmerksamkeit findet, als absolute Person der Zeitgeschichte eingestuft.[275] Daraus folgte, dass die Person selbst den Gegenstand der Zeitgeschichte bildete (d. h. kein Bezug zu einem zeitgeschichtlichen Ereignis notwendig war) und demnach eine Einwilligung i. S. d. § 22 KUG nicht erforderlich machte.[276] Von Bedeutung ist in diesem Kontext die Entscheidung des Europäischen Gerichtshofes für Menschenrechte aus dem Jahre 2004, in der festgestellt wurde, dass insbesondere das Kriterium der absoluten Person der Zeitgeschichte keinen effektiven Schutz für das Privatleben der Beschwerdeführerin (Caroline von Hannover) böte.[277] Daraus folgte eine grundsätzliche Neuorientierung der Rechtsprechung, im Zuge derer eine Distanzierung von den Begrifflichkeiten der absoluten und relativen Person der Zeitgeschichte stattfand.[278]

---

269 Helle, *Bes. Persönlichkeitsrechte*, S. 189.

270 Kujath, *Der Laienjournalismus im Internet*, S. 326.

271 Die Begrifflichkeit der relativen und absoluten Person der Zeitgeschichte geht zurück auf Neumann-Duesberg, JZ 1960, 114.

272 BGH NJW 2007, 1977, 1978.

273 BGH NJW 2007, 1977, 1978.

274 Herrmann in *BeckOK-Informations- u. Medienrecht*, § 23 KUG, Rn. 6.

275 BGH NJW 2007, 1977, 1978.

276 BGH NJW 2007, 1977, 1978.

277 EGMR NJW 2004, 2647, 2650.

278 M. w. n. Engels in *BeckOK-Urheberrecht*, § 22 KUG, Rn. 12.3; Fricke in *Wandtke/Bullinger*, § 23 KUG, Rn. 7.

bb) Ausnahme nach § 23 I Nr. 3 KUG

aaa) Allgemein

Von Relevanz könnte ferner die Ausnahme nach § 23 I Nr. 3 KUG sein. Die Ausnahme nach § 23 I Nr. 3 KUG fußt darauf, dass Personen, welche in der Öffentlichkeit an Veranstaltungen teilnehmen, mit der Möglichkeit rechnen müssen, im Rahmen der Berichterstattung über das Ereignis selbst mit abgebildet zu werden.[279] Die Begrifflichkeiten Versammlung und Aufzug sind dabei weit zu verstehen.[280] Dem Wortlaut nach ist hingegen nicht jede beliebige Personenmehrheit abbildungsfrei, sondern lediglich eine größere Menge an Menschen.[281] Grundeigenschaft von Versammlungen und Aufzügen ist der kollektive Wille aller Beteiligten, etwas gemeinsam zu tun und darüber hinaus auch von Dritten wahrgenommen zu werden.[282] „Ähnliche Vorgänge" müssen ebenfalls jene Grundeigenschaften aufweisen, da es ansonsten zu einer Uferlosigkeit der Ausnahmevorschrift käme.[283] Erforderlich ist, dass die Menschenansammlung nach dem Gesamteindruck der Abbildung im Vordergrund stehen muss.[284] Die Versammlung oder der Aufzug muss daher als Vorgang gezeigt werden.[285] Eine zustimmungsfreie Abbildung nach § 23 I Nr. 3 KUG liegt daher dann nicht vor, wenn nur einzelne oder mehrere Personen abgebildet werden.[286] Die bloße Erkennbarkeit von einem Einzelnen oder Einzelner vermag jedoch noch nicht die Ausnahme nach § 23 I Nr. 3 KUG auszuschließen.[287]

bbb) Anwendbarkeit auf die Hauptverhandlung

Fraglich ist insofern, ob die Ausnahme nach § 23 I Nr. 3 KUG auf die (strafrechtliche) Hauptverhandlung anzuwenden ist. Vorliegend könnte es sich zunächst um eine Versammlung i. S. d. § 23 I Nr. 3 KUG handeln. Dagegen wird jedoch angeführt, dass bei den Zuhörern einer gerichtlichen Verhandlung der

---

279 Engels in *BeckOK-Urheberrecht*, § 23 KUG, Rn. 14; Specht in *Dreier/Schulze-UrhG*, § 23 KUG, Rn. 38.

280 Engels in *BeckOK-Urheberrecht*, § 23 KUG, Rn. 15.

281 Helle, *Bes. Persönlichkeitsrechte*, S. 167.

282 OLG München NJW 1988, 915, 916; vgl. OLG Celle ZUM 2011, 341, 344.

283 OLG Celle ZUM 2011, 341, 344; vgl. OLG München NJW 1988, 915, 916.

284 Engels in *BeckOK-Urheberrecht*, § 23 KUG, Rn. 16.

285 Specht in *Dreier/Schulze-UrhG*, § 23 KUG, Rn. 40.

286 Specht in *Dreier/Schulze-UrhG*, § 23 KUG, Rn. 40.

287 Specht in *Dreier/Schulze-UrhG*, § 23 KUG, Rn. 40.

erforderliche kollektive Zweck etwas Gemeinsames tun zu wollen, gänzlich fehlen würde.[288] Dem ist jedoch nicht zuzustimmen. Die Zuhörer einer Gerichtsverhandlung kommen – ähnlich wie die Teilnehmer einer Sportveranstaltung – zusammen, um einem öffentlich zugänglichen Ereignis zu folgen.[289] Abbildungen der Zuhörer einer Gerichtsverhandlung sind somit von der Ausnahme des § 23 I Nr. 3 KUG legitimiert, wenn diese einen Überblick oder einen Ausschnitt des Zuhörerraumes präsentieren oder dieser im Hintergrund eines Bildnisses von einem Verfahrensbeteiligten abgebildet wird.[290]

cc) § 33 KUG

Das Recht am eigenen Bild erfährt des Weiteren bereits einen strafrechtlichen Schutz durch § 33 KUG. Gem. § 33 I KUG wird derjenige, der entgegen den §§ 22, 23 KUG ein Bildnis verbreitet oder öffentlich zur Schau stellt, mit Freiheitsstrafe bis zu einem Jahr oder mit Geldstrafe bestraft. Gem. § 33 II KUG setzt die Verfolgung der Tat einen entsprechenden Antrag voraus. Bei der Vorschrift handelt es sich gem. § 374 I Nr. 8 StPO um ein Privatklagedelikt. Eine Strafbarkeit kommt zudem nur durch ein vorsätzliches Handeln in Betracht (§ 15 StGB). Wie dem eindeutigen Wortlaut des § 33 KUG zu entnehmen ist, wird aber lediglich das Verbreiten oder die öffentliche Zurschaustellung eines Bildnisses unter Strafe gestellt. Die bloße Herstellung eines Bildnisses und die Vervielfältigung sind somit nicht strafbar.[291] Was also die erfassten Handlungen betrifft, so ist der Tatbestand des § 33 KUG enger gefasst als es bei § 201a I StGB der Fall ist, da dieser u. a. die Herstellung einer Bildaufnahme als geeignete Tathandlung umfasst.[292] Im Gegensatz zu den zivilrechtlichen Ansprüchen kommt dem Tatbestand des § 33 KUG darüber hinaus nur eine geringe Bedeutung zu.[293] Das Interesse des Verletzten wird regelmäßig auf die Durchsetzung seiner zivilrechtlichen Ansprüche als auf eine Bestrafung des Delinquenten gerichtet sein.[294]

---

288 So Fink, *Bild- u. Tonaufnahmen*, S. 256.

289 Kujath, *Der Laienjournalismus im Internet*, S. 327.

290 Kujath, *Der Laienjournalismus im Internet*, S. 327; vgl. Kuß, Öffentlichkeitsmaxime der Judikative, S. 212; Ernst, ZUM 1996, 187, 191.

291 Mitsch, ZRP 2014, 137, 140; Kaiser in *Erbs/Kohlhaas-Strafrechtl. Nebengesetze*, § 33 KUG, Rn. 9.

292 Mitsch, ZRP 2014, 137, 140.

293 Kaiser in *Erbs/Kohlhaas-Strafrechtl. Nebengesetze*, § 33 KUG, Rn. 3.

294 Kaiser in *Erbs/Kohlhaas-Strafrechtl. Nebengesetze*, § 33 KUG, Rn. 3.

d) *Ansprüche aufgrund der Verletzung des Rechts am eigenen Bild*

Was die Rechtsfolgen einer Verletzung des Rechts am eigenen Bild angeht, so können sich daraus diverse zivilrechtliche Ansprüche ergeben.[295] Eine Verletzung des Rechtes am eigenen Bild kann bspw. – im Falle einer Erstbegehungs- oder Wiederholungsgefahr – einen Unterlassungsanspruch gem. §§ 823 I, 1004 BGB und §§ 823 II, 1004 BGB i. V. m. §§ 22, 23 KUG begründen.[296] Der Verletzte kann ebenso die Herausgabe von Fotos und anderweitigen Vervielfältigungen unzulässiger Aufnahmen als Folgenbeseitigung nach § 1004 BGB begehren.[297] Ein Anspruch auf Gegendarstellung kann sich dann ergeben, wenn ein Bild einer Person durch ein Medium veröffentlicht wird und in dem dazugehörigen Text fälschlicherweise behauptet wird, dass Bild stelle eine andere Persönlichkeit dar.[298] Ferner kann sich ein solcher Anspruch ergeben, wenn durch die Veröffentlichung eines Bildes im Verbund mit dem dazugehörigen Text eine falsche Vorstellung über den Abgebildeten vermittelt wird.[299]

e) *Der Pressekodex als wirksames Instrument zum Schutz von Persönlichkeitsrechten?*

Hinsichtlich des Schutzes des Persönlichkeitsrechtes von Verfahrensbeteiligten, insbesondere des Angeklagten, sollen vorliegend die Publizistischen Grundsätze, d. h. der Pressekodex, näher beleuchtet werden. Sodann soll die Frage beantworten werden, ob der Pressekodex als solcher ein wirksames Instrument darstellt, um Persönlichkeitsrechtsverletzungen von Verfahrensbeteiligten entgegenzuwirken.

aa) *Richtlinien für die publizistische Tätigkeit*

Der Pressekodex[300] des deutschen Presserats enthält eine Reihe von Richtlinien für die publizistische Tätigkeit. Die Mehrheit der deutschen Verlage (mehr als 90 %) hat sich anhand einer Selbstverpflichtungserklärung zu dem Pressekodex

---

295 Ausführlich dazu etwa Helle, *Bes. Persönlichkeitsrechte*, S. 213 ff.; Fricke in *Wandtke/Bullinger*, § 22 KUG, Rn. 23 ff.

296 Fricke in *Wandtke/Bullinger*, § 22 KUG, Rn. 23 f.

297 Fricke in *Wandtke/Bullinger*, § 22 KUG, Rn. 38.

298 Helle, *Bes. Persönlichkeitsrechte*, S. 224 f.

299 Fricke in *Wandtke/Bullinger*, § 22 KUG, Rn. 25.

300 Pressekodex in der Fassung v. 22. März 2017, abrufbar unter: http://www.presserat.de/fileadmin/user_upload/Downloads_Dateien/Pressekodex2017_web.pdf (abgerufen am 28.08.2017).

und seinen Bestimmungen bekannt.[301] Ziffer 8 (Schutz der Persönlichkeit), Richtlinie 8.1 des Pressekodexes regelt die Grundsätze hinsichtlich der Kriminalitätsberichterstattung der Presse.[302] In Abs. 1 und Abs. 2 heißt es u. a.: „*An der Information über Straftaten, Ermittlungs- und Gerichtsverfahren besteht ein berechtigtes Interesse der Öffentlichkeit. Es ist Aufgabe der Presse, darüber zu berichten. Die Presse veröffentlicht dabei Namen, Fotos und andere Angaben, durch die Verdächtige oder Täter identifizierbar werden könnten, nur dann, wenn das berechtigte Interesse der Öffentlichkeit im Einzelfall die schutzwürdigen Interessen von Betroffenen überwiegt.*“[303] Im Falle der wiederholten Berichterstattung über ein vergangenes Strafverfahren sollen sich zu Gunsten der Resozialisierung des Täters nach Abs. 3 S. 1 in der Regel seine Namensnennung und Fotoveröffentlichung erübrigen.[304] Was den Schutz von Opfern anbelangt, so heißt es in der Richtlinie 8.2: „*Die Identität von Opfern ist besonders zu schützen. Für das Verständnis eines Unfallgeschehens, Unglücks- bzw. Tathergangs ist das Wissen um die Identität des Opfers in der Regel unerheblich. Name und Foto eines Opfers können veröffentlicht werden, wenn das Opfer bzw. Angehörige oder sonstige befugte Personen zugestimmt haben, oder wenn es sich bei dem Opfer um eine Person des öffentlichen Lebens handelt.*“[305]

Was jedoch, wenn gegen eine oder mehrere der Richtlinien im Zuge der Gerichtsberichtserstattung verstoßen wird? Insbesondere ist hier wiederum an einen Verstoß gegen das Verbot des § 169 S. 2 GVG zu denken.

bb) Folgen eines Verstoßes gegen den Pressekodex

Nach § 1 Abs. 1 der Beschwerdeordnung des deutschen Presserats ist grundsätzlich jeder dazu berechtigt, eine Beschwerde gegen ein publizistisches Werk beim deutschen Presserat einzureichen.[306] Dies kann ohne Weiteres in Form einer Online-Beschwerde auf der Website des deutschen Presserats geschehen.[307] Darüber hinaus kann aber ebenso der deutsche Presserat von sich aus ein Beschwerdeverfahren einleiten (Abs. 2).[308] Im Jahre 2015 wurden mit insgesamt

301 Tillmann/Gerhardt, ZRP 2015, 29; Kloepfer, AfP 2005, 118, 119.

302 Pressekodex d. dt. Presserats (Fn. 300), S. 20.

303 Pressekodex d. dt. Presserats (Fn. 300), S. 20.

304 Pressekodex d. dt. Presserats (Fn. 300), S. 21.

305 Pressekodex d. dt. Presserats (Fn. 300), S. 21.

306 Pressekodex d. dt. Presserats (Fn. 300), S. 34.

307 https://www.presserat.de/beschwerde/online-beschwerde/ (abgerufen am 19.09.2017).

308 Pressekodex d. dt. Presserats (Fn. 300), S. 34.

2358 eingereichten Beschwerden ein neuer Rekordwert erreicht.[309] Die Beschwerden richteten sich dabei überwiegend gegen Online-Artikel (58,4%).[310] Mit **1851 Beschwerden** war im Jahre 2016 zwar ein leichter Rückgang der Beschwerden zu verzeichnen[311], jedoch vermehrten sich die gegen Online-Artikel gerichteten Beschwerden (67,2%)[312].

Nach § 12 Abs. 5 S. 1 der Beschwerdeordnung des deutschen Presserats kann im Falle einer begründeten Beschwerde ein Hinweis (Nr. 1), eine Missbilligung (Nr. 2) oder eine Rüge (Nr. 3) ausgesprochen werden.[313] Nach § 12 Abs. 5 S. 2 steht es jedoch in dem Ermessen des Beschwerdeausschusses, trotz Begründetheit der Beschwerde, im Einzelfall von einer Maßnahme abzusehen.[314] Betrachtet man die Statistik des deutschen Presserats für das Jahr 2015 (Entscheidungen bei begründeten Beschwerden)[315], so sprach dieser **147 Hinweise**, **82 Missbilligungen** und **35 öffentliche Rügen** aus. In 38 Fällen war eine Beschwerde zwar begründet, jedoch erfolgte keine Maßnahme. Im Jahre 2016[316] wurden vom Beschwerdeausschuss **151 Hinweise**, **64 Missbilligungen** und **33 öffentliche Rügen** ausgesprochen. In 49 Fällen wurde trotz der Begründetheit der Beschwerde auf eine Maßnahme verzichtet.

Das Aussprechen von Rügen erfolgt nur bei starken Verstößen gegen den Pressekodex.[317] 2016 wurden die meisten Verstöße gegen die Ziffer 8 des Pressekodex gerügt, wobei die häufigsten Verstöße davon durch „BILD ONLINE" begangen wurden.[318] Aus Ziffer 16 des Pressekodexes sowie aus § 15 Abs. 1 S. 1 der Beschwerdeordnung ergibt sich die Verpflichtung, dass öffentliche Rügen des Presserats in den jeweils betroffenen Publikationsorgangen bzw. Telemedien

---

309 Statistik Beschwerden 2015 des dt. Presserats, abrufbar unter: http://www.presserat.de/fileadmin/user_upload/Statistiken/Beschwerden_2015.pdf (abgerufen am 28.08.2017).

310 Statistik Beschwerden 2015 des dt. Presserats (Fn. 309).

311 Statistik Beschwerden 2016 des dt. Presserats, abrufbar unter: http://www.presserat.de/beschwerde/statistiken/#panel-beschwerdezahlen (abgerufen am 28.08.2017).

312 Statistik Beschwerden 2016 des dt. Presserats (Fn. 311).

313 Pressekodex d. dt. Presserats (Fn. 300), S. 38 f.

314 Pressekodex d. dt. Presserats (Fn. 300), S. 39.

315 Statistik Beschwerden 2015 des dt. Presserats (Fn. 309).

316 Statistik Beschwerden 2016 des dt. Presserats (Fn. 311).

317 Tillmann/Gerhardt, ZRP 2015, 29; siehe auch § 13 S. 1 der Beschwerdeordnung, Pressekodex d. dt. Presserats (Fn. 300), S. 39.

318 Übersicht der Rügen des dt. Presserats für 2016, abrufbar unter: http://www.presserat.de/pressekodex/uebersicht-der-ruegen/#panel-2016 (abgerufen am 28.08.2017).

in angemessener Form zu veröffentlichen sind.[319] Rechtlich verbindlich ist eine solche Rügeveröffentlichung jedoch nicht.[320] Hinsichtlich anderer Sanktionen wie den Hinweisen oder Missbilligungen besteht von Seiten des Presserats keine Veröffentlichungspflicht.[321]

Unabhängig von der Frage, ob der Verpflichtung zur Rügenveröffentlichung tatsächlich nachgegangen wird, findet aber eine Berichterstattung über die Ergebnisse von Beschwerden durch den Presserat selbst statt.[322] Dies hat jedoch, vor allem was die Erreichbarkeit der jeweiligen Rezipienten anbelangt, wohl nicht die gleiche Wirkung, als wenn die Rüge durch das betroffene Publikationsorgan selbst veröffentlicht wird. Andererseits wird die Arbeit des Beschwerdeausschusses natürlich auch von der Konkurrenz der betroffenen Medien mitverfolgt.[323] Berichterstattungen über öffentliche Rügen des Presserats sind durch nicht betroffene Medien jederzeit möglich. Die betroffenen Häuser gehen, was die Sanktionen des Presserats im Allgemeinen betrifft, äußerst unterschiedlich um, wobei Diffamierungen von Entscheidungen des Presserats die absolute Ausnahme bilden.[324]

Insgesamt lässt sich festhalten, dass es allen Maßnahmen des deutschen Presserats an (zumindest rechtlichen) Konsequenzen mangelt. Wirklich durchgreifende und nachhaltige Maßnahmen stehen dem Presserat also nicht zur Verfügung. Sofern es um gesicherte wirtschaftliche Interessen von Verlegern und Journalisten geht, werden die Maßnahmen des deutschen Presserats, welche aus moralischen Appellen bestehen und ebenso auf den moralischen Druck setzen, wohl regelmäßig scheitern.[325] Bei den Maßnahmen handelt es sich richtigerweise lediglich um ein „Instrument der publizistischen Medienkritik“[326]. Die Einreichung einer Beschwerde beim deutschen Presserat ist daher im hier diskutierten Kontext wohl nur dann wirklich sinnvoll, wenn sie neben straf- und/oder zivilrechtlichen Maßnahmen eingereicht wird.

---

319 Pressekodex d. dt. Presserats (Fn. 300), S. 33, 40.
320 Kloepfer, AfP 2005, 118, 121.
321 Für eine solche Pflicht zur Veröffentlichung aber Kloepfer, AfP 2005, 118, 124.
322 Vgl. Tillmann/Gerhardt, ZRP 2015, 29.
323 Tillmann/Gerhardt, ZRP 2015, 29 f.
324 Tillmann/Gerhardt, ZRP 2015, 29, 30.
325 Kloepfer, AfP 2005, 118, 124.
326 Tillmann/Gerhardt, ZRP 2015, 29.

E. Das Strafverfahren und die Medien

I. Zum Medienbegriff

Zunächst soll auf den Begriff der Medien eingegangen werden. Da dies bereits an anderer Stelle des Öfteren in ausführlicher Art und Weise getan wurde[327], soll an dieser Stelle eine kurze Begriffsbestimmung genügen. Laut Duden stellt der vielschichtige Begriff „Medium" (bildungssprachlich) ein vermittelndes Element dar; ein Medium kann eine Einrichtung, eine organisatorische und technische Apparatur für die Vermittlung von Meinungen, Informationen und Kulturgütern, insbesondere eines der Massenmedien Film, Funk, Fernsehen oder Presse sein.[328] Da das Wort „Medien" vielfach als Sammelbegriff für die Massenmedien fungiert[329], soll auch an dieser Stelle davon Gebrauch gemacht werden. Gemeint sind damit vor allem die Medien als Institutionen (Verlage etc.) und ihre dazugehörigen Mitarbeiter (Journalisten usw.), insbesondere diejenigen von ihnen, die sich mit der Arbeit der Justiz auseinandersetzen. Die über viele Jahrzehnte gewachsene wirtschaftliche Bedeutung der Medien, sowie ihre bedeutenden Einflüsse auf die Gesellschaft, haben dazu geführt, dass sie neben der Legislativen, Judikativen und der Exekutiven des Öfteren als sog. „vierte Gewalt" bezeichnet werden; zum Teil wird von der „Macht der Medien" gesprochen. Nicht zuletzt werden sie aufgrund ihrer Berichterstattung über die Arbeit der Justiz partiell auch als „watch dogs" tituliert.

II. Bedeutung der Medien

1. Die Medien als Vermittler

Der Großteil der gerichtlichen Verhandlungen sind der Öffentlichkeit zugänglich. Dies bietet dem interessierten Bürger die Möglichkeit, als Zuhörer an einem Prozess teilzuhaben. Die Realität zeigt jedoch, dass die wenigsten der Bürger von dieser Möglichkeit der Prozessverfolgung Gebrauch machen. Die Zuhörerschaft besteht – neben Angehörigen und Freunden der Verfahrensbeteiligten – nicht selten aus Senioren und aus Schulklassen oder Studierenden, die zu Ausbildungszwecken auf den Zuhörerplätzen Platz nehmen. Schon *Foelix* wusste zu

---

327 Siehe etwa v. Coelln, *Zur Medienöffentlichkeit der Dritten Gewalt*, S. 16 f.

328 „Medium" auf Duden online, abrufbar unter: http://www.duden.de/node/651831/revisions/1368505/view (abgerufen am 29.08.2017).

329 Vgl. Beck in *Lexikon Kommunikations- und Medienwissenschaft*, S. 201.

berichten, dass sich während des Sommers in den Zuhörerreihen des großen Sitzungssaal des Kassationshofes in Paris lediglich Advokaten und andere Rechtsgelehrte aufhielten und nur im Winter der Saal mit Publikum, welches die Wärme des Ofens suchte, gänzlich gefüllt war.[330]

Die Gründe, warum ein Großteil der Bevölkerung sich das essenzielle Privileg der Teilhabe an Gerichtsverhandlungen in der Regel nicht zu Nutze macht, liegen auf der Hand: Zum einen spielt der zeitliche Faktor eine gewichtige Rolle. Viele Menschen können bereits aus Zeitgründen ein mitunter langwieriges Gerichtsverfahren nicht mitverfolgen. Darüber hinaus finden tagtäglich zu viele öffentliche Gerichtsverhandlungen statt, als dass man ihnen im Wesentlichen beiwohnen könnte. Der Hauptgrund, warum die Zuhörerplätze in Gerichtssälen in der Regel leer bleiben oder nur vereinzelt besetzt sind, dürfte allerdings das mangelnde Interesse der Bevölkerung an juristischen Auseinandersetzungen sein. Selbst bei strafrechtlichen Verfahren, die in der Regel die breitere Aufmerksamkeit auf sich ziehen, ergibt sich in der Regel kein gänzlich anderes Bild. Im Gerichtssaal ist man daher oftmals (sofern man von den Beteiligten des Verfahrens ausgeht) „unter sich".

Es sind vielmehr die Vertreter der Medien, die – sofern die Thematik der Verhandlung für sie von Bedeutung sein könnte – im Zuhörerbereich Platz nehmen und über den oftmals über mehrere Tage und Wochen andauernden Verfahrensverlauf berichten. Die Vertreter der Medien sind es also, die für den durchschnittlichen Bürger nicht nur die bloße Anwesenheit vor Gericht, sondern – und das ist zugleich das Entscheidende – die Zusammenfassung und Aufbereitung des Verfahrensstoffes übernehmen und ihm dadurch viel Zeit und Aufwand ersparen können. Die Medien nehmen daher zweifelsfrei die unverzichtbare Aufgabe wahr, der Bevölkerung mitzuteilen, was im Gerichtssaal geschieht.[331] Die Medien werden deshalb schon seit Langem als Vermittler zwischen Justiz und der Bevölkerung angesehen.[332] Diese Vermittlungstätigkeit umfasst, dass mitunter komplexe juristische Inhalte für Laien verständlich gemacht werden müssen. Eine effektive Kommunikation zwischen der Justiz und der Bevölkerung setzt somit das Tätigwerden der Medien zwingend voraus. Trotz vielerlei Kritik in puncto Gerichtsberichterstattung durch die Medien – auf welche noch genauer einzugehen ist – muss dieser Umstand im Zuge der Auseinandersetzung mit der öffentlichen Hauptverhandlung stets Berücksichtigung finden.

---

330 Foelix, Über die Mündlichkeit u. Öffentlichkeit, S. 48.

331 Vgl. Richtlinie 8.1, Abs. 1, Pressekodex d. dt. Presserats (Fn. 300), S. 20.

332 Vgl. Jescheck, ZStW 1959, 1, 6.

2. Die Medienberichterstattung und die Strafzwecke

a) Allgemeines

Die Strafzwecke bzw. die Straftheorien[333] gehen der Frage nach, warum der Staat als Reaktion auf delinquentes Verhalten seiner Bürger von der Möglichkeit der Strafe (in der hiesigen Rechtsgemeinschaft die Geld- oder Freiheitsstrafe) Gebrauch macht. Es geht daher um den Sinn und Zweck der Strafe überhaupt. Über Jahrhunderte hinweg ist man uneins, worin der Sinn und Zweck der Strafe letztendlich bestehen soll und ob die bestehenden Theorien in der Realität eine wesentliche Wirkung entfalten. In diese Punkte soll im Folgenden jedoch nicht vertiefend eingegangen werden. Einigkeit besteht indessen darin, dass isoliert betrachtet keine der bestehenden Straftheorien durchweg zu überzeugen vermag. Jede weist, was die Begründbarkeit der Strafe anbelangt, diverse Schwächen auf, sodass das alleinige Abstellen auf einen Strafzweck das Strafen des Staates nicht rechtfertigen kann. Daher wird in der hiesigen Rechtsgemeinschaft den Vereinigungstheorien gefolgt.[334] Nach den Vereinigungstheorien werden die Inhalte der verschiedenen Strafzwecke aufgegriffen und letztendlich für die Begründbarkeit der Strafe zu Grunde gelegt. Die Vereinigungstheorien lassen sich dabei in die vergeltende und die präventive Vereinigungstheorie differenzieren.[335] Was das Bundesverfassungsgericht anbelangt, so erkennt es den Schuldausgleich, die Prävention, die Resozialisierung des Täters, die Sühne und Vergeltung für begangenes Unrecht als Aspekte für eine angemessene Strafsanktion an.[336]

b) Relative Straftheorien

Die Berichterstattung der Medien über Strafverfahren steht in enger Verbindung zu den Strafzwecken. Sie steht im Lichte der sog. relativen Straftheorien. Nach den relativen Straftheorien soll Strafe im Gegensatz zu den absoluten Straftheorien, wonach Strafe losgelöst von jeglichen gesellschaftlichen oder persönlichen Zwecken wirken soll[337], stets zweckgebunden sein. Der Staat betreibt seine kostenintensive Strafjustiz nicht allein der Gerechtigkeit wegen, sie dient ihm

---

333 Ausführlich dazu u. a. Günther, WestEnd 2004, 117, 120 ff; Meier, *Strafrechtliche Sanktionen*, S. 17 ff; Roxin, *Strafrecht AT*, § 3, Rn. 1 ff.

334 Vgl. BVerfGE 45, 187, 253; Meier, *Strafrechtliche Sanktionen*, S. 35.

335 Dazu Joecks in *MüKo-StGB*, Einleitung, Rn. 75 ff.; Meier, *Strafrechtliche Sanktionen*, S. 35 ff.

336 BVerfGE 45, 187, 253 f.; vgl. 32, 98, 109, 28, 264, 278.

337 Vgl. dazu bereits Kant, *Die Metaphysik der Sitten*, S. 453; Hegel, *Grundlinien d. Philosophie d. Rechts*, S. 190 f.

vielmehr als Instrument der sozialen Kontrolle, um seinen Bürgern Sicherheit und Freiheit zu gewährleisten.[338] Die Strafe an sich soll, wiederum im Gegensatz zu den absoluten Straftheorien, die rein repressiv wirken sollen, präventiv, d. h. vorbeugend wirken.

Innerhalb der relativen Straftheorien ist zwischen der General- und Spezialprävention zu unterscheiden.[339] Während letztere den Sinn und Zweck darin erblicken, dass die Strafe auf den Täter, d. h. auf den Einzelnen einwirken soll, so soll nach der Generalprävention die Strafe auf die Allgemeinheit, d. h. auf die Bevölkerung, einwirken. Denn geht es um Aspekte der Deliktsverhütung, so genügt es gerade nicht, wenn die Strafe nur den bereits straffälligen Einzelnen tangiert, sondern sie im Allgemeinen und von Anfang an der Begehung von Straftaten vorbeugt.[340] Bedeutung erlangt die Berichterstattung der Medien bei der negativen sowie positiven Generalprävention. Daher soll es im Folgenden – mit besonderem Blick auf die Berichterstattung der Medien – um diese zwei Straftheorien gehen. Ferner sei angemerkt, dass die folgenden Ausführungen in diesem Zusammenhang vor allem einen Blick auf das theoretisch Mögliche richten sollen. Auf die zahlreichen Schwierigkeiten, welche in der Praxis auftreten, soll dann im Anschluss näher eingegangen werden.

aa) Negative Generalprävention

Nach der Theorie der negativen Generalprävention soll Strafe dazu dienen, die Allgemeinheit vor der Begehung von Straftaten abzuschrecken.[341] Dies soll durch die bloße Androhung, der Verhängung und letztendlich der Vollstreckung der Strafe geschehen.[342] Allein die Strafe vermag diesen Zweck jedoch nur sehr eingeschränkt zu erfüllen. Wäre z. B. die Botschaft, dass ein Delinquent für seine Tat(en) von einem Strafgericht verurteilt wurde, nicht einer gewissen Verbreitung unterzogen, so bliebe der Kreis der womöglich abzuschreckenden Adressaten relativ gering. Allein die Anwesenheit von Zuhörern und die daran anknüpfende Mund-zu-Mund-Propaganda wären nicht dazu im Stande, eine Vielzahl von Menschen zu erreichen. Es bedarf somit vielmehr einer ausgeprägten Berichterstattung über die vom Gericht verhängte Strafe.

---

338 Roxin, GA 2015, 185, 188.

339 Vgl. Beccaria, Über Verbrechen und Strafen, S. 84.

340 Roxin, *Strafrecht AT*, § 3, Rn. 28.

341 Vgl. v. Feuerbach, *Lehrbuch des gemeinen Rechts*, S. 39.

342 Meier, *Strafrechtliche Sanktionen*, S. 22.

Dadurch, dass die Medien über die Androhung oder Verhängung von Strafen berichten, erweitern sie (zumindest nach der Theorie der negativen Generalprävention) den Empfängerkreis der potenziell abzuschreckenden Personen deutlich. Geht es um den Aspekt der negativen Generalprävention, so soll der Abschreckungseffekt vor allem diejenigen erreichen, die sich nicht rechtskonform verhalten bzw. zukünftig nicht rechtskonform verhalten wollen. Heutzutage ist die Möglichkeit der medialen Verbreitung von Nachrichten zweifelsohne noch um ein Vielfaches ausgeprägter, als es bspw. vor 100 Jahren der Fall gewesen ist. Aus theoretischer Sicht ließe sich daraus bereits schlussfolgern, dass besonders durch die gegenwärtige Gerichtsberichterstattung gewisse Strafzwecke, insbesondere wenn es um die Abschreckung der Allgemeinheit geht, erfüllt werden könnten.

Der Effekt der Abschreckung wird jedoch weniger dadurch erzielt, dass über die Verhängung besonders hoher Geld- oder Freiheitsstrafen berichtet wird. Selbst die Todesstrafe, als härteste anzunehmende Strafe, vermag keine erheblichen Abschreckungseffekte zu erzielen.[343] Nicht die Höhe der Strafe ist es, welches vor der Begehung von Straftaten abschreckt[344], sondern vielmehr das Entdeckungsrisiko bzw. die Verfolgungswahrscheinlichkeit.[345] Durch die Berichterstattung über Strafverfahren – aber auch bereits über zuvor erfolgte Festnahmen – wird daher vielmehr das Entdeckungsrisiko bzw. die Verfolgungswahrscheinlichkeit für die breite Masse der Bevölkerung „sichtbar" gemacht. Die Medien leisten durch die Berichterstattung daher einen wichtigen Beitrag zur Abschreckung der Bevölkerung vor Begehung von Straftaten.

bb) Positive Generalprävention

Mehr noch als es bei der negativen Generalprävention der Fall ist, steht die Berichterstattung über Strafverfahren hingegen im Lichte der positiven Generalprävention.[346] Nach diesem Strafzweck[347] dient Strafe dazu, das Vertrauen der

343 Ostendorf, *Wieviel Strafe braucht die Gesellschaft?*, S. 16; zur mangelnden negativ generalpräventiven Wirkung der Todesstrafe ausführlich Folter, *Die Abschreckungswirkung der Todesstrafe*, S. 1 ff.

344 Anders hingegen Curti, wonach lt. den Untersuchungsergebnissen auch die Höhe der Strafe eine abschreckende Wirkung entfaltet, ZRP 1999, 234, 235 f.

345 Ostendorf, *Wieviel Strafe braucht die Gesellschaft?*, S. 16; Albrecht/Dünkel/Spieß, MschrKrim 1981, 310, 313; Günther, WestEnd 2004, 117, 123; dazu auch ausführlich Entorf/Spengler, MschrKrim 2005, 313 ff.

346 So auch Hassemer, StV 2005, 167.

347 Zur Theorie der positiven Generalprävention näher eingehend Prittwitz, *Strafrecht und Risiko*, S. 213 ff.

Bevölkerung in die Bestands- und Durchsetzungskraft des Rechts zu stärken. Durch die Sanktionierung des Staates, als Reaktion auf begangenes Unrecht, soll den anderen Rechtsadressaten die Geltung der Rechtsordnung bestätigt werden. Sie soll die „Unverbrüchlichkeit der Rechtsordnung“ vor der Rechtsgemeinschaft beweisen.[348] Das Verbrechen ist in diesem Kontext für die Integration der Gesellschaft regelrecht eine Notwendigkeit, denn nur durch das Strafen kann sie imstande sein, stets erneut ihr eigenes Kollektivbewusstsein zu reaktivieren und zu restabilisieren.[349]

Geht es nach *Roxin*, so lässt sich die positive Generalprävention noch in weitere drei unterschiedliche Ziele und Wirkungen untergliedern: der sozialpädagogisch motivierte Lerneffekt, welcher basierend auf der Tätigkeit der Strafjustiz bei der Bevölkerung hervorgerufen wird; der Vertrauenseffekt, der sich einstellt, wenn dem Bürger die Durchsetzung des Rechts vor Augen geführt wird und der Befriedigungseffekt, welcher hervorgerufen wird, wenn das allgemeine Rechtsbewusstsein sich auf Grund der Sanktion über den Rechtsbruch beruhigt und den Widerstreit mit dem Delinquenten als erledigt ansieht.[350]

Nach *Jakobs* erfolgt Strafe zur Einübung in Normvertrauen, da als Adressaten der Strafe alle Menschen in Betracht kommen, sie ohne soziale Interaktionen nicht auskommen und zudem wissen müssen, was sie dabei erwarten können.[351] Ferner erfolgt die Strafe zur Einübung in Rechtstreue, da sie das delinquente Verhalten mit entsprechenden Kosten belastet und dadurch die Wahrscheinlichkeit, dass jenes Verhalten allgemein als nicht diskutable Verhaltensalternative gelernt wird, erhöht.[352] Letztlich geht es noch um die Einübung in die Akzeptation der Konsequenzen, da – wenngleich die Norm trotz des Gelernten überschritten sein mag – durch die Strafe die Bindung von Verhalten und Kostentragungspflicht gelernt wird.[353] *Jakobs* fasst die drei genannten Effekte als Einübung in Normanerkennung zusammen.[354]

Durch die Berichterstattung über ein Strafverfahren und der damit einhergehenden Bekanntmachung des delinquenten Verhaltens des Angeklagten (ggf. des Verurteilten) wird der Bevölkerung grundsätzlich das Bestehen eines souveränen Rechtsstaates vermittelt. Es wird dargelegt, dass der Staat Rechtsverstöße nicht

348 BGHSt 24, 40, 44; BVerfGE 32, 98, 256.
349 Günther, WestEnd 2004, 117, 127.
350 Roxin, *Strafrecht AT*, § 3, Rn. 27.
351 Jakobs, *Strafrecht AT*, S. 13.
352 Jakobs, *Strafrecht AT*, S. 13.
353 Jakobs, *Strafrecht AT*, S. 13 f.
354 Jakobs, *Strafrecht AT*, S. 14.

folgenlos hinnimmt, sondern für die Durchsetzung der Rechtsordnung bürgt. Gerade wenn das jeweilige Verfahren mit einem für die Bevölkerung befriedigenden Resultat endet, führt die Strafverhängung mit Hilfe der Berichterstattung der Medien zu einer Normbestätigung innerhalb der Bevölkerung. Das Erreichen des positiv generalpräventiven Strafzwecks ist somit für ein friedliches und gedeihliches Zusammenleben innerhalb der Gesellschaft von wesentlicher Bedeutung.

Problematischer scheinen hingegen solche Fälle zu sein, in denen der Ausgang eines Verfahrens aus juristischer Sicht nicht zu beanstanden ist, jedoch nicht mit dem Rechtsgefühl der breiten Öffentlichkeit, sei es mangels eines Schuldspruchs oder eines zu geringen Strafmaßes, korrespondiert. Die Berichterstattung der Medien bringt in solchen Fällen oftmals eine gewisse Empörung über das Geschehene zum Ausdruck. Gewiss umfasst die Aufgabenwahrnehmung der Medien die substanziierte Kritik an der Arbeit der Justiz, die Medien sind folglich nicht gehalten, sich dem Dafürhalten des Gerichts partout anzuschließen. In vielen Fällen wäre allerdings eine differenziertere Berichterstattung wünschenswert. Dies umfasst, dass den Rezipienten der Berichterstattung die Gründe einer solchen Gerichtsentscheidung auch genauer dargelegt werden müssen.

c) Resümee

Ohne die Vermittlungstätigkeit der Medien könnten die Strafzwecke der positiven, sowie negativen Generalprävention kaum Wirkung entfalten. Eine Justiz ohne Medien vermag daher nicht adäquat zu funktionieren. Festzuhalten ist, dass die Medien für das Selbstverständnis eines modernen Strafrechts konstitutiv geworden sind.[355] Die Justiz steht daher in einem gewissen Abhängigkeitsverhältnis zu den Medien. Umgekehrt ist die Berichterstattung über Gerichtsverfahren (besonders über Strafverfahren) für die Medien zwar durchaus profitabel, ein vergleichbar zwingendes Abhängigkeitsverhältnis zur Justiz besteht jedoch nicht.

III. Probleme der Berichterstattung

Der Erfüllung jener Strafzwecke mithilfe der medialen Berichterstattung stehen in der Praxis zahlreichen Hindernisse entgegen. Die Frage stellt sich, ob die Medien in der Praxis zur Erfüllung der Straftheorien adäquat beitragen können. Nach *Hassemer* enttäuschen die Medien die Hoffnungen der Strafjustiz hingegen weitgehend.[356]

355 Nestler in *Kriminalität in den Medien*, S. 142.
356 Hassemer, StV 2005, 167.

1. Wirtschaftliche Interessen

Das wirtschaftliche Interesse der Medien steht im Zuge ihrer Berichterstattung über Gerichtsverfahren im Vordergrund. Es geht darum, das Produkt „Justiz" adäquat vermarkten zu können. Im Zentrum des Interesses steht für die Vertreter des Fernsehens sowie des Rundfunks die Einschaltquote, für Vertreter der Presse die Auflagenzahl. Die Logik der Massenmedien ist daher in weiten Teilen eine ökonomische Logik.[357] Gerade die Printmedien sind es – trotz seit Jahren sinkender Auflagenzahlen -, die in Deutschland einen gewichtigen Teil der breiten Medienlandschaft darstellen. Deutschland stellt den größten Zeitungsmarkt Europas dar und ist hinter den USA, Japan, Indien und China der fünftgrößte der Welt.[358] In Deutschland erschienen 2015 insgesamt 351 Tageszeitungen mit einer Auflagenzahl von 16,82 Millionen.[359] Im Jahr 2017 waren es summa summarum 333 Tageszeitungen mit einer Auflagenzahl von 15,3 Millionen.[360] Einen erheblichen Teil der deutschen Medienlandschaft machen des Weiteren die jeweiligen Fernsehsender aus.

Die wirtschaftlichen Ziele der Medien lassen sich jedoch nicht mit Berichterstattungen über Gerichtverhandlungen erreichen, in denen es z. B. um gewöhnliche arbeitsrechtliche Aspekte oder um gängige Verwaltungsmaßnahmen geht. Solche Prozesse sind in der Regel dadurch gekennzeichnet, dass das Informationsinteresse der breiten Öffentlichkeit daran gering ist. Etwas anderes gilt hingegen für Strafverfahren: Mit Berichterstattungen über Strafverfahren können im Vergleich zu anderen Bereichen der Rechtsprechung deutlich höhere Auflagenzahlen oder Quoten erreicht werden. Auflagenanzahlen oder Einschaltquoten sind wiederum von Bedeutung, da sich diese auf die Höhe der Werbeeinnahmen auswirken. So erwirtschafteten bspw. die deutschen TV-Programmanbieter im Jahre 2014 einen Bruttowerbeumsatz von insgesamt 13,1 Milliarden Euro und konnten damit ihren Umsatz im Vergleich zum Vorjahr (12,1 Milliarden Euro) um rund acht Prozent steigern.[361] Im Jahre 2015 betrugen die Netto-Werbeeinnahmen deutscher Tages- und Wochenzeitungen ca. 2,8 Milliarden Euro.[362]

---

357 Boehme-Neßler, ZRP 2003, 125, 127.

358 BDZV, *Die dt. Zeitungen in Zahlen u. Daten 2017*, S. 2 f.

359 BDZV, *Die dt. Zeitungen in Zahlen u. Daten 2015*, S. 5.

360 BDZV, *Die dt. Zeitungen in Zahlen u. Daten 2017*, S. 5.

361 die Medienanstalten, *Jahrbuch 2014/2015*, S. 72 f.

362 BDZV, *Die dt. Zeitungen in Zahlen u. Daten 2017*, S. 8.

Die Berichterstattung über Strafverfahren stellt sich in Zeitungen heutzutage als wesentlicher Teil der Gerichtsberichterstattung dar. Dies ist jedoch kein Phänomen, das erst in den letzten Jahren hervorgekommen ist, sondern war bereits in den 60er Jahren zu beobachten. Gemessen am Umfang der gesamten Berichterstattung über die Justiz in der Regionalzeitung *Westfälische Rundschau* nahmen Berichte über Strafverfahren bereits damals über 86 % ein.[363] Im Jahre 1980 lag der Anteil strafrechtlicher Berichterstattung in jener Zeitung bei über 69 %.[364] Die Gerichtsöffentlichkeit wird fernab der ursprünglichen Bedeutung gewissermaßen auch kommerzialisiert.[365]

Dass die Medienlandschaft innerhalb Europas jedoch durchaus different sein kann, zeigt ein direkter Vergleich zu Finnland. Der Großteil der Zeitschriften in Finnland werden aufgrund von Abonnements verkauft, sodass zugleich der Druck schwindet, sich zur Erweckung der Aufmerksamkeit des Lesers auf dramatische Ereignisse berufen zu müssen, um dadurch täglich neue Exemplare absetzen zu können.[366] Die finnische Presse zeichnet sich zudem dadurch aus, dass die Berichte über Kriminalität – im Gegensatz zur britischen Presse – weniger stark von Emotionen geprägt und – auch wenn es sich nur um singuläre Ereignisse handelt – meist mit kommentierten forschungsbasierten Daten über die Entwicklung der Verbrechenssituation verknüpft sind.[367]

Ein Strafprozess wird vor allem dann spektakulär, wenn die Tat selbst vom gewöhnlichen Gerichtsalltag abweicht[368] oder die Protagonisten eines Strafprozesses – insbesondere prominente Persönlichkeiten – das Interesse der Öffentlichkeit auf sich ziehen. In den letzten Jahren waren es vor allem namenhafte Persönlichkeiten wie *Kachelmann*, *Wulff* oder *Hoeneß*, die durch Strafprozesse im Zentrum der medialen Berichterstattung standen. Alle Prozesse hatten gemein, dass sie Auslöser bundesweiter Debatten wurden. Besonders der Fall „*Kachelmann*" war es, der in zahlreichen juristischen Abhandlungen thematisiert wurde und bis heute noch Erwähnung findet.

---

363 Friske, *Justiz und Medien*, S. 172.

364 Friske, *Justiz und Medien*, S. 173.

365 Kühne, StV 2013, 417, 418.

366 Lappi-Seppälä, Resource Material Series 2008, 3, 15.

367 Lappi-Seppälä, Resource Material Series 2008, 3, 15.

368 Bspw. die Verurteilung *Meiwes* zu lebenslanger Freiheitsstrafe im sog. „Kannibalen Fall von Rothenburg", LG Frankfurt, 09.05.2006 – 5/21 Ks 3550 Js 220983/05 (04/2005).

Das Interesse der Öffentlichkeit an der Kriminalität ist weiterhin ungebrochen.[369] Dass die Medien sich auf strafrechtliche Verfahren „spezialisiert" haben, ist letzten Endes nur das, was die breite Öffentlichkeit von ihnen rezipieren möchte. So erfreuen sich bspw. Bücher von Strafverteidigern oder Richtern, in denen sie über die interessantesten (oft dem Strafrecht zuzuordnenden) Fälle ihrer Karriere berichten, großer Beliebtheit. Niemand käme z. B. auf den Gedanken, sich eine Reportage anzuschauen, in der berichtet wird, dass es in Deutschland immer sicherer wird.[370] Oftmals geht es um das Ansprechen des Gefühls statt des Verstandes.[371] Durch die konzentrierte Berichterstattung über mitunter grausame Verbrechen sollen Gefühle wie Angst, Wut, Abneigung und Mitleid (vorwiegend für das Opfer) beim Rezipienten hervorgerufen werden, also jene Gefühle, die die Menschheit seit jeher in den Bann ziehen. In anderen Rechtsgebieten sucht man – von einigen wenigen Ausnahmen einmal abgesehen – jene Gefühle vergebens oder sie sind weniger stark ausgeprägt. Dabei sind es streng genommen nicht einmal die Verfahren vor den Strafgerichten, sondern z. B. vielmehr die Entscheidungen der Arbeits- und Sozialgerichte oder auch der Verwaltungsgerichte, die in ihren Auswirkungen den Großteil der Bevölkerung betreffen.[372]

2. Verzerrte Wahrnehmung

Die Konzentration der Medien auf Strafprozesse mag zwar die potenzielle Anzahl ihrer Rezipienten erhöhen, sie ist allerdings mit zahlreichen Nachteilen verbunden. Durch das „Rosinenpicken" der Medien, d. h. die schwerpunktmäßige Berichterstattung über strafrechtliche Prozesse, wird einem erheblichen Teil der Bevölkerung suggeriert, dass die meisten Gerichtsverfahren im Wesentlichen dem Strafrecht zuzuordnen sind.[373] Prozesse vor den Strafgerichten stellen hingegen nur einen Teil der justiziellen Verfahren in Deutschland dar und sind keinesfalls ihr Schwerpunkt.[374] Die Konzentration der Berichterstattung auf strafrechtliche Verfahren führt daher zu einer verzerrten Wahrnehmung der Öffentlichkeit über Gerichtsverfahren. Zum anderen suggeriert die Gewichtung

369 Friedrichsen/Gerhardt, ZRP 2015, 187, 189.

370 Schlieter, *Knastreport*, S. 67.

371 Rückert, StV 2012, 378, 379.

372 Lippe in *Justiz und Medien*, S. 132; Leyendecker, StV 2005, 179, 180.

373 Vgl. auch Hassemer, StV 2005, 167; ders. in *Strafrecht in der Mediengesellschaft*, S. 21.

374 Siehe etwa Tabelle d. statistischen Bundesamtes über dt. Gerichtsverfahren, abrufbar unter: https://www.destatis.de/DE/ZahlenFakten/GesellschaftStaat/Rechtspflege/Tabellen/Gerichtsverfahren.html (abgerufen am 29.08.2017).

der Medien auf strafrechtliche Verfahren für den Laien den Eindruck, dass die Kriminalität in Deutschland stetig wächst, ja sogar ubiquitär sei. Es kommt daher ebenfalls zu einer verzerrten Wahrnehmung der Bevölkerung über das Vorliegen von Kriminalität.[375] Dazu kommt, dass im Rahmen der medialen Berichterstattung Kriminalitätserscheinungen oftmals segregiert werden und der komplexere soziale Zusammenhang außen vor gelassen wird.[376]

In einer von *Pfeiffer/Windzio/Kleimann* im Jahre 2004 in Auftrag gegebenen repräsentativen Umfrage sollten 2000 Personen einschätzen, wie sich die Zahlen der polizeilichen Kriminalstatistik (PKS) aus dem Jahre 1993 bis in das Jahr 2003 für bestimmte Straftaten entwickelt haben könnten.[377] Die Umfrage kam zu folgenden Ergebnissen: Was die Delikte Körperverletzung und Betrug betreffen, so entsprachen die Einschätzungen der Befragten ungefähr den Tatsachen.[378] Überwiegend kam es jedoch zu erheblichen Fehleinschätzungen.[379] Bei den Wohnungseinbrüchen wurde ein prozentualer Anstieg von durchschnittlich 39 % geschätzt, die registrierten Fälle gingen allerdings um 45,7 % zurück.[380] Ferner wurde ein Anstieg von Autodiebstählen von 47 % geschätzt, wohingegen es in der Realität zu einer Senkung von 70,5 % kam.[381] Im Zuge des vollendeten Mordes ergab die Schätzung der befragten Personen einen Anstieg von 27 %, jedoch ging die Häufigkeit des Delikts tatsächlich um 40,8 % zurück.[382] Beim Vorliegen des vollendeten Sexualmordes ging man sogar von einem prozentualen Anstieg von insgesamt 260 % aus, indessen kam es in der Realität zu einer Abnahme von 37,5 %.[383] Die registrierten Fälle von sexuellem Missbrauch von Kindern blieben in dem Zeitraum von 1993 bis 2003 gleich, verzeichneten daher keinen prozentualen Anstieg.[384] Gleichwohl vermuteten 40 % der Befragten, dass dieses Delikt in diesem Zeitraum „sehr viel häufiger“ und 31 %, dass es „viel häufiger“ vorkommen würde.[385]

---

375 Vgl. Walter in *Strafrecht in der Mediengesellschaft*, S. 32 f.
376 Walter in *Strafrecht in der Mediengesellschaft*, S. 35.
377 Pfeiffer/Windzio/Kleimann, MschrKrim 2004, 415, 417.
378 Pfeiffer/Windzio/Kleimann, MschrKrim 2004, 415, 417.
379 Pfeiffer/Windzio/Kleimann, MschrKrim 2004, 415, 417 f.
380 Pfeiffer/Windzio/Kleimann, MschrKrim 2004, 415, 417.
381 Pfeiffer/Windzio/Kleimann, MschrKrim 2004, 415, 417.
382 Pfeiffer/Windzio/Kleimann, MschrKrim 2004, 415, 417.
383 Pfeiffer/Windzio/Kleimann, MschrKrim 2004, 415, 417.
384 Pfeiffer/Windzio/Kleimann, MschrKrim 2004, 415, 418.
385 Pfeiffer/Windzio/Kleimann, MschrKrim 2004, 415, 418.

Wenngleich sich jene Fehleinschätzungen nicht ausschließlich auf die Gerichtsberichterstattung der Medien zurückführen lassen dürften, so deutet aber vieles darauf hin, dass zwischen den Fehleinschätzungen der Befragten und der medialen Gerichtsberichterstattung ein Kausalzusammenhang besteht. Ob eine erneute Durchführung der Umfrage gegenwärtig zu einem wesentlichen anderen Ergebnis kommen würde, ist zumindest zweifelhaft.

3. Die Gerichtsshows im deutschen Fernsehen

Einen weiteren Beitrag zur verzerrten Wahrnehmung der Bevölkerung über Gerichtsverfahren leisteten die sog. Gerichtsshows, die sich gegen Anfang des 21. Jahrhunderts in den deutschen Fernsehsendern, vornehmlich in den privaten Fernsehanstalten, etablierten. Seit jeher waren sie, vor allem aus dem Bereich der Rechtswissenschaft, Gegenstand der Kritik[386], da sie den Schwerpunkt mehr auf die Unterhaltung des Zuschauers als auf einen authentischen Ablauf einer Gerichtsverhandlung und einer differenzierten juristischen Auseinandersetzung legten. Sie sind jedoch keinesfalls ein Produkt der neueren Zeit, sondern wurden bereits seit Anfang der 60er Jahre im deutschen öffentlich-rechtlichen Fernsehen gesendet.[387] Nach Ansicht von *Huff* wurden einst im deutschen Fernsehen ausgestrahlte verdienstvolle Sendungen wie „Ehen vor Gericht“ oder „Wie würden Sie entscheiden“ jedoch mangels befriedigender Quoten, teuer Produktionskosten, einer juristisch zu sorgfältigen Gestaltung und einer Orientierung an realen Fällen, eingestellt.[388]

Mit der Realität in deutschen Gerichten hatten viele Formate der „Neuzeit“, also im Zeitraum der Jahrtausendwende herum, nicht allzu viel gemein. Für den Zuschauer sollte vielmehr das Entertainment im Mittelpunkt stehen. Wesentliche Merkmale einer realen Gerichtsverhandlung wie z. B. die juristische Gründlichkeit, das Abwägen oder die Rekonstruktion der Wirklichkeit korrespondieren nicht mit den dramaturgischen Wunschvorstellungen der Medien.[389] Die Sendungen spiegelten den Fernsehzuschauern daher einen (Straf-)Prozess vor, den es in der Realität so nicht gibt, so dass nicht wenige Zuschauer ein falsches Bild

---

386 Vgl. Allgaier, ZRP 2004, 212; Gerhardt/Huff, ZRP 2003, 68; Grimm, ZRP 2011, 61, 62; Hassemer in *Strafrecht in der Mediengesellschaft*, S. 21; BVerfGE 103, 44, 67; anders hingegen Hirsch ZRP 2000, 536, 538; differenziert Steiner, ZRP 2003, 245.

387 Vgl. dazu bpb, Gerichtsshows ab 2000, abrufbar unter: http://www.bpb.de/gesellschaft/medien/deutsche-fernsehgeschichte-in-ost-und-west/245158/gerichtsshows-ab-2000 (abgerufen am 29.08.2017).

388 Gerhardt/Huff, ZRP 2003, 68.

389 Vgl. BVerfGE 103, 44, 66.

von deutschen Gerichten vor Augen hatten bzw. nach wie vor haben.[390] Geprägt wurden die Sendungen zudem durch emotional agierende Laienschauspieler und oftmals überraschende Wendungen während des Prozessverlaufs. Gleichwohl agierten tatsächlich ausgebildete Juristen als Verfahrensbeteiligte in den Gerichtsshows mit.[391] Durch die starke Fokussierung auf das Strafrecht wurde aber wiederum der Eindruck vermittelt, dass Strafprozesse in der Realität den Großteil der Gerichtsverfahren ausmachen.

Mittlerweile gehören jene Gerichtsshows – zumindest im deutschen Fernsehen – der Vergangenheit an (von vereinzelten Wiederholungen abgesehen). Die letzte verbliebene Gerichtsshow *„Richter Alexander Hold"* (SAT.1) endete nach knapp 12 Jahren Laufzeit im Jahre 2013.[392]

Das Fernsehen kann anhand von Gerichtsfilmen und Ähnlichem zwar durchaus einen Beitrag dazu leisten, die Akzeptanz des Rechtsstaats in der Bevölkerung zu fördern, je stärker allerdings die Rechtsrealität und die durch das Fernsehen geprägten irrtümlichen Vorstellungen vom Recht auseinanderbrechen, desto weniger wird das Recht akzeptiert werden.[393]

4. Exkurs: Bekannte Gerichtsberichterstatter

Bereits in den zwanziger Jahren des 20. Jahrhunderts machten sich Persönlichkeiten wie *Kurt Tucholsky*, *Paul Schlesinger* (der seine Berichte unter dem Kürzel *Sling* veröffentlichte) und später *Hermann Mostar* als Gerichtsreporter einen Namen.[394] In diesem Kontext ist vor allem *Schlesinger* hervorzuheben: Er galt als der beste und berühmteste Gerichtsberichterstatter seiner damaligen Zeit.[395] Aber auch *Gabriele Tergit* war es, die in dieser Zeit durch ihre Gerichtsberichterstattungen hervor stach.[396] Die Jahre der Weimarer Republik lassen sich allgemein als große Zeit der Gerichtsberichterstattung bezeichnen.[397]

---

390 *Steiner* schlägt vor, jene Sendungen mit Untertiteln auszustatten, in denen explizit darauf hingewiesen wird, dass sie nicht den Anspruch erheben, eine mit der Realität korrespondierende Gerichtsverhandlung darzustellen, Steiner, ZRP 2003, 245, 247.

391 Dazu Steiner, ZRP 2003, 245 f.

392 Riehl, SZ v. 08.02.2013, abrufbar unter: http://sz.de/1.1594320 (abgerufen am 14.08.2017).

393 Boehme-Neßler, ZRP 2003, 125, 126.

394 Gerhardt in *Die Öffentlichkeit als Richter?*, S. 173.

395 So Jescheck, ZStW 1959, 1, 4.

396 Höbermann in *Gerichtsreporter*, S. 36.

397 Höbermann in *Gerichtsreporter*, S. 35.

Zu den bekanntesten Vertretern der Gerichtsreporterzunft gehörte zweifelsohne der langjährige „Der Spiegel"-Autor *Gerhard Mauz*. Während seiner beruflichen Laufbahn berichtete er über dutzende Prozesse[398], unter anderem auch über den ersten Auschwitz-Prozess in Frankfurt[399]. Er stellte dabei nie die angeklagte Tat allein in den Mittelpunkt, sondern stets auch Hintergründe, Motive und Ursachen für den Rechtsbruch.[400] Für seine Berichterstattung wurde ihm 1973 das Bundesverdienstkreuz am Bande verliehen.[401] Der beliebteste Gerichtsreporter der DDR war *Rudolf Hirsch*, der sich in seinen Berichterstattungen um die Schicksale der Delinquenten bemühte.[402]

Große Bekanntheit erlangte ferner *Erwin Tochtermann*, der für die „Süddeutsche Zeitung" jahrelang als Gerichtsreporter tätig war. Von der AG Strafrecht des Deutschen Anwaltvereins (DAV) wurde ihm im November 2006 der Ehrenpreis „pro reo" in Würdigung seines journalistischen Lebenswerkes verliehen.[403] In seiner Laudatio, vorgetragen von *Gunter Widmaier*, hieß es dann auch: „Die Auszeichnung, […] gilt seinem leidenschaftlichen Engagement für eine gerechte und faire Strafjustiz, eine Strafjustiz mit Augenmaß und Menschlichkeit, eine Strafjustiz, die mit verantwortungsbewusstem Kritikvermögen dem vernünftigen Zweifel Raum lässt und nicht von vornherein überheblich den Alleinbesitz der Wahrheit für sich beansprucht. In mehr als 35 Jahren seines Wirkens wurde Erwin Tochtermann nicht müde, mit dem ‚hochgemuten Griff nach der Wahrheit' mancher Richter ins Gericht zu gehen."[404]

Des Weiteren ist *Karl-Dieter Möller* zu nennen, der, selbst Volljurist, über viele Jahre hinweg als Gerichtsberichterstatter für den Sender ARD arbeitete. Im Jahre 1998 wurde er mit dem Grimme-Preis „für seine konstante qualifizierte Berichterstattung über juristische Sachverhalte in verschiedenen Sendungen der ARD" ausgezeichnet.[405] Ferner machte sich auch *Peggy Parnass* als Gerichtsreporterin einen Namen. Die von ihr verfassten Berichterstattungen, die von 1970 bis 1989

---

398 Siehe etwa Mauz, *Die Gerechten und die Gerichteten*, S. 9 ff.

399 Mauz, *Die Gerechten und die Gerichteten*, S. 225 ff.

400 Höbermann in *Gerichtsreporter*, S. 37.

401 SPIEGEL ONLINE v. 15.08.2003, abrufbar unter: http://www.spiegel.de/kultur/gesellschaft/in-eigener-sache-gerhard-mauz-ist-tot-a-261505.html (abgerufen am 06.07.2017.

402 Höbermann in *Gerichtsreporter*, S. 38.

403 AnwBl 2007, 39.

404 AnwBl 2007, 39.

405 Grimme-Preis-Archiv, 34. Grimme-Preis, abrufbar unter: http://www.grimmepreis archiv.de/#id_2132 (abgerufen am 29.08.2017).

in der Zeitschrift *Konkret* erschienen, zeichneten sich durch eine bewusst subjektive Sichtweise aus.[406] Sie erhielt u. a. im Jahre 1979 den Joseph-Drexel-Preis für ihre Leistungen im Journalismus und im Jahre 2008 das Bundesverdienstkreuz der Bundesrepublik Deutschland.[407]

Zu den heutigen bekannten Größen der aktiven Gerichtsreporterzunft[408] zählt zweifelslos *Gisela Friedrichsen*, die als Nachfolgerin von *Gerhard Mauz* für das Magazin „Der Spiegel" bereits seit vielen Jahren als Gerichtsreporterin tätig ist. Sie erhielt vom DAV im Jahre 2011 den Pressepreis für den Bereich Printmedien.[409] In ihrer Laudatio hieß es u. a.: „Mit der Preisverleihung zeichnen wir [...] ihre seit Jahrzehnten kontinuierliche Berichterstattung über Gerichtsverfahren auf allerhöchstem Niveau aus. Friedrichsen vermag es, dem Leser das Geschehen vor Gericht so lebendig und einfühlsam zu schildern, als sei er selbst zugegen gewesen."[410] Ferner ist noch *Sabine Rückert* zu nennen, die jahrelang für die Zeitung „DIE ZEIT" über Gerichtsverfahren berichtete. Sie erhielt u. a. im Jahre 2001 den Regino-Preis für die beste Gerichtsreportage, welche über den Prozess gegen den Reemtsma-Entführer Thomas Drach handelte.[411]

5. Qualifikation der Journalisten

Die Gerichtsberichterstattung wird seit jeher als Stiefkind des Journalismus klassifiziert.[412] Nur wenige Medien sind es, die einen exklusiven Gerichtsreporter beschäftigen bzw. beschäftigen können.[413] Es gibt nur wenige professionelle Gerichtsreporter in Deutschland, die von ihren Verlagen oder Sendern die Möglichkeit eingeräumt bekommen, sich an unterschiedlichen Gerichtsorten einen Eindruck zu verschaffen.[414] Vielen Gerichtsreportern mangelt es an fachlicher

406 Höbermann in *Gerichtsreporter*, S. 37.
407 hamburg.de, Pressearchiv, abrufbar unter: http://www.hamburg.de/pressearchiv-fhh/465566/2008-08-25-bksm-peggy-parnass/ (abgerufen am 29.08.2017).
408 Die Auflistung soll hier nicht als abschließend erachtet werden.
409 Busse, AnwBl 2011, 541, 542.
410 Busse, AnwBl 2011, 541, 542.
411 DIE ZEIT v. 08.11.2001, abrufbar unter: http://www.zeit.de/2001/46/Schlaue_Fuechse_ (abgerufen am 07.07.2017).
412 Rückert, StV 2012, 378, 379.
413 Holzinger/Wolff, *Im Namen der Öffentlichkeit*, S. 126; Leyendecker, StV 2005, 179, 180.
414 Friedrichsen/Gerhardt, ZRP 2014, 92.

Kompetenz.[415] *Früher*[416] wie auch *heutzutage*[417] wurde bzw. wird der Justizberichterstattung oftmals vorgeworfen, von Berufsanfängern ausgeübt zu werden. Aufgrund der hohen Komplexität von Gerichtsverfahren, derer viele Journalisten nicht gewachsen sind, liegt es nahe, dass in erklecklicher Anzahl Medienvertreter bei der Berichterstattung über Gerichtsverfahren sich an den nationalen Leitmedien (wie z. B. dem Spiegel, der Süddeutschen Zeitung, der FAZ, dem Focus oder der Financial Times Deutschland) orientieren und deren Meinungen und Erkenntnisse aufgreifen.[418] Die Leitmedien sind also oftmals diejenigen, die bei der Berichterstattung die Vorreiterrolle übernehmen.[419]

Die Voraussetzungen, um hierzulande (grundsätzlich) als Journalist tätig zu sein, sind zunächst nicht besonders hoch. Eine abgeschlossene Berufsausbildung oder ein Hochschulabschluss stellen bspw. keine notwendigen Bedingungen für den Zugang zu diesem Beruf dar.[420] *Sabine Rückert* bringt es daher treffend zum Ausdruck, wenn sie schreibt: „Journalist kann jeder sein".[421] Die Spanne zwischen gutem und schlechtem Journalismus ist daher – wie in anderen Berufen auch – natürlich gegeben. Dazu kommt, dass die Vergabe von Presseausweisen in Deutschland gerade nicht per Gesetz geregelt ist.[422] Dies hat zur Folge, dass die Vergabe von Presseausweisen durch eine Vielzahl von Organisationen erfolgt, die ihrerseits unterschiedliche Kriterien für die Vergabe haben. Es existieren daher zahlreiche unseriöse Anbieter, die Presseausweise an jedermann verkaufen,

---

415 Vgl. Friedrichsen/Gerhardt, ZRP 2014, 92; Rückert, StV 2012, 378, 379; Leyendecker, StV 2005, 179 f.

416 So Friske, *Justiz und Medien*, S. 35 f.; vgl. auch Jescheck, ZStW 1959, 1, 7 f.; Foelix, Über die Mündlichkeit u. Öffentlichkeit, S. 51.

417 So Rückert, StV 2012, 378, 379; Holzinger/Wolff, *Im Namen der Öffentlichkeit*, S. 126.

418 Maier, *Litigation PR*, S. 33.

419 So empfand es bspw. auch die Vorsitzende Richterin im ersten sog. Mannesmann-Prozess *Brigitte Koppenhöfer*: Sofern eine Meldung, eine Tatsache oder eine Meinung in der Welt war, wurde sie spätestens am nächsten Tag von anderen Presseorganen reproduziert, Holzinger/Wolff, *Im Namen der Öffentlichkeit*, S. 89.

420 Vgl. Rückert, StV 2012, 378, 379.

421 Rückert, StV 2012, 378, 379.

422 Der Koalitionsvertrag der 18. Legislaturperiode zwischen CDU, CSU und SPD sieht jedoch eine Unterstützung der Initiative der Länder zur Wiedereinführung des „amtlichen Presseausweises" vor, Koalitionsvertrag zw. CDU, CSU u. SPD, S. 94, abrufbar unter: https://www.cdu.de/sites/default/files/media/dokumente/koalitionsvertrag.pdf (abgerufen am 29.08.2017).

bei denen also ein Nachweis journalistischer Tätigkeit nicht erforderlich ist.[423] Seriöse und amtlich anerkannte Presseausweise, deren Ausgabe an den Nachweis einer dauerhaften und regelmäßigen journalistischen Tätigkeit geknüpft ist, werden jedoch z. B. durch den Deutschen Fachjournalisten-Verband (DFJV), den Verband Deutscher Zeitschriftenverleger (VDZ) oder den Bundesverband Deutscher Zeitungsverleger (BDZV) ausgestellt.[424]

Eine gute Gerichtsberichterstattung fußt indessen auf einer soliden Ausbildung. Neben journalistischen Fähigkeiten setzt das Berichten als Gerichtsreporter ein Mindestmaß an juristischen Kenntnissen voraus. Ein abgeschlossenes Studium der Rechtswissenschaft wird zwar nicht zu fordern sein – wenngleich dies der Berichterstattung über Gerichtsverfahren zuträglich wäre -, jedoch wird ein gewisses Engagement bzgl. der Erlangung juristischer Kenntnisse von einem Gerichtsreporter zu verlangen sein. Gerade prozessrechtliche Kenntnisse sind für die Ausübung einer solchen Tätigkeit von wesentlicher Bedeutung. Ob die Autoren der Gerichtsberichterstattung über die notwendigen fachlichen Voraussetzungen für dieses Gebiet verfügen, unterliegt keiner staatlichen Kontrolle. Gleiches gilt für das fertige Produkt „Gerichtsberichterstattung"; es gilt insofern die Pressefreiheit aus Art. 5 I 2 GG.

Der Journalist muss die in juristischer Fachsprache empfangenen Informationen für den Rezipienten, das heißt in aller Regel einem juristischen Laien, in eine für ihn verständliche Sprache übersetzen. Darüber hinaus müssen juristische Inhalte für den Laien auch „leserfreundlich" sein, d. h. der Länge nach gekürzt und in ein kompaktes Format gebracht werden. Seitenlange Berichte, die von der Länge her einem Urteil gleichkommen, sind für den durchschnittlichen Bürger nicht von Interesse, würden ihn gar „abschrecken". Er bevorzugt es vielmehr, sich in kompakter Art und Weise über die Vorgänge in Gerichtsälen informieren zu können. Dies adäquat zu bewerkstelligen, gleichwohl wichtige Aspekte der Berichterstattung beizubehalten, stellt eine nicht zu unterschätzende Herausforderung journalistischer Tätigkeit dar und bedarf neben den zuvor aufgezählten Kompetenzen vor allem auch Berufserfahrung.

Viele Ressortleiter lehnen es hingegen ab, Juristen für den Bereich der Gerichtsberichterstattung einzusetzen, um eine juristische Sichtweise auf das Geschehen vor Gericht zu vermeiden.[425] Die Praxis zeigt allerdings, dass auch Juristen, insbesondere die Kritischen von ihnen, sehr gute Journalisten sein

423 Deutscher Fachjournalisten-Verband, FAQ, abrufbar unter: http://www.presseausweis.de/faq/wer_stellt_presseausweise_aus.html (abgerufen am 29.08.2017).

424 Deutscher Fachjournalisten-Verband, FAQ (Fn. 423).

425 Höbermann in *Gerichtsreporter*, S. 31.

können.[426] Die fachliche Kompetenz darf auf der anderen Seite jedoch nicht zu „blutleeren Berichten“ führen, die zwar in der Sache richtig sind, die – abgesehen vom Fachpublikum – allerdings von niemanden mehr gelesen werden.[427] Ohne eine attraktive Gestaltung der Berichterstattung vermag daher auch die interessanteste Neuigkeit an Vermittlungskraft zu verlieren.[428] Es ist daher – wie so oft – ein gewisses Mittelmaß zu finden, genauer gesagt eine attraktive und zugleich informierende Berichterstattung.

Trotz zahlreicher Defizite in der Gerichtsberichtserstattung muss auf der anderen Seite jedoch angemerkt werden, dass es viele Journalisten gibt, die „ihr Handwerk“ verstehen und mit ihrer Arbeit einen wichtigen Beitrag leisten. Dies umfasst, dass sie nicht nur bei diversen Gerichtsverhandlungen anwesend sind und über deren Inhalte informieren, sondern zugleich die Befähigung und die Muse haben, gerichtliche Entscheidungen und Geschehnisse – auch im Falle einer konträren Auffassung der Öffentlichkeit – vor Gericht kritisch zu hinterfragen. Dieses „Ideal“ von Berichterstattung gilt es – nicht nur von Seiten der Justiz – zu bewahren und darüber hinaus nach Möglichkeit zu stärken.

6. Der Zeitdruck der Medien

In Zeiten einer globalisierten Welt, in der über Geschehnisse auf der gesamten Welt innerhalb kürzester Zeit berichtet werden kann, in der Nachrichten mittels Smartphones, Tablets etc. innerhalb kürzester Zeit abgerufen werden können, sind nicht nur die Möglichkeiten der Medien enorm gestiegen, sondern zugleich auch der Druck, der auf ihnen lastet. Mehr noch als es früher der Fall war, müssen Nachrichten dem Rezipienten nun zügig zur Verfügung gestellt werden. War es früher noch so, dass bei Tageszeitungen bestimmte Artikel bis zum Redaktionsschluss fertiggestellt werden mussten, wollte man sie am darauffolgenden Tag in gedruckter Form veröffentlichen, so geht es heutzutage auch darum, aktuelle Nachrichten im Internet zu publizieren.

Nach der Beendigung einer für die Medien bedeutsamen Sitzung geht es im Wesentlichen darum, die erlebten Eindrücke und Informationen zeitnah an die Rezipienten übermitteln zu können. Ein größeres Zeitfenster für die Bearbeitung des Beitrags bleibt dem jeweiligen Journalisten in der Regel nicht. Der bestehende Zeitdruck kann sich daher ohne Weiteres negativ auf die Qualität des späteren Produktes auswirken. Die seit Jahren anhaltenden sinkenden Auflagenzahlen

---

426 Höbermann in *Gerichtsreporter*, S. 31.

427 Arenhövel, ZRP 2004, 61, 62.

428 Bamberger, ZUM 2001, 373, 378.

der Tageszeitungen, der Bedeutungsverlust des (klassischen) Fernsehens und den damit einhergehenden sinkenden Einschaltquoten der Fernsehanstalten, haben des Weiteren vielerlei Einsparungen zur Folge.

Die Anwesenheit des Gerichtsreporters an jedem einzelnen Verhandlungstag eines mitunter langwierigen Prozesses stellt, unter dem Gesichtspunkt der gegebenen Produktionsbedingungen, insbesondere der Tagespresse, eher eine Ausnahme dar.[429] Geht es um eine nachrichtlich ausgerichtete Berichterstattung, widmet man sich daher den wesentlichen Abschnitten des Prozesses, d. h. der Eröffnung der Hauptverhandlung, der Verlesung der Anklageschrift, der Äußerung des Angeklagten zum Tatvorwurf, der Vernehmung bedeutender Zeugen, der Erstattung der Gutachten, den Plädoyers der Verfahrensbeteiligten, dem Schlusswort des Angeklagten und schließlich der Urteilsverkündung mit der einhergehenden Begründung.[430]

7. Vermittlung juristischer Inhalte durch die Medien

Dies führt zu der grundlegenden Frage, inwiefern juristische Inhalte dem Laien eigentlich vermittelbar sind. Eine große Anzahl an Informationen „müssen" der Einfachheit halber von dem jeweiligen Berichterstatter gekürzt werden. Viele juristische Entscheidungen lassen sich ohne eine weitergehende Vertiefung der Problemlage hingegen nur bedingt nachvollziehen. Ohne gewisse juristische Vorkenntnisse sind viele Gerichtsentscheidungen für den Laien gerade nicht (durchweg) verständlich. Erschwerend kommt hinzu, dass mitunter komplexe juristische Sachverhalte von den Medien oftmals stark vereinfacht wiedergegeben werden. Was also die Vermittlung juristischer Vorgänge durch die Medien anbelangt, so stößt diese oftmals an ihre Grenzen.

Die begrenzte Möglichkeit der medialen Vermittlung ist gewiss kein Problem, welches nur der Berichterstattung über Gerichtsverfahren innewohnt, sondern besteht ebenfalls bei anderen komplexen Thematiken. Gerade, wenn es aber um das Thema Recht geht, so sind die Vorkenntnisse vieler im Vergleich zu anderen Themen wie Physik oder Geschichte äußerst gering, da Rechtskunde in der schulischen Ausbildung nur eine untergeordnete Rolle spielt.[431] Berichterstattungen über intellektuell anspruchsvolle Themen werden aber stets einen gewissen Anteil an Komplexität verlieren müssen, sofern man bei einer breiten Öffentlichkeit

429 Leppert in *Gerichtsreporter*, S. 82.

430 Leppert in *Gerichtsreporter*, S. 82.

431 Hassemer in *Strafrecht in der Mediengesellschaft*, S. 20.

Interesse wecken will. Wird die Komplexität hingegen aufrechterhalten, so richtet sich der Inhalt dann vielmehr an ein (begrenztes) Fachpublikum.

Gerade Beiträge der Boulevardpresse[432] sind es jedoch, die qualitativ hochwertige Prozessberichte vermehrt vermissen lassen. Oft mangelt es an einer fundierten Auseinandersetzung mit dieser Thematik. Ausführliche Artikel stellen ferner die Ausnahme dar, bevorzugt werden vielmehr Artikel in kompaktem Format.[433] Dazu kommt, dass der Schwerpunkt vermehrt auf die Unterhaltung des Lesers gelegt wird. Die Boulevardpresse vermag daher nur äußerst eingeschränkt als Vermittler juristischer Inhalte zu dienen, sind ihre Ziele doch meistens different.

Die Vermittlung juristischer Inhalte obliegt indessen nicht ausschließlich den Medien. Es liegt ebenso im Verantwortungsbereich der Justiz, ihre Inhalte der Bevölkerung verständlich zu machen. Die Presseabteilungen der Gerichte müssen ihre Entscheidungen daher verständlich übermitteln.[434] Eine Gerichtsbarkeit, welche es nicht schafft, sich den Medien verständlich zu erklären, wird nicht nur in naher Zukunft Schwierigkeiten haben, sondern ebenfalls Probleme erzeugen.[435] Auskünfte der jeweiligen Pressestellen der Gerichte bilden oftmals den Ausgangspunkt für weitere Berichterstattungen der Medien, sodass sie ohne Weiteres als wichtige Schnittstellen zwischen der Justiz und den Medien angesehen werden können. Von Bedeutung ist insofern ebenso eine effektive Zusammenarbeit zwischen den Pressestellen der Gerichte und den berichtenden Medien.

8. Gefahr der Instrumentalisierung

a) Litigation-PR

Litigation-PR, d. h. die prozessbegleitende Zusammenarbeit mit den Medien, hat in den letzten Jahren vermehrt an Bedeutung gewonnen und wird sich zukünftig noch weiter etablieren.[436] Gerade, wenn sich z. B. größere Unternehmen oder prominente Persönlichkeiten vor Gericht verantworten müssen oder selbst den Weg zum Gericht eingeschlagen haben, kommt der Öffentlichkeitsarbeit eine erhebliche Bedeutung zu. Es geht heutzutage nicht mehr nur darum vor Gericht,

---

432 Eine ausführliche Darstellung und Charakterisierung bestimmter Boulevardzeitungen findet sich etwa bei Wiesinger, *Boulevardzeitungen im crossmedialen Vergleich*, S. 86 ff.

433 Vgl. Wiesinger, *Boulevardzeitungen im crossmedialen Vergleich*, S. 134 f., 192 f.

434 Vgl. Hassemer in *Strafrecht in der Mediengesellschaft*, S. 22.

435 Hassemer, ZRP 2013, 149.

436 So gibt es mittlerweile Agenturen, die sich spezielle auf Litigation-PR spezialisiert haben.

sondern auch vor der Öffentlichkeit zu obsiegen. Denn oftmals ist das Urteil des Richters different mit dem der Öffentlichkeit.[437] Ein Freispruch vor Gericht kann für den jeweiligen Betroffenen erheblich an Bedeutung verlieren, wenn die Öffentlichkeit, d.h. die Bevölkerung außerhalb des Gerichtssaals, ein anderes Bild von ihm hegt.[438] Vom Publikum wird daher nicht nur strafbares, sondern moralisch fragwürdiges Verhalten gewichtet.[439] Es gilt also den „guten Ruf" zu verteidigen und potenziellen Imageschäden vorzubeugen. Angenommen, es käme durch den Gesetzgeber zu einer vollständigen Aufhebung des § 169 S. 2 GVG, so würde – wenn z. B. die gesamte mündliche Verhandlung im Fernsehen übertragen werden könnte – Litigation-PR wohl noch einmal deutlich an Bedeutung gewinnen.

b) Instrumentalisierung von Journalisten

Für Gerichtsreporter besteht die Gefahr, von Beteiligten des Verfahrens bewusst für ihre Zwecke instrumentalisiert zu werden. Medienerfahrene Prozessbeteiligte wie z. B. Staats- oder Rechtsanwälte versuchen daher durchaus, die Vertreter der Medien bewusst für ihre Zwecke zu instrumentalisieren.[440] Wenn es darum geht Informationen über einen mitunter komplexen Fall zu erhalten, machen manche Verteidiger sich das mangelnde Know-how, die fehlende juristische Erfahrung, sowie den bestehenden Zeitdruck des nachfragenden Journalisten zu Nutze, um PR zu betreiben.[441] Ziel der Instrumentalisierung durch den Verteidiger könnte sein, für den Angeklagten Verständnis oder Mitleid zu erwecken oder die mediale Präsenz schlichtweg für die Akquirierung neuer Mandate zu nutzen.[442] Gerade bei medienintensiven Verfahren besteht für den Verteidiger die Möglichkeit, „sich einen Namen zu machen" und sich entsprechend vor den Medien zu präsentieren. Dennoch muss gesagt werden, dass die Verteidiger alles in allem im Umgang mit den Journalisten einen doch eher vorsichtigen Umgang

---

437 Holzinger/Wolff, *Im Namen der Öffentlichkeit*, S. 18.

438 Vgl. Jahn/Gerhardt, ZRP 2016, 155, 156.

439 Herzog, Öffentlichkeits- und Medienarbeit des Strafverteidigers, S. 28.

440 Vgl. Gerhardt in *Die Öffentlichkeit als Richter?*, S. 178; Rückert, StV 2012, 378; Holzinger/Wolff, *Im Namen der Öffentlichkeit*, S. 139; Friedrichsen in *Die Öffentlichkeit als Richter?*, S. 58; dies., StV 2005, 169, 170; Freuding, ZRP 2010, 159, 160; Herzog, Öffentlichkeits- und Medienarbeit des Strafverteidigers, S. 75; Koppenhöfer in Holzinger/Wolff, *Im Namen der Öffentlichkeit*, S. 90; Wickern in *Löwe-Rosenberg*, Vor § 169 GVG, Rn. 18.

441 Holzinger/Wolff, *Im Namen der Öffentlichkeit*, S. 139.

442 Freuding, ZRP 2010, 159, 160.

hegen.[443] Gerade Berufsanfänger gehen oftmals den Medien aufgrund großer Unsicherheiten aus dem Weg.[444]

Der kommunikative Austausch mit anderen Menschen nimmt einen wesentlichen Teil der Berichterstattungstätigkeit ein. Versuche der Vereinnahmung stellen daher ein latentes Berufsrisiko eines jeden Reporters dar, dessen er sich letzten Endes nur anhand von Wissen auf dem jeweiligen Gebiet erwehren kann, um berechtigte Anliegen im Zuge von berufsbedingten Manipulationsversuchen von unberechtigten Interessen unterscheiden zu können.[445] Erfahrene Journalisten wissen, dass Rechts- und Staatsanwälte stets darum bemüht sind, die öffentliche Meinung für sich zu beanspruchen und können daher damit umgehen.[446] Bei unerfahrenen Journalisten besteht allerdings die Gefahr, dass die spätere Berichterstattung aufgrund von Einlassungen mit Verfahrensbeteiligten falsche Tatsachen beinhaltet und das allgemeine Verfahrensklima nachhaltig beeinträchtigt sein könnte. Ferner ist daran zu denken, dass bspw. eine zunächst geforderte Vernehmung eines Zeugen vom Gericht aus guten Gründen abgelehnt wird, dessen Aussagen allerdings von der Presse durch die prozessuale Hintertür verbreitet werden.[447] Die bloße Übernahme von Informationen – sei es z. B. aus reiner Bequemlichkeit des Journalisten – ist demnach nicht zielführend und genügt keinesfalls den Anforderungen an eine souveräne und kritische Berichterstattung.

c) Instrumentalisierung der Verfahrensbeteiligten durch die Medienvertreter

Die Gefahr einer Instrumentalisierung besteht natürlich ebenso in diametraler Art und Weise, wenn nämlich die Medienvertreter versuchen Einfluss auf Prozessbeteiligte zu nehmen, um ihre Interessen durchzusetzen. Es kommt auch vor, dass gegen eine hohe Geldsumme Informationen von Verfahrensbeteiligten exklusiv an ein Presseorgan weitergeben werden, um teilweise aus den Erlösen die Kosten der Verteidigung tragen zu können.[448] Von einem souveränen Gerichtsreporter wird indessen zu fordern sein, dass er seinen journalistischen Tätigkeiten frei nachgeht und sich seiner Verantwortung als Beobachter der Justiz bewusst ist.

---

443 Gerhardt in *Die Öffentlichkeit als Richter?*, S. 178.
444 Friedrichsen, ZRP 2010, 263.
445 Rückert, StV 2012, 378 f.
446 Friedrichsen/Gerhardt, ZRP 2015, 187, 188.
447 Leppert in *Gerichtsreporter*, S. 81.
448 Wickern in *Löwe-Rosenberg*, Vor § 169 GVG, Rn. 18.

Die Tatsache, dass sich Medienvertreter aus Zeitgründen und/oder mangelndem Know-how das Wissen der Prozessbeteiligten zu Nutzen machen wollen, ist zugleich eine negative Folge des Sparzwangs vieler Institutionen. Gerade die Informationsbeschaffung anhand der Prozessbeteiligten scheint für Journalisten lukrativ zu sein, denn der Fortgang von Prozessen kann sich ohne Weiteres über mehrere Monate hinziehen; aufgrund des Sparzwangs der Medien ist daher nicht immer die Anwesenheit eines Reporters gewährleistet. So betrug in Deutschland bspw. im Jahre 2013 die durchschnittliche Dauer je Verfahren (durch Urteil erledigte Verfahren in erster Instanz) vor den Landgerichten 6,9 Monate[449], im Jahre 2015 waren es durchschnittlich 7,5 Monate[450].

IV. Zum Einfluss der Medien auf Prozessbeteiligte

Damit ist der mögliche Einfluss der Medien auf Prozessbeteiligte angesprochen. Sofern es um Einflüsse der Medien auf die Protagonisten der Berichterstattung geht, spricht man von sog. reziproken Effekten[451].[452] Wesentliche Ursachen der reziproken Effekte sind die sich von der Masse der Beobachter zu unterscheidende Betroffenheit, der Informationsstand und die spezifische Sichtweise der Protagonisten der Berichterstattung.[453] *Dass* es eine gewisse Wechselwirkung zwischen den Medien und den Prozessbeteiligten gibt, wird heutzutage kaum noch ernsthaft bestritten.[454] Richter, Staatsanwälte, Verteidiger etc. nehmen natürlich die Tätigkeiten der Medien wahr. Eine vollkommende Abschottung gegenüber den Medien ist kaum möglich und letztendlich nicht sinnvoll.

Bedeutsamer ist jedoch die Frage, *inwieweit* die Medien einen Einfluss auf die Prozessbeteiligten ausüben. Vor allem die Frage, inwieweit die Medien einen Einfluss auf die richterliche Entscheidungsfindung haben, stellt sich als höchst brisant dar. Dies en détail zu beantworten ist jedoch nicht ohne Weiteres

---

449 Statistisches Bundesamt, Strafgerichte 2013, S. 76, abrufbar unter: https://www.destatis.de/DE/Publikationen/Thematisch/Rechtspflege/GerichtePersonal/Strafgerichte2100230137004.pdf?__blob=publicationFile (abgerufen am 01.09.2017).

450 Statistisches Bundesamt, Strafgerichte 2015, S. 76, abrufbar unter: https://www.destatis.de/DE/Publikationen/Thematisch/Rechtspflege/GerichtePersonal/Strafgerichte2100230157004.pdf?__blob=publicationFile (abgerufen am 01.09.2017).

451 Vgl. dazu Kepplinger, IJPP 2007, 3 ff.

452 Kepplinger in *Die Öffentlichkeit als Richter?*, S. 155.

453 Kepplinger in *Die Öffentlichkeit als Richter?*, S. 155.

454 Man gewinnt im Zuge der Literaturrecherche gar den Eindruck, dass die Wechselwirkung zwischen den Medien und den Prozessbeteiligten als evident wahrgenommen wird.

möglich, da es sich immer noch um ein wenig erschlossenes Gebiet handelt und eine mögliche Beeinflussung nicht konkret messbar zu machen ist.

1. Zur richterlichen Unabhängigkeit

Wenn es um mögliche Einflüsse der Medien auf das Strafverfahren geht, dann spielt die Wahrung der richterlichen Unabhängigkeit eine entscheidende Rolle. Die richterliche Unabhängigkeit ist dabei keinesfalls als Privileg des Richters zu qualifizieren, sie wird ihm lediglich zugebilligt, „damit [er] frei von Zudringlichkeiten von außen in seiner ausschließlichen Unterworfenheit unter Recht und Gesetz in Selbstverantwortung und in Anspannung seines Gewissens das rechtlich richtige Urteil finde".[455] Die sachliche Unabhängigkeit des Richters ist in Art. 97 I GG normiert, die persönliche Unabhängigkeit in Art. 97 II GG. Nach Art. 97 I GG sind Richter unabhängig und nur dem Gesetze unterworfen. Die sachliche Unabhängigkeit schützt den Richter somit verfassungsrechtlich gegen jederlei Weisungen.[456]

Von wesentlicher Bedeutung ist ferner die sog. innere Unabhängigkeit des Richters. Zum Teil wird vertreten, dass sich die Pflicht des Richters zur inneren Unabhängigkeit, d. h. die Pflicht zur Unparteilichkeit und Sachlichkeit im Rahmen seiner beruflichen Tätigkeit, aus Art. 97 I GG ergibt.[457] Nach anderer Auffassung ist Art. 97 I GG jedoch ausschließlich eine Schutznorm zugunsten des Richters.[458] Die Pflicht zur inneren Unabhängigkeit ergebe sich vielmehr aus dem einfachen Recht.[459] Für die innere Unabhängigkeit des Richters kann hingegen weder die Verfassung noch das Gesetz bürgen.[460] Sie ist ein Baustein der auf Gewohnheit oder Anstand fußenden „Richterethik".[461] Erforderlich ist somit stets die persönliche Anstrengung des Richters, sich gegen etwaige Einflüsse, welche seine Unabhängigkeit nachhaltig erschüttern könnten, zu erwehren. Geht es um die innere Unabhängigkeit des Richters, so stellt die stärkste Beeinträchtigung jedoch die innere Abhängigkeit dar, welche zu Tage gebracht und dem Richter bewusst gemacht werden muss.[462] Die kritische Selbstreflexion des Richters ist zur Wahrung seiner Unabhängigkeit daher unabdingbar.

---

455 Geiger, DRiZ 1979, 65, 66.
456 Staats, *DRiG-Kom.*, § 25 DRiG, Rn. 3.
457 So etwa Gilles, DRiZ 1983, 41, 44.
458 Fangmann, AuR 1985, 7, 9; vgl. Staats, *DRiG-Kom.*, § 25 DRiG, Rn. 8.
459 Staats, *DRiG-Kom.*, § 25 DRiG, Rn. 8.
460 Papier, NJW 2001, 1089, 1091.
461 Staats, *DRiG-Kom.*, § 25 DRiG, Rn. 8.
462 Pohl, *Praxis des Strafrichters*, S. 3.

2. Mögliche Einflüsse der Medien

Im Folgenden soll zu den möglichen Einflüssen der Medien auf das Klima im Gerichtssaal, der Strafzumessung und der Schuld Stellung genommen werden.

a) Klima im Gerichtssaal

Nach fast einhelliger Aussage befragter Richter und Staatsanwälte haben Medienberichte einen Einfluss auf die Atmosphäre bzw. das Klima im Gerichtssaal.[463] Die Medien können ohne Weiteres die Atmosphäre im Gerichtssaal regelrecht „vergiften".[464] Allein die bloße Anwesenheit von Journalisten während der Verhandlung beeinflusst das Klima im Gerichtssaal.[465] Gerade, wenn es bekanntere Vertreter der Medien sind, wie z. B. Gerichtsreporter von bedeutenden Leitmedien, kann es zu einer solchen Beeinflussung von Verfahrensbeteiligten kommen. Sofern ein Journalist der Verhandlung beiwohnt, lassen sich dann oftmals Veränderungen des Verhaltens der Prozessbeteiligten wie Richtern, Staatsanwälten, Verteidigern oder Angeklagten beobachten. Manches Plädoyer wird dann äußerlich sichtbar mit konstantem Blickkontakt zu den Vertretern der Presse gehalten.[466] Mit der Zahl der Pressevertreter im Gerichtssaal steigt zudem die Summe der Wortmeldungen.[467] Es geht nicht selten darum, sich vor der (Medien-)Öffentlichkeit zu profilieren. Das gilt des Öfteren für die Verteidiger, die aufgrund der Anwesenheit der Presse wiederum die Chance für Eigenwerbung sehen könnten oder ihren Mandanten in das rechte Licht rücken möchten, um dessen Image vor der Öffentlichkeit zu stabilisieren oder gar zu verbessern. Es sind allerdings ebenso die Staatsanwälte, die – da sie im Gegensatz zu Richtern weisungsgebunden sind (vgl. § 146 GVG) – unter Umständen nicht nur den Erwartungen ihres Vorgesetzten entsprechen wollen, sondern ebenfalls ein besonderes Interesse an dem Ruf der Staatsanwaltschaft in der Öffentlichkeit haben könnten. Bei letzterem geht es vor allem um das Verständnis und den Rückhalt für die Arbeit der Staatsanwaltschaft innerhalb der Bevölkerung.

Auch Richter sind nicht gefeit vor möglichen Wechselwirkungen im Zuge anwesender Medienvertreter. Die bloße Anwesenheit von Journalisten im Gerichtssaal kann durchaus Auswirkungen auf die Wortwahl des Vorsitzenden

463 Kepplinger in *Die Öffentlichkeit als Richter?*, S. 164.
464 Friedrichsen in *Die Öffentlichkeit als Richter?*, S. 52 f.
465 Gerhardt in *Die Öffentlichkeit als Richter?*, S. 176 f.
466 Koppenhöfer in Holzinger/Wolff, *Im Namen der Öffentlichkeit*, S. 92; dies. in *Die Öffentlichkeit als Richter?*, S. 62.
467 Koppenhöfer in Holzinger/Wolff, *Im Namen der Öffentlichkeit*, S. 92.

haben. Griffige Formulierungen, ironische, sarkastische oder auch zynische Bemerkungen des Vorsitzenden sind bei den Medien insofern sehr beliebt.[468] *Ulrich Chudoba*, damals Vorsitzender im sog. „Pascal-Prozess" vor dem Landgericht Saarbrücken, ließ sich in der Hauptverhandlung in – oder vielleicht auch wegen – der Anwesenheit zahlreicher Medienvertreter zu der – wie er selbst findet – deplatzierten Äußerung hinreißen: „Herr Rechtsanwalt, ich werde das Einkaufszentrum nicht abreißen lassen, um dort nach Pascal zu suchen, aber wenn Sie selbst dort buddeln wollen, diese Woche sind Schaufeln bei Aldi im Angebot."[469]

Richter, die vor zahlreichen Vertretern der Medien ihrem Beruf in der öffentlichen Hauptverhandlung nachgehen, werden sich also nicht selten durchaus über ihre Wortwahl Gedanken machen („müssen") und manche Formulierungen in Hinblick auf die anstehenden Erzeugnisse der Presse, des Fernsehens oder des Rundfunks überdenken. Dass sich der Richter ggf. über die passende Wortwahl Gedanken macht, ist hingegen nicht ausschließlich auf die Anwesenheit der Medienvertreter zurückzuführen, sondern wäre wohl bei anwesenden Zuhörern, welche ohne professionellen Hintergrund der Verhandlung beiwohnen möchten, ebenfalls – wenn auch unter Umständen in abgeschwächter Form – gegeben.

b) Strafzumessung

Nach Ansicht befragter Richter (25%) und Staatsanwälte (37%) wirken sich die Medienberichte auf die Höhe der Strafe, also auf die Strafzumessung aus.[470] Die Erwartungen der Medien bzw. der Öffentlichkeit, genauer gesagt das Strafbedürfnis, kann sich also durchaus in der Höhe der Strafe niederschlagen. Immerhin gaben 48% der befragten Richter an, dass sie – zumindest ein wenig – an die Akzeptanz ihres Urteils in der Öffentlichkeit nachgedacht haben.[471] Demgegenüber gaben 39% der interviewten Staatsanwälte an, dass sie – ebenfalls ein wenig – bei ihrer Befragung und/oder ihrem Strafantrag über das Echo der Öffentlichkeit reflektiert haben.[472] Gerade wenn es um die Strafzumessung geht, spielen indessen zahlreiche Faktoren eine Rolle. So mag es vorkommen, dass einige Richter die Anwesenheit einer ausnahmsweise größeren Anzahl von Zuhörern zum Anlass

468 Chudoba in *Die Unabhängigkeit des Richters*, S. 61.
469 Chudoba in *Die Unabhängigkeit des Richters*, S. 61.
470 Kepplinger in *Die Öffentlichkeit als Richter?*, S. 164; so auch Chudoba in *Die Unabhängigkeit des Richters*, S. 61; vgl. auch Hirsch, ZRP 2000, 536.
471 Kepplinger in *Die Öffentlichkeit als Richter?*, S. 165.
472 Kepplinger in *Die Öffentlichkeit als Richter?*, S. 165.

nehmen, das Strafmaß im Gegensatz zu anderen Verhandlungen zu erhöhen.[473] Die Strafzumessung zeichnet sich gerade dadurch aus, dass sie immer irrational und nur sehr eingeschränkt als richtig oder falsch eingestuft werden kann und bei den zum Teil weit gefassten Strafrahmen des StGB im Zuge der Festsetzung einer Sanktion die persönlichen Überzeugungen, ideologischen Ausrichtungen und allgemeine Vorurteile des Richters stets mitspielen dürften.[474] Ferner sehen 20% der befragten Richter und 30% der Staatsanwälte einen entscheidenden Einfluss der Medienberichte auf die Bewilligung einer Bewährung.[475]

c) Schuld

Geht es um die Schuldfrage, so sehen nur äußert wenige der befragten Richter (3%) und Staatsanwälte (9%) einen möglichen Einfluss durch die Gerichtsberichterstattung.[476] Dies dürfte damit zusammenhängen, dass für die Schuldfrage die Beweislage maßgebend ist und sich somit der Kern des Verfahrens als größtenteils resistent erweist.[477] Etwaige mediale Einflüsse auf die Schuldfrage würden eine schwerwiegende Tangierung der richterlichen (inneren) Unabhängigkeit darstellen und folglich einen nach rechtsstaatlichen Maßstäben nicht hinnehmbaren Einfluss auf die Arbeit der Justiz ausdrücken. Daher sollten bereits bei der Einstellung von Richtern nicht nur formelle Kriterien wie gute Noten oder positive Beurteilungen von Ausbildungsstationen im Vordergrund stehen, sondern vermehrt auf Persönlichkeitsstrukturen Rücksicht genommen werden.[478]

---

473 Fromm, NJOZ 2015, 1193, 1196.

474 Chudoba in *Die Unabhängigkeit des Richters*, S. 62 f.

475 Kepplinger in *Die Öffentlichkeit als Richter?*, S. 164.

476 Kepplinger in *Die Öffentlichkeit als Richter?*, S. 164; vgl. auch Hirsch, ZRP 2000, 536.

477 Kepplinger in *Die Öffentlichkeit als Richter?*, S. 164.

478 Lansnicker, *Richteramt in Deutschland*, S. 98; vgl. auch Sendler, NJW 1983, 1449, 1453.

F. Videoübertragung der Verhandlung in einen anderen Gerichtsraum

Im sicherlich großen Themenkomplex „Öffentlichkeit der Hauptverhandlung" ging es in den letzten Jahren vor allem um die Frage, ob im Falle des Nichtausreichens der Zuhörerplätze die Verhandlung per Videoübertragung in einen weiteren Saal oder auch Raum übertragen werden könnte, um damit noch mehr Personen die Teilhabe an der Verhandlung zu ermöglichen. In den folgenden Ausführungen soll es um eine tiefer gehende Auseinandersetzung mit dieser Thematik gehen.

I. Der NSU-Prozess als Auslöser der Debatte

Wirft man den Blick zurück in die jüngere Vergangenheit, so war ein ganz bestimmter Prozess in der hiesigen Rechtsgemeinschaft von erheblicher Bedeutung für diese Diskussion. Mitglieder der rechtsradikalen terroristischen Vereinigung „Nationalsozialistischer Untergrund" (kurz: NSU) sollen vermutlich über Jahre hinweg unbehelligt zahlreiche Anschläge und Morde in Deutschland verübt haben; seit dem 06.05.2013 müssen sich daher *Beate Zschäpe* sowie vier weitere Personen vor dem Oberlandesgericht München verantworten.[479]

Das Interesse der Medien an diesem (Sensations-)Prozess war äußerst groß. Der Verhandlungssaal „Saal A 101" des Oberlandesgerichtes München bot – wenngleich er der größte Verhandlungssaal der Münchner Justiz ist[480] – nicht ansatzweise diejenige Kapazität, die für die potentielle Zuhörerschaft notwendig gewesen wäre. Das Akkreditierungsverfahren für Medienvertreter wurde zunächst nach dem sog. Prioritätsprinzip, d. h. in der Reihenfolge nach der die Akkreditierungsbegehren Eingang finden, durchgeführt.[481] Durch die Verfügung vom 22.03.2013 wurde die Zahl der für Medienvertreter reservierten Plätze auf

479 SPIEGEL ONLINE v. 06.05.2013, abrufbar unter: http://www.spiegel.de/panorama/justiz/nsu-prozess-vor-oberlandesgericht-muenchen-hat-begonnen-a-898272.html (abgerufen am 14.07.2017).

480 Sundermann, ZEIT ONLINE v. 09.05.2013, abrufbar unter: http://www.zeit.de/gesellschaft/zeitgeschehen/2013-05/nsu-prozess-gerichtssaal (abgerufen am 16.08.2017).

481 Siehe Sitzungspolizeiliche Verfügung d. OLG München v. 04.03.2013, Az.: 6 St 3/12, S. 6, abrufbar unter: http://www.recht-politik.de/wp-content/uploads/2013/04/Verf%C3%BCgung-des-Vorsitzenden-des-6.-Strafsenats-des-Oberlandesgerichts-M%C3%BCnchen-vom-04.03.2013.pdf (abgerufen am 10.08.2017).

50 festgelegt.[482] Insgesamt begehrten jedoch 123 Medien und Medienvertreter eine Akkreditierung; unter den von dem OLG berücksichtigten Akkreditierungen (mit der Berechtigung auf einen Sitzplatz im Verhandlungssaal) befanden sich allerdings keine türkischen Medien, obgleich es türkischstämmige Tatopfer gab und sich insgesamt neun türkische Medien um eine Akkreditierung bemühten.[483] Im Zuge der einstweiligen Anordnung durch das Bundesverfassungsgericht[484] wurde dem Vorsitzenden des OLG sodann aufgegeben, eine adäquate Anzahl an Sitzplätzen an ausländische Medien, welche einen besonderen Bezug zu den Tatopfern aufweisen, nach einem von ihm festgelegten Verfahren, zuzuteilen[485]. Mit der Verfügung des OLG vom 19.04.2013 wurde dann ein neues Akkreditierungsverfahren festgesetzt, die Zuteilung der für Medienvertreter reservierten Plätze erfolgte sodann nach dem Losverfahren, für ausländische Medien wurde eine entsprechende Anzahl an Sitzplätzen reserviert.[486]

Schnell wurde auch der Ruf nach einer Möglichkeit der Teilhabe zusätzlicher Medienvertreter in Form der gerichtsinternen Übertragung in einen Nebenraum laut.[487] In einem offenen Brief schrieben die Journalisten der Justizpressekonferenz Karlsruhe e. V. an den Vorsitzenden Richter *Manfred Götzl*, dass sie nicht nur von der rechtlichen Zulässigkeit eines solchen Vorhabens ausgehen, sondern auch von deren Notwendigkeit überzeugt sind.[488] Das OLG kam dieser Aufforderungen hingegen nicht nach. Hätte indes das OLG diese Übertragung der Verhandlung in einen Nebenraum wirklich anordnen können? Es wäre – nach Meinung vieler Juristen – schon im Hinblick auf revisionsrechtliche Gesichtspunkte eine mutige Entscheidung gewesen.[489] Insgesamt kann aber festgehalten werden, dass der NSU-Prozess ohne Weiteres als Auslöser der Debatte

482 BVerfG NJW 2013, 1293 f.

483 BVerfG NJW 2013, 1293, 1294.

484 BVerfG NJW 2013, 1293.

485 BVerfG NJW 2013, 1293, 1295.

486 Verfügung des OLG München v. 19.04.2013, Az.: 6 St 3/12, S. 1 ff., abrufbar unter: https://www.tagesschau.de/inland/nsu-olg100.pdf (abgerufen am 14.07.2017).

487 So befürwortete u. a. auch Altkanzler *Helmut Schmidt* ein solches Vorhaben, Tretbar, Der Tagesspiegel v. 03.05.2013, abrufbar unter: http://www.tagesspiegel.de/politik/nsu-prozess-kommt-die-videouebertragung-im-gerichtssaal/8158066.html (abgerufen am 16.08.2017).

488 Offener Brief d. Justizpressekonferenz Karlsruhe e. V. an den Vorsitzenden Richter Manfred Götzl in Schmidt, SWR v. 03.04.2013, im Wortlaut abrufbar unter: http://www.swr.de/blog/terrorismus/2013/04/03/justizjournalisten-schreiben-dem-olg-munchen/ (abgerufen am 19.09.2017).

489 So etwa Fölster, NK 2014, 154, 158.

betrachtet werden kann. Dabei ist das „Phänomen“ der mangelnden Zuhörerplätze sicherlich kein Neues. Der NSU-Prozess hat die Debatte hinsichtlich einer Videoübertragung der Verhandlung aber deutlich angetrieben und sollte über einen längeren Zeitraum vermehrt zum Gegenstand des rechtspolitischen Diskurses in Deutschland werden.

II. Welche Reaktionen sollten folgen?

Die Fraktion der SPD forderte im Juni 2013 anhand eines Antrages die Bundesregierung dazu auf, einen Gesetzesentwurf für die Ermöglichung einer Videoübertragung von öffentlichen Gerichtsverhandlungen in allen Gerichtsbarkeiten zu ermöglichen.[490] Letzten Endes blieb es jedoch dabei, die Bundesregierung legte keinen entsprechenden Gesetzesentwurf vor. Beate Merk – ehemals Bayrische Staatsministerin der Justiz und für Verbraucherschutz – forderte eine begrenzte Erweiterung der Öffentlichkeit und legte daher zur Justizministerkonferenz am 12./13. Juni 2013 in Perl-Nennig einen entsprechenden Diskussionsentwurf zur Änderung des § 169 GVG vor.[491] Als Konsequenz aus dem NSU-Prozess erwog im September 2013 auch der damalige Präsident des Müncheners Oberlandesgerichts *Karl Huber* eine Gesetzesänderung, einschließlich der Schaffung der gesetzlichen Voraussetzungen für eine gerichtsinterne Videoübertragung.[492] Die Bundesrechtsanwaltskammer (BRAK) gab hinsichtlich der Reformüberlegungen zur Videoübertagung der Hauptverhandlung eine entsprechende Stellungnahme ab[493], in der sich jedoch gegen ein solches Vorhaben ausgesprochen wurde[494].

Die Meinungen aus dem Bereich der Rechtswissenschaft bezüglich des Für und Wider einer gerichtsinternen Videoübertragung der Verhandlung gehen indes auseinander.[495] Von der Option einer Übertragung der Verhandlung in

---

490 BT-Drucks. 17/13891; siehe auch Dt. Bundestag, Stenografischer Bericht, Plenarprotokoll 17/246, S. 31619 ff.

491 Merk, DRiZ 2013, 234, 235.

492 Schultz, SZ v. 04.09.2013, abrufbar unter: http://www.sueddeutsche.de/politik/lehren-aus-nsu-prozess-olg-praesident-erwaegt-videouebertragung-1.1761664 (abgerufen am 16.08.2017).

493 BRAK, Stellungnahme Nr. 45/2014, abrufbar unter: http://www.brak.de/zur-rechtspolitik/stellungnahmen-pdf/stellungnahmen-deutschland/2014/november/stellungnahme-der-brak-2014-45.pdf (abgerufen am 01.09.2017).

494 Dazu BRAK, Stellungnahme Nr. 45/2014 (Fn. 493), S. 4 ff.

495 Für eine solche Videoübertragung bspw. Fölster, NK 2014, 154, 158 f.; Merk, DRiZ 2013, 234 f; Kutschaty/Gerhardt, ZRP 2013, 219; Roxin in Bubrowski, FAZ v.

einen Nebenraum wird allerdings – zumindest in wenigen Einzelfällen – bereits jetzt Gebrauch gemacht.[496] Insgesamt betrachtet scheint sich jedoch innerhalb der deutschen Justiz eine h. M. *gegen* ein solches Vorhaben gefunden zu haben.[497]

III. Der Breivik-Prozess als positives Vorbild?

Geht es um die Frage, ob eine Ausweitung der Öffentlichkeit sinnvoll wäre, so könnte ein Blick auf andere europäische Nachbarländer weitere Erkenntnisse liefern. Im Folgenden soll es daher um den Prozess gegen den Attentäter *Anders Behring Breivik* im Jahre 2012 in Norwegen und den damit einhergegangenen medialen Umgang gehen. Es soll zugleich die Frage beantwortet werden, ob dieser Prozess als eine Art positives Vorbild für Deutschland im Hinblick auf die Möglichkeit einer Videoübertragung der Verhandlung dienlich sein kann.

Am 16.04.2012 begann der Prozess vor dem Osloer Amtsgericht gegen den Attentäter Breivik.[498] Dieser hatte zuvor durch das Zünden einer Bombe im Regierungsviertel in Oslo und dem darauffolgenden Amoklauf auf der Insel Utøya insgesamt 77 Menschen getötet und etliche weitere Menschen zum Teil schwer verletzt.[499] Am 24.08.2012 wurde Breivik letzten Endes vom Osloer Gericht für schuldfähig erklärt und zu einer 21-jährigen Gefängnisstrafe (der Höchststrafe in Norwegen) mit anschließender Sicherungsverwahrung verurteilt.[500] Der Umgang mit der Tat und dem Täter in den Medien erwies sich dabei als besonders prekär und stellte nicht nur das Land Norwegen vor eine große Herausforderung.

Da die Persönlichkeit Breiviks in den darauffolgenden Wochen nach der Tat die Titelseiten der norwegischen Zeitungen dominierte, seine Abbildungen

---

27.03.2013, abrufbar unter: http://www.faz.net/aktuell/politik/inland/presseandrang-beim-nsu-prozess-strafrechtler-fuer-uebertragung-in-anderen-saal-12130498.html (abgerufen am 14.08.2017); dagegen bspw. Schumann, DRiZ 2013, 254 ff.; Hamm, AfP 2014, 202, 209; Alwart, LTO v. 30.04.2013, abrufbar unter: http://www.lto.de/persistent/a_id/8642/ (abgerufen am 14.08.2017); Schlothauer, StV 2015, 665, 667.

496 Fölster, NK 2014, 154, 158.

497 Fölster, NK 2014, 154, 158.

498 Focus Online v. 16.04.2012, abrufbar unter: http://www.focus.de/politik/ausland/terror-in-norwegen/tid-25500/zahlen-daten-fakten-alles-zum-prozessauftakt-gegen-attentaeter-breivik_aid_738035.html (abgerufen am 21.09.2017).

499 Focus Online v. 16.04.2012 (Fn. 498).

500 Balzter, FAZ v. 24.08.2012, abrufbar unter: http://www.faz.net/-gpf-72ctk (abgerufen am 14.08.2017).

und Äußerungen im Internet, in den Zeitungen und im Fernsehen omnipräsent waren, stieß jene Berichterstattung der Medien auf deutliches Unbehagen innerhalb der Bevölkerung.[501] Erzürnte Norweger initiierten z. B. eine Aktion, welche den Inhalt hatte, jegliche Zeitungen, die auf den Titelseiten ein Bild Breiviks enthielten, aus den Regalen zu entfernen oder einfach umzudrehen.[502] Die Hackergruppe Anonymus rief zudem eine Operation ins Leben, mit der die Schmähschrift Breiviks „2083“[503] durch das Abändern von Bildern und Texten manipuliert und sodann unter dem Namen des Originals im Internet zur Verfügung gestellt wurde, um die Propaganda Breiviks zu unterbinden und zu verspotten.[504]

Das Interesse und der Medienansturm für diesen Sensationsprozess waren erwartungsgemäß enorm. Dies galt vor allem auch für die internationale Presse. Ungefähr 800 Journalisten von mehr als 200 Medien wollten dem Prozess folgen und davon berichten.[505] Der Hauptverhandlungssaal („sal 250“) des Osloer Amtsgerichtes fasste hingegen nur 193 Plätze, wovon mehr als 80 an die Eltern und Geschwister der getöteten Jugendlichen und ungefähr 110 für Journalisten reserviert waren.[506] Der Problematik der begrenzten Kapazität wurde jedoch Abhilfe geschaffen. Durch eine Übertragung der Verhandlung in einen Nebensaal, einen großen Konferenzsaal eines sich in der näheren Umgebung befindlichen Hotels, sowie ein Gebäude der nahegelegenen Zeitung „VG“ konnten letzten Endes sogar über tausend Journalisten das Geschehen mitverfolgen.[507] Der Zugang war dabei ausschließlich akkreditierten Journalisten vorbehalten.[508] Darüber hinaus wurde das Verfahren für Journalisten und Angehörige der Opfer live

501 Kahr, bpb v. 24.08.2012, abrufbar unter: http://www.bpb.de/politik/hintergrund-aktuell/142949/der-mediale-umgang-mit-dem-breivik-prozess (abgerufen am 21.09.2017).

502 Kahr, bpb v. 24.08.2012 (Fn. 501).

503 Dazu Bannenberg in *FS Wolter*, S. 1214 ff.

504 Kahr, bpb v. 24.08.2012 (Fn. 501).

505 Neumeyer/Münch, Die Welt v. 08.04.2013, abrufbar unter: http://www.welt.de/115104040 (abgerufen am 24.08.2017).

506 Neumeyer/Münch, Die Welt v. 08.04.2013 (Fn. 505).

507 Lueb im Rahmen seines Vortrages auf der 115. Tagung des Studienkreises für Presserecht und Pressefreiheit, Libor, AfP 2014, 224, 226; Neumeyer/Münch, Die Welt v. 08.04.2013 (Fn. 505).

508 Friedrichsen/Gerhardt, ZRP 2015, 187, 189; Lueb im Rahmen seines Vortrages auf der 115. Tagung des Studienkreises für Presserecht und Pressefreiheit, Libor, AfP 2014, 224, 226.

in insgesamt 17 Gerichtssälen in ganz Norwegen übertragen.[509] Die Verlesung des Urteils – welches aufgrund des Umfangs von 90 Seiten fast sechs Stunden andauerte – wurde darüber hinaus live vom norwegischen Fernsehen übertragen[510], sodass ein ganzes Land auch Einblicke in das letzte Stadium dieses Verfahrens erhielt. Der Fernsehzuschauer konnte dadurch wahrnehmen, dass sämtliche Verfahrensbeteiligte Ruhe und Professionalität ausstrahlten, obgleich Mimik und Körpersprache durchaus die Erschütterung über die Tat Breiviks erkennen ließen.[511]

Die Resonanz auf das im Jahre 2012 abgeschlossenen Verfahren fiel positiv aus. „Das Verfahren gegen Anders Breivik […], hat – nicht zuletzt auch durch einen Lernprozess, den das Gericht, die Staatsanwaltschaft, insbesondere und vor allem aber auch die Medien […] durchlaufen haben – weit über die Grenzen Norwegens hinaus Anerkennung für die Transparenz, die Besonnenheit, aber eben auch die Konsequenz eines gewachsenen Rechtsstaats gefunden."[512] Die Berichterstattung über den Prozess sei ein schillerndes Exempel für eine erfolgreiche Berichterstattung aus dem Prozess heraus.[513] Die Journalisten lobten zudem die vorbildliche Organisation des Prozesses.[514]

Es bleibt festzuhalten, dass der Prozess um den Massenmörder Breivik von vielerlei Seiten positiv bewertet wurde und der norwegischen Justiz damit eine schwierige Aufgabe geglückt ist. Durch die Videoübertragung der Verhandlung in weitere Räumlichkeiten konnten zahlreiche Journalisten aus aller Welt – nicht zuletzt aus den Ländern, aus denen auch die Opfer des Täters stammen – teilhaben und über die Ereignisse berichten. Ob eine restriktivere Handhabung der norwegischen Justiz hinsichtlich der Teilhabe der Öffentlichkeit am besagten Verfahren den gleichen Effekt erzielt hätte, darf stark bezweifelt werden. Die Souveränität und Transparenz, mit der die norwegische Justiz jenes Verfahrens durchgeführt hat, könnte daher – zumindest, was zunächst die gerichtsinterne

---

509 Gr. Strafrechtskommission d. Dt. Richterbundes, Gutachten, S. 35, abrufbar unter: http://www.bmjv.de/SharedDocs/Downloads/DE/StudienUntersuchungenFachbuecher/Gutachten_StrafrechtskommissionRichterbund_%C2%A7169.pdf;jsessionid=BDE6DC5550DB14871749EF78BA05F081.1_cid289?__blob=publicationFile&v=3 (abgerufen am 01.09.2017).

510 Bannenberg in *FS Wolter*, S. 1209.

511 Bannenberg in *FS Wolter*, S. 1210.

512 Morsch, ZRP 2014, 254.

513 Lueb im Rahmen seines Vortrages auf der 115. Tagung des Studienkreises für Presserecht und Pressefreiheit, Libor, AfP 2014, 224, 226.

514 Neumeyer/Münch, Die Welt v. 08.04.2013 (Fn. 505).

Übertragung der Verhandlung anbelangt – durchaus ein Vorbild für vergleichbare (medienintensive) Prozesse in Deutschland sein.

IV. Sitzungspolizei

Die Bild- und Tonübertragung der Verhandlung in einen weiteren Raum des Gerichtsgebäudes (fortan als Medienraum oder auch Nebenraum bezeichnet) wirft zunächst einmal sitzungspolizeiliche Fragen auf. Sollte der Medienraum durch die gerichtsinterne Übertragung Teil der Saalöffentlichkeit werden, so müssten sich die sitzungspolizeilichen Befugnisse des Vorsitzenden auch auf diesen beziehen, um die Aufrechterhaltung der Ordnung gewährleisten zu können. Zu diesem Zweck wäre eine Rückübertragung des Geschehens aus dem Nebenraum in den eigentlichen Verhandlungssaal von Nöten. Der Vorsitzende müsste also für die Ausübung der Sitzungspolizeigewalt anhand eines Monitors das Geschehen im Nebenraum mitverfolgen können.[515] Dies setzt natürlich voraus, dass die Bild- und Tonübertragung von solcher Qualität ist, dass eine reibungslose Wahrnehmung des Geschehens im Nebenraum durch den Vorsitzenden ohne Weiteres gewährleistet werden kann. Jene Rückübertragung ist insofern mit der audiovisuellen Vernehmung von Zeugen i. S. d. § 247a I 3 StPO vergleichbar. Im Zuge dieser Übertragung ist grundsätzlich ebenfalls eine Übertragung *in beide Richtungen*, d. h. zwischen dem Gerichtssaal und dem Vernehmungszimmer des Zeugen, erforderlich.[516]

Die gleiche Möglichkeit der Einsichtnahme in den Nebenraum – analog zur Saalöffentlichkeit – müssten folglich dann auch die anderen Verfahrensbeteiligten wie z. B. der Staatsanwalt oder der Verteidiger haben.[517] Dies wird von Nöten sein, um gegebenenfalls notwendige sitzungspolizeiliche Maßnahmen des Vorsitzenden – etwa bei Anwesenheit potenzieller Zeugen in dem Nebenraum – zu veranlassen.[518] Die sitzungspolizeilichen Anweisungen des Vorsitzenden für den Nebenraum könnten dann mithilfe dort befindlicher Wachtmeister durchgesetzt werden.[519] Die Durchsetzung der sitzungspolizeilichen Anweisungen im

---

515 So Merk, DRiZ 2013, 234, 235; Schumann, DRiZ 2013, 254, 256; Schlothauer, StV 2015, 665, 667; a. A. Altenhain, *Öffentlichkeit im Strafverfahren*, C 97.

516 Vgl. BGHSt 45, 188, 196; BT-Drucks. 13/7165, S. 10; Frister in *SK-StPO*, § 247a StPO, Rn. 53; Kretschmer, JR 2006, 453, 456.

517 Schumann, DRiZ 2013, 254, 256.

518 Schlothauer, StV 2015, 665, 667; vgl. BRAK, Stellungnahme Nr. 45/2014 (Fn. 493), S. 6.

519 Huff, LTO v. 06.03.2013, abrufbar unter: http://www.lto.de/persistent/a_id/8273/ (abgerufen am 14.08.2017).

Nebenraum würde sich daher nicht wesentlich von denen im eigentlichen Verhandlungssaal unterscheiden. Auch in diesem müsste sich der Vorsitzende des anwesenden Wachpersonals bedienen, um Anordnungen im Zuge der Sitzungspolizei erforderlichenfalls durchsetzen zu können.

Zu diesem Zweck müsste eine reibungslose Kommunikation zwischen dem Vorsitzenden und dem Wachpersonal möglich sein. Bei entsprechend geschultem Personal und einer einwandfrei funktionierenden Übertragung zwischen beiden Räumlichkeiten in Form von Bild und Ton sollte dies ohne wesentliche Schwierigkeiten möglich sein. Darüber hinaus kann mithilfe von Funkgeräten die Kommunikation zwischen beiden Räumlichkeiten aufrechterhalten werden. Die Verwendung solcher Geräte durch Justizwachtmeister oder Polizeibeamte ist ohnehin regelmäßig unentbehrlich und stellt keinen Verstoß gegen das Verbot des § 169 S. 2 GVG dar.[520]

Geht es also um Fragen der Ausübung der Sitzungspolizei des Vorsitzenden, so ist der Unterschied zwischen dem (Haupt-)Verhandlungsaal und dem Nebenraum lediglich der, dass bei Letzterem der Richter nicht persönlich anwesend ist, jedoch weiterhin seine Befugnisse im Rahmen der Sitzungspolizei ausüben kann. Denn die körperliche Abwesenheit des Vorsitzenden im Nebenraum steht der Möglichkeit der Ausübung der sitzungspolizeilichen Befugnisse über diesen nicht entgegen. Die Sitzungspolizei des Vorsitzenden erstreckt sich – wie bereits beschrieben – ohnehin auf die dem Verhandlungsaal unmittelbar angrenzenden Räumlichkeiten. In diesen Fällen ist es ebenfalls nicht erforderlich, dass der Vorsitzende sich in diesen den Verhandlungsaal unmittelbar angrenzenden Räumlichkeiten aufhalten muss, um von seinen sitzungspolizeilichen Befugnissen Gebrauch machen zu können. Da die Entscheidung des Vorsitzenden über das konkrete Fassungsvermögens des Sitzungssaals eine sitzungspolizeiliche Maßnahme nach § 176 GVG darstellt[521], kann dieser ohne Weiteres auch für den Nebenraum das konkrete Fassungsvermögen festlegen.

Sofern es also um die kritische – wenngleich berechtigte – Frage der „Delegierbarkeit der Sitzungspolizei"[522] des Vorsitzenden geht, ist dies ohne Weiteres aufgrund des bereits Geschriebenen möglich.[523] Zudem wurde im Vorfeld des NSU-Prozesses richtigerweise darauf hingewiesen, dass der Vorsitzende den Bereich der Presseempore nicht im Ganzen einsehen könne und er ohnehin auf

520 Kissel/Mayer, *GVG-Kom.*, § 176 GVG, Rn. 29.

521 v. Coelln, *Zur Medienöffentlichkeit der Dritten Gewalt*, S. 116.

522 Vgl. Fölster, NK 2014, 154, 158.

523 a. A. Hamm, AfP 2014, 202, 209; Meinecke, *Prominentenstrafrecht*, S. 261; v. Coelln in Bubrowski, FAZ v. 27.03.2013 (Fn. 495).

die Unterstützung des Gerichtspersonals angewiesen sei.[524] In einem solchen Fall würde man aber ebenfalls nicht von einem Delegieren der Sitzungspolizei sprechen. Eine Delegation fände streng genommen auch nicht statt, da der Vorsitzende seine sitzungspolizeilichen Befugnisse nicht an das Gerichtspersonal abtreten würde. Das Wachpersonal dürfte also weiterhin keine dem Vorsitzenden vorbehaltenen sitzungspolizeilichen Maßnahmen ergreifen. Bei einem Verstoß gegen § 169 S. 2 GVG würde dem im Medienraum befindlichen Wachpersonal lediglich ein „Recht zum ersten Zugriff" zustehen, anschließend bedarf es hingegen der Entscheidung des Vorsitzenden.[525] Der Vorsitzende könnte (und müsste) die Sitzungspolizei – dank entsprechender Übertragungstechnik – also weiterhin selbst ausüben.

Um die Sitzungspolizei unter gesicherten Bedingungen durchführen zu können, wäre es sinnvoll, wenn sich der Nebenraum in unmittelbarer Nähe des Verhandlungssaales befinden würde. So bliebe der räumliche Zusammenhang zur Verhandlung gewahrt und eventuelle Abgrenzungsschwierigkeiten zum Hausrecht würden verringert werden. Die unmittelbare Nähe zum eigentlichen Verhandlungssaal wäre zugleich im Sinne der dann im Nebenraum anwesenden Medienvertreter, da sie auf Stellungnahmen der Verfahrensbeteiligten angewiesen sind und diese nur zeitnah im Bereich des Sitzungssaales erhalten.[526] Ob diese unmittelbare Nähe zwischen diesen beiden Räumlichkeiten hergestellt werden kann, ist jedoch abhängig von den Bedingungen vor Ort. So müssen die entsprechenden Räumlichkeiten am Tage der Verhandlung zunächst einmal zur Verfügung stehen und die notwendigen räumlichen Kapazitäten aufweisen.

V. Erforderlichkeit der Zustimmung von im Nebenraum anwesenden Personen

Schumann wirft in diesem Kontext die Frage auf, ob es einer Zustimmung der im Nebenraum befindlichen Medienvertreter in Bezug auf die Aufnahme und Übertragung der Bilder in den Verhandlungssaal bedarf.[527] Das allgemeine Persönlichkeitsrecht aus Art. 2 I i. V. m. Art. 1 I GG (im Speziellen das Recht am eigenen Bild) der im Nebenraum befindlichen Medienvertreter ist hier natürlich zu berücksichtigen. Die Aufnahmen aus dem Nebenraum stellen jedoch

524 So die Argumentation der Journalisten in dem offenen Brief d. Justizpressekonferenz Karlsruhe e. V. an den Vorsitzenden Richter Manfred Götzl (Fn. 488).

525 Altenhain, *Öffentlichkeit im Strafverfahren*, C 97.

526 Vgl. Bock, jM 2014, 123, 129.

527 Schumann, DRiZ 2013, 254, 256.

nur den Zustand her, der bestehen würde, wenn die Medienvertreter ohnehin im eigentlichen (und somit größeren) Verhandlungssaal anwesend wären. In einem solchen Fall wären sie für den Vorsitzenden und die anderen Verfahrensbeteiligten selbstverständlich wahrnehmbar. Des Weiteren soll die Aufnahme in dem hier behandelten Rahmen ausschließlich der Übertagung, nicht jedoch der Speicherung und ggf. späteren (wenn auch nur gerichtsinternen) Verwendung dienen. Eine Veröffentlichung der Bilder aus dem Gerichtssaal, sowie denjenigen, welche aus dem Nebenraum stammen, findet nicht statt. Das Recht am eigenen Bild wird also durch die Aufnahmetätigkeit der Kamera nicht wesentlich tangiert.

Des Weiteren können in diesem Kontext gewisse Parallelen hinsichtlich der Persönlichkeitsrechte der an der Gerichtsverhandlung teilnehmenden Zuhörer gezogen werden. Deren Betreten des Gerichtsgebäudes und des Verhandlungssaals stellt nämlich eine konkludente Einwilligung hinsichtlich der Verfahrensbedingungen, einschließlich der Herstellung und Veröffentlichung ihrer Bildnisse, dar.[528] Sofern dieser Auffassung inhaltlich nicht gefolgt werden sollte[529], stellt die Veröffentlichung der Bildnisse der Zuhörer regelmäßig aber ohnehin keine Verletzung des Rechts am eigenen Bild und somit des Persönlichkeitsrechts dar.[530]

Einem Prozess, in dem von der Simultanübertragung Gebrauch gemacht werden soll, wird ein entsprechendes Akkreditierungsverfahren für Journalisten vorausgehen. Die Medienvertreter müssen über die Erweiterung der Saalöffentlichkeit im hier diskutierten Sinne natürlich im Vorfeld in Kenntnis gesetzt werden. Dies beinhaltet die Mitteilung über die veränderten Gegebenheiten und Voraussetzungen vor Ort, insbesondere die Möglichkeit der Einsichtnahme in den Nebenraum durch eine entsprechende Kamera. Diejenigen Medienvertreter, welche einen Platz in dem Nebenraum erhalten, sind folglich über diese Tatsachen informiert und willigen im Zuge der Inanspruchnahme dieses Raumes in die Bedingungen – einschließlich der Übertragung ihres Bildnisses in den Verhandlungssaal – zumindest konkludent ein. Im Ergebnis ist daher festzustellen, dass eine Einwilligung aller im Nebenraum befindlichen Medienvertreter nicht notwendig sein wird bzw. von einer zumindest konkludenten Einwilligung auszugehen ist.

528 Kujath, *Der Laienjournalismus im Internet*, S. 326.

529 So bspw. Fink, *Bild- u. Tonaufnahmen*, S. 210 f.

530 Kujath, *Der Laienjournalismus im Internet*, S. 326 ff.

VI. Verfassungsrechtliche Gesichtspunkte

Die Erweiterung der Öffentlichkeit anhand der erläuterten Form ist des Weiteren unter verfassungsrechtlichen Gesichtspunkten näher zu beleuchten und müsste folglich im Einklang mit dem Verfassungsrecht stehen. Wie bereits angeführt, soll der Zutritt zu dem Nebenraum ausschließlich den über das Verfahren berichtenden Medienvertretern vorbehalten sein. Dies führt jedoch zwangsläufig zu einer Fragestellung: Sofern der Nebenraum ausschließlich den Medienvertretern, welche Inhaber eines Presseausweises sind, vorbehalten bleiben soll, und demnach andere Personen von der Möglichkeit dieser Teilhabe ausgeschlossen werden, stellt sich die Frage nach der Vereinbarkeit mit Art. 3 I GG.[531] Die Privilegierung von Medienvertretern als ausschließliche Adressaten dieser Teilhabemöglichkeit am Prozess, könnte folglich gegen den Gleichheitssatz des Art. 3 I GG verstoßen und daher bereits aus verfassungsrechtlichen Gründen scheitern.

1. Grundsätzliches

Aus Art. 3 I GG ergibt sich für den Gesetzgeber die Pflicht, wesentlich Gleiches gleich und wesentlich Ungleiches ungleich zu behandeln.[532] Der Schutzbereich des Art. 3 I GG ist daher eröffnet, sofern etwas wesentlich Gleiches ungleich und etwas wesentlich Ungleiches gleich behandelt wird. Maßgebend auf der Tatbestandsebene ist die Gleichheit im Sinne der Vergleichbarkeit und gerade nicht der Gleichheit im Sinne der Identität.[533] Für die Beantwortung der Frage, ob eine Ungleichbehandlung vorliegt, ist die Bildung von Vergleichsgruppen erforderlich.[534]

2. Vergleichbarkeit Medienvertreter und normale Zuhörer

Zunächst sind die Medienvertreter mit den „normalen" Zuhörern in Bezug zu setzen. Unter letzterem sind vorliegend jene zu fassen, die ausschließlich aus eigenem Interesse der Verhandlung beiwohnen, die Teilnahme am Prozess somit nicht beruflichen Zwecken dient. Medienvertreter sind jedoch bereits aufgrund ihrer bedeutsamen Stellung als Informationsvermittler nicht mit regulären

531 So u. a. etwa Schumann, DRiZ 2013, 254, 257; Fölster, NK 2014, 154, 158.
532 Vgl. BVerfGE 1, 14, 52; 13, 46, 53; 98, 365, 385.
533 Epping, *Grundrechte*, S. 389, Rn. 780.
534 Vgl. BVerfGE 52, 277, 280.

Zuhörern vergleichbar. Eine Vergleichbarkeit zwischen beiden Gruppen lässt sich also nicht feststellen.

3. Zugang zu einer Informationsquelle

Schumann verweist[535] in diesem Zusammenhang auf die Ausführungen des Bundesverfassungsgerichts zur „n-tv-Entscheidung" im Jahre 2001: „Soweit Medien an der Zugänglichkeit einer für jedermann geöffneten Informationsquelle teilhaben, wird der Zugang durch die Informationsfreiheit des Art. 5 Abs. 1 Satz 1 GG geschützt, *das heißt für Medien nicht grundsätzlich anders als für die Bürger allgemein*"[536]. Der zusätzliche Medienraum stellt jedoch gewissermaßen nur eine Vergrößerung des eigentlichen Gerichtssaals dar und bildet keine neue, eigenständige Informationsquelle, welche von dem eigentlichen Verhandlungssaal isoliert betrachtet werden kann. Der zusätzliche Nebenraum unterliegt, als Teil der Saalöffentlichkeit, genau wie der Hauptsaal der Sitzungspolizei des Vorsitzenden. Beide Räume sind daher (der Verhandlungssaal und der Nebenraum) als **rechtliche Einheit** zu betrachten.[537] Der Zutritt für den normalen Bürger zu diesem fiktiv einen Raum wird ihm jedoch gerade nicht verwehrt und besteht daher auch weiterhin fort.[538] Der Bürger hat unabhängig davon keinen Anspruch darauf, einen ganz bestimmten Platz in diesem (fiktiv einen) Raum einnehmen zu können.[539]

4. Vergleichbarkeit zum nichtprofessionellen Journalismus (Laienjournalismus)

Eine gewisse Vergleichbarkeit könnte hingegen zu denjenigen Personen bestehen, die zwar in irgendeiner Art und Weise über den Verlauf der Verhandlung berichten, dies aber nicht auf professioneller Basis tun, und daher nicht Inhaber eines anerkannten Presseausweises sind. Gemeint ist der sog. Laienjournalismus. Ohne einen entsprechenden Presseausweis könnten journalistische Laien weder an dem für eine Simultanübertragung notwendigen Akkreditierungsverfahren

535 Schumann, DRiZ 2013, 254, 257.

536 BVerfGE 103, 44, 59.

537 Ebenso Hagenkötter in *Kontrolle d. Gerichts/Befriedigung d. Informationsbedürfnisses*, S. 53.

538 Hagenkötter in *Kontrolle d. Gerichts/Befriedigung d. Informationsbedürfnisses*, S. 53.

539 Hagenkötter in *Kontrolle d. Gerichts/Befriedigung d. Informationsbedürfnisses*, S. 53.

partizipieren, noch würden sie Zutritt zu dem Medienraum erhalten. Ihnen bliebe somit nur die Möglichkeit, als reguläre Zuhörer der Verhandlung beizuwohnen.

a) *Abgrenzung zwischen professionellem und nichtprofessionellem Journalismus*

aa) *Allgemeine Abgrenzung*

Zunächst bedarf es einer Abgrenzung zwischen dem professionellen und dem nichtprofessionellen Journalismus. Allein das Kriterium der Entgeltlichkeit für die Abgrenzung heranzuziehen ist allerdings nicht geeignet, da es jeglichen Bezug zur eigentlichen journalistischen Tätigkeit vermissen lässt.[540] Journalistisch geschulte Personen, welche bspw. für eine Zeitung schreiben, dies trotz zeitintensiven Einsatzes jedoch auf ehrenamtlicher Basis tun, wären anhand des Merkmals der Entgeltlichkeit gerade nicht als professionelle Journalisten einzustufen.[541] Das alleinige Abstellen auf das Abgrenzungsmerkmal der Entgeltlichkeit kann daher zu unsachgemäßen Ergebnissen führen. Die Abgrenzung zwischen professionellen Journalisten und Laienjournalisten ist vielmehr anhand des Kriteriums der berufsmäßigen Ausübung der Tätigkeit zu differenzieren.[542] Hinsichtlich des Merkmales „Beruf" ist die Definition des Art. 12 I GG maßgebend.[543] Das Bundesverfassungsgericht definiert den Beruf insofern als „ jede auf Erwerb gerichtete Tätigkeit, die auf Dauer angelegt ist und der Schaffung und Aufrechterhaltung einer Lebensgrundlage dient"[544].[545]

bb) *Abgrenzungsschwierigkeiten*

Die Abgrenzung zwischen beiden Gruppen ist heutzutage jedoch mit Schwierigkeiten behaftet.[546] Den „klassischen" Journalisten gibt es zwar weiterhin, allerdings hat in den letzten Jahren – nicht zuletzt durch das Internet – im journalistischen Bereich eine Entwicklung stattgefunden. Der Journalistenbegriff befindet sich im Fluss.[547] *Schlothauer* weist in diesem Zusammenhang darauf hin,

540 Kujath, *Der Laienjournalismus im Internet*, S. 67.
541 Kujath, *Der Laienjournalismus im Internet*, S. 67.
542 Kujath, *Der Laienjournalismus im Internet*, S. 68.
543 Kujath, *Der Laienjournalismus im Internet*, S. 68.
544 BVerfGE 102, 197, 212.
545 M. w. N. Kujath, *Der Laienjournalismus im Internet*, S. 68 f.
546 Vgl. Putzke/Zenthöfer, NJW 2015, 1777, 1780.
547 BRAK, Stellungnahme Nr. 45/2014 (Fn. 493), S. 5.

dass die Notwendigkeit der Abgrenzung zwischen diesen Gruppen alsbald wegfallen dürfte, da durch das Medium Internet zahlreiche attraktive Möglichkeiten der Kommunikation geschaffen wurden, wie z. B. Weblogs oder Twitter, und deshalb das Publikationsmonopol nicht mehr ausschließlich bei den Journalisten liegt.[548] Durch die Entwicklungen des Internets soll es daher in Zukunft zu einer „Egalisierung der Kommunikationsteilnehmer" kommen.[549]

Richtig ist, dass sich der potenzielle Adressatenkreis für diejenigen, die in irgendeiner Form auf nichtprofessioneller Ebene publizistisch tätig werden, durch die Möglichkeiten des Internets deutlich vergrößert hat. Anders als es früher einmal war, ist man heutzutage als Privatperson nicht mehr zwangsläufig auf einen Verlag angewiesen. Das, was nun publiziert werden soll, muss längst nicht mehr den Weg zur Druckerei finden, muss nicht den mühsamen Weg in den Handel wie z. B. einen Kiosk finden, sondern kann nun mit vergleichsweise geringerem zeit- und kostenintensiven Aufwand in das Netz gestellt und veröffentlicht werden. Dieser Inhalt steht dann grundsätzlich jedem zur Verfügung, ist also zu jeder Zeit abrufbar. Laienjournalistische Beiträge sind ebenfalls durchaus in der Lage, eine Vielzahl von Personen zu erreichen[550]. Nichtprofessioneller Journalismus lässt sich heutzutage also sehr ambitioniert und erfolgreich betreiben. Darüber hinaus muss nichtprofessioneller Journalismus nicht zwangsläufig bedeuten, dass sein Inhalt in qualitativer Hinsicht dem des professionellen Journalismus unterlegen ist. Die gilt vor allem dann, wenn der journalistische Laie selbst „vom Fach" ist: So gibt es heutzutage zahlreiche Juristen, die neben ihrer eigentlichen Tätigkeit einen Weblog betreiben und zu aktuellen Geschehnissen im juristischen Bereich Stellung nehmen und dadurch einen gewissen Bekanntheitsgrad erreicht haben.[551]

Eine Differenzierung zwischen Journalisten vorzunehmen, die ihre Tätigkeit berufsmäßig ausüben, und denjenigen, die dies „lediglich" als (wenngleich als zeitintensives) Hobby betreiben, d. h. journalistische Laien sind, könnte also durchaus eine Ungleichbehandlung wesentlich Gleichem darstellen. Der Schutzbereich des Art. 3 I GG wäre in einem solchen Fall daher tangiert.

---

548 Schlothauer, StV 2015, 665, 668.

549 Schlothauer, StV 2015, 665, 668.

550 Vgl. Kujath, *Der Laienjournalismus im Internet*, S. 65.

551 Bspw. der Weblog „Strafakte", welcher seit 2013 von Rechtsanwalt *Mirko Laudon* betrieben wird, abrufbar unter: www.strafakte.de (abgerufen am 21.09.2017); zu nennen ist auch der Weblog „law blog" von *Udo Vetter*, welcher den Grimme Online Award 2011 in der Kategorie „Information" erhielt, abrufbar unter: www.lawblog.de (abgerufen am 21.09.2017).

b) *Sachlicher Grund für eine Ungleichbehandlung*

Ein Verstoß gegen Art. 3 I GG läge wiederum dann nicht vor, wenn die Differenzierung zwischen beiden Vergleichsgruppen auf einen sachlichen Grund zurückzuführen ist. Journalisten, welche ihre Tätigkeit auf beruflicher Basis betreiben, beschäftigen sich dauerhaft mit ihrer Tätigkeit. Sie können daher eine gewisse Erfahrung und Schulung im journalistischen Bereich vorweisen.[552] Von Journalisten, welche ihre Tätigkeit berufsmäßig ausüben, kann und muss hinsichtlich ihrer Berichterstattung über das Gerichtsverfahren – nicht nur vor Ort – grundsätzlich ein professionelles Verhalten erwartet werden.[553] Diese Professionalität wird auch in dem Medienraum von Nöten sein.

Das Reservieren eines gewissen Kontingentes an Sitzplätzen im Verhandlungssaal für Pressevertreter ist grundsätzlich zulässig.[554] Eine Ungleichbehandlung gegenüber journalistischen Laien ist darin (trotz der zum Teil gewandelten Verhältnisse) nicht zu erkennen. Nichts anderes kann dann gelten, wenn nur Medienvertreter Zugang zu dem Nebenraum erhalten würden, der – wie bereits erwähnt – Teil der Saalöffentlichkeit wäre. Zwar mag das Bundesverfassungsgericht der Entwicklung des Journalistenbegriffs zum Teil bereits bei seinen eigenen Verhandlungen Rechnung tragen, indem z. B. auch Personen Zutritt zur Presseempore erhalten, die auf einer Internetseite publizistisch tätig werden[555]; das bedeutet aber nicht zwangsläufig, dass das Bundesverfassungsgericht ohne eine solche (doch recht konturlose) Ausnahmeregelung ernsthafte Bedenken hinsichtlich eines Verstoßes gegen Art. 3 I GG hegen würde.

Die Teilhabe eines Medienvertreters im regulären Verhandlungssaal verkörpert das durch Art. 5 I 1 2. Hs GG geschützte Informationsinteresse jedes Individuums, das sich zur Informationsgewinnung der Medien bedient.[556] Gleiches gilt für die im Medienraum befindlichen Medienvertreter. Der Sinn und Zweck der Schaffung eines zusätzlichen Nebenraumes besteht gerade darin, einer begrenzten Anzahl von Personen (Medienvertreter) die Teilnahme an der öffentlichen Verhandlung zu ermöglichen und eine daran anknüpfende Informationsvermittlung an einen bestimmten Adressatenkreis zu gewährleisten. Personen, welche

552 Kujath, *Der Laienjournalismus im Internet*, S. 68.

553 Vgl. Kujath, *Der Laienjournalismus im Internet*, S. 68.

554 BGH NJW 2006, 1220, 1221; vgl. Kissel/Mayer, *GVG-Kom.*, § 169 GVG, Rn. 33; Wickern in *Löwe-Rosenberg*, § 169 GVG, Rn. 13; BGH bei Dallinger, MDR 1972, 750, 753.

555 Schlothauer, StV 2015, 665, 668.

556 Kujath, *Der Laienjournalismus im Internet*, S. 188.

auf nichtprofessioneller Basis tätig sind und nicht die Anforderungen für die Teilnahme am Akkreditierungsverfahren erfüllen, können weiterhin im regulären Verhandlungssaal dem Geschehen beiwohnen und darüber berichten. Selbst ein Journalist hat grundsätzlich keinen Anspruch darauf, einen Zuhörerplatz in dem *für die Presse* reservierten Bereich des Verhandlungssaales einnehmen zu können.[557] Da der Medienraum (durch technische Hilfe) gewissermaßen Teil des Verhandlungssaales wird, besteht für Medienvertreter ebenfalls kein Anspruch darauf, gerade *dort* einen Sitzplatz erhalten zu können. Für journalistische Laien kann diesbezüglich (auch hinsichtlich des Zutritts zum Medienraum) nichts anderes gelten.

c) Fazit

Im Ergebnis ist daher festzuhalten, dass eine Ungleichbehandlung von wesentlich Gleichem aufgrund der zum Teil gewandelten Verhältnisse des Journalistenbegriffs durchaus bejaht werden kann. Diese Ungleichbehandlung ist indessen auf einen sachlichen Grund zurückzuführen und daher frei von Willkür. Ein Verstoß gegen Art. 3 I GG liegt somit nicht vor. Die Übertragung der Verhandlung in einen für Medienvertreter vorbehaltenen Nebenraum scheitert also nicht bereits an verfassungsrechtlichen Gründen.

VII. Pro und Contra – Videoübertragung der Gerichtsverhandlung in einen anderen Gerichtsraum

Im Folgenden soll es um das Für und Wider einer solchen Videoübertragung aus dem Verhandlungssaal gehen. Anhand dessen soll festgestellt werden, ob eine solche Videoübertragung der Sache nach förderlich sein könnte.

1. Pro

a) Mehr Kapazität für Zuhörer

Eine Videoübertragung der Gerichtsverhandlung in einen anderen Raum des Gerichtes bietet zuallererst natürlich die Möglichkeit, dass, über die normal bestehenden (begrenzten) Kapazitäten des Verhandlungssaales hinaus, noch mehr Zuhörer der Verhandlung beiwohnen können. Dies gilt natürlich nur – und sinnvollerweise – für diejenigen Prozesse, bei denen es gerade an ausreichenden Zuhörerplätzen im Verhandlungssaal mangelt. Allein durch eine solche

557 BGH bei Dallinger, MDR 1972, 750, 753.

Erweiterung der Saalöffentlichkeit wird natürlich nicht gewährleistet sein, dass alle Interessenten die Möglichkeit erhalten, am Prozess als Zuhörer teilnehmen zu können. Dies kann wiederum nicht das Ziel einer solchen Erweiterung der Saalöffentlichkeit sein, geht es doch um eine begrenzte und sogleich schonende Ausweitung der Saalöffentlichkeit.

Der Nebenraum müsste von der Kapazität her zwar nicht der des Hauptsaales gleichkommen, er müsste jedoch diejenige Kapazität vorweisen, von der man von einem wirklichen Zugewinn ausgehen könnte. Das heißt, dass diese Erweiterung der Saalöffentlichkeit den Kosten- und Zeitaufwand rechtfertigen muss. Ab wann von einer solchen Rechtfertigung letztendlich auszugehen ist, dürfte pauschal nur schwer zu beantworten sein. Vielmehr sollte der jeweilige Einzelfall maßgebend sein. Sollte jene gerichtsinterne Videoübertragung vermehrt Praxis werden, so wäre natürlich ein Zurückgreifen auf bereits erlangte Erfahrungswerte und Erkenntnisse möglich. Ein Nebenraum, in dem aber z. B. weniger als zehn Personen Platz finden, dürfte einer solchen Rechtfertigung wohl entgegenstehen. Eine über diese Personenzahl hinausgehende Räumlichkeit dürfte hingegen regelmäßig eine – zumindest aus quantitativer Sicht – sinnvolle Erweiterung der Zuhörerschaft darstellen. Im Presseraum etwa des Bundesverfassungsgerichts stehen – dies lässt sich zumindest den Pressemitteilungen entnehmen – 60 Arbeitsplätze an Tischen für Medienvertreter zur Verfügung.[558]

Auf der anderen Seite bedarf es aber zugleich der mengenmäßigen Begrenzung jener Räumlichkeit. Die Anzahl der Plätze, die im Presseraum des Bundesverfassungsgerichts zur Verfügung stehen, wäre daher für die hier behandelte Simultanübertragung zu groß. Der dafür erforderliche zusätzliche Raum darf nicht derart groß sein, dass es dem Vorsitzenden nicht mehr möglich ist, den Überblick über das dortige Geschehen zu behalten. Durch diese Begrenzung soll zugleich sichergestellt werden, dass sich die übertragenen bewegten Bilder aus dem (Haupt-)Verhandlungssaal nicht in der Menge der Zuhörerschaft „verlieren", wie es bspw. in großen Hallen der Fall wäre. Ein Schauprozess soll – trotz der Erweiterung der Saalöffentlichkeit – gerade nicht stattfinden.

---

558 siehe Pressemitteilungen Bundesverfassungsgericht Nr. 77/2015 vom 28. Oktober 2015 (Az.: 1 BvR 1585/13), abrufbar unter: https://www.bundesverfassungsgericht.de/SharedDocs/Pressemitteilungen/DE/2015/bvg15-077.html (abgerufen am 21.07.2017), Nr. 83/2015 vom 12. November 2015 (Az.: 2 BvE 4/14), abrufbar unter: https://www.bundesverfassungsgericht.de/SharedDocs/Pressemitteilungen/DE/2015/bvg15-083.html (abgerufen am 21.07.2017).

Sofern die im Nebenraum geschaffene zusätzliche Kapazität für Medienvertreter wiederum nicht ausreichend sein sollte, so stehen der Erwägung, dass darüber hinaus weitere Räumlichkeiten zur Verfügung gestellt werden könnten, jedoch weitreichende Bedenken entgegen. Die Übertragung in einen zweiten oder gar dritten Nebenraum würde u. a. dazu führen, dass die Aufrechterhaltung der Ordnung (§ 176 GVG) durch den Vorsitzenden nicht mehr gewährleistet werden könnte. Neben den wohl ausufernden Kosten für eine solche Erweiterung wird auch den Persönlichkeitsrechten der Prozessbeteiligten nicht mehr in dem erforderlichen Maße Rechnung getragen. Die Videoübertragung der Hauptverhandlung soll sich daher – anders als im Breivik-Prozess – „nur" auf *einen* weiteren Raum erstrecken. Sollte dieses zusätzliche Kontingent an Saalöffentlichkeit nicht hinreichend sein, so ist dies hinzunehmen.

aa) Ausländische Medienvertreter

Gerade für Vertreter der Medien wäre die Erweiterung der Saalöffentlichkeit eine zusätzliche Möglichkeit der Teilhabe am Prozess. Vor allem bei Prozessen, welche über die Landesgrenzen hinweg Bedeutung erlangen können, kann es zu Engpässen hinsichtlich der Kapazitäten für Zuhörer kommen. In einem solchen Fall haben nämlich nicht nur die zahlreichen hiesigen, sondern ebenso die ausländischen Medien ein erhebliches Interesse an der Teilhabe am Prozess. Das Interesse ausländischer Medien an einem in Deutschland stattfindenden Prozess ist aufgrund des fortgeschrittenen globalisierten Zeitalters und der damit einhergehenden kulturellen Vielfältigkeit nicht mehr als selten eintretendes Ereignis einzustufen.

Dies verdeutlichte in der Vergangenheit wiederum der NSU-Prozess. Viele türkische Medien wollten aufgrund türkisch stämmiger Opfer den Prozessverlauf mitverfolgen und entsprechend darüber berichten. Jenes Verlangen türkischer Medien ist zugleich begründet: Ebenso groß wie das Interesse der türkischen Medien ist zugleich auch das Informationsbedürfnis der türkischen Bevölkerung.[559] Eine Berichterstattung der türkischen Presse, die allein auf der Deutschen basiert, vermag nicht die gleiche Authentizität herzustellen, wie eine Berichterstattung durch unmittelbar am Prozess teilnehmende türkische Medienvertreter.[560] Dies gilt freilich zugleich für andere vergleichbare Fälle. Der Einsatz einer Videoübertragung der Verhandlung in einen Nebenraum schafft daher auch zusätzliche Kapazitäten für ausländische Medienvertreter.

559 Vgl. BVerfG NJW 2013, 1293, 1295.
560 Kujath, AfP 2013, 269, 272.

bb) *Medienvertreter kleinerer Institutionen*

Dass ein bestimmtes Kontingent an Sitzplätzen im Verhandlungssaal bevorzugt an diejenigen Medien vergeben wird, die einen gewissen Verbreitungsgrad aufweisen können, d.h. durch ihre Berichterstattung eine Vielzahl an Menschen erreichen (Stichwort: Leitmedien), ist nicht nur zulässig[561], sondern stellt sich zugleich als ein schlüssiges Argument dar. Medienvertreter kleinerer Institutionen – wie z.B. regionale Tageszeitungen – können dadurch hingegen des Öfteren das Nachsehen haben. Durch die Simultanübertragung der Verhandlung wird indessen ein zusätzliches Kontingent an Sitzplätzen geschaffen, welches auch Medienvertretern kleinerer Institutionen eine Perspektive für die Prozessteilhabe bieten könnte. Welche Medienvertreter letzten Endes in den Genuss eines Zuhörerplatzes kommen (sei es im Medienraum oder im Sitzungssaal), ist jedoch vielmehr eine Sache des der Verhandlung vorgeschalteten Akkreditierungsverfahrens.

cc) *Verhinderung einer Quotierung im Akkreditierungsverfahren?*

Die Videoübertragung in einen Nebenraum und die dadurch entstehenden zusätzlichen Kapazitäten könnten des Weiteren dazu im Stande sein, eine Quotierung im Zuge der Akkreditierung von Medienvertretern zu verhindern.[562] Dies könnte vor allem dann gelten, wenn mehrere Räumlichkeiten für die Videoübertragung zur Verfügung ständen. Da sich nach der hier vertretenen Auffassung die Übertragung jedoch nur auf einen einzigen Raum erstrecken sollte, wird das Erfordernis einer Quotierung im Akkreditierungsverfahren voraussichtlich weiterhin Bestand haben. Gleichwohl sind Fälle denkbar, bei denen durch die hier diskutierte Erweiterung der Öffentlichkeit ein ausreichendes Kontingent an Zuhörerplätzen geschaffen wird, und daher im Akkreditierungsverfahren auf eine Quotierung verzichtet werden kann.

dd) *Eindämmung des Scheckbuchjournalismus?*

Durch das zusätzlich geschaffene Kontingent an Zuhörerplätzen wäre es zudem durchaus möglich, dem sog. „Scheckbuchjournalismus" in einem gewissen Rahmen Einhalt zu gebieten. So ist es bspw. im NSU-Prozess möglich, dass ein Medium jederzeit den durch das Losverfahren ergatterten Zuhörerplatz an einen anderen akkreditierten Journalisten weitergeben kann.[563] Diese Option

561 v. Coelln, *Zur Medienöffentlichkeit der Dritten Gewalt*, S. 273 f.

562 Vgl. Kühne, StV 2013, 417, 419.

563 Siehe Verfügung des OLG München v. 19.04.2013, Az.: 6 St 3/12 (Fn. 486), S. 4.

der Weitergabe des Zuhörerplatzes – mag sie in der Sache zwar richtig sein, da dadurch Medienvertreter, welche bisher „leer ausgegangen“ sind, nun doch der Verhandlung beiwohnen können – lässt naheliegenderweise darauf schließen, dass dies gewissermaßen zu einem Geschäftsmodell gemacht wird. Es liegt auf der Hand, dass die Weitergabe eines bereits erlangten Platzes nur gegen ein entsprechendes Entgelt erfolgen wird. Durch jene Erweiterung der Öffentlichkeit könnte diesem Umstand ein Stück weit abgeholfen werden, wenngleich dadurch der Scheckbuchjournalismus sicherlich nicht obsolet wird.

b) Auswirkungen auf die Berichterstattung

Eine solche Übertragungsmöglichkeit könnte ferner positive Auswirkungen auf die Gerichtsberichterstattung haben.

aa) Weniger Berichterstattung aus „zweiter Hand“

Das „Mehr“ an Zuhörerplätzen könnte z. B. in einem gewissen Rahmen den Abbau von Berichten aus „zweiter Hand“ zur Folge haben. Vor allem größere Vertreter der Medienbranche haben oftmals nur die notwendigen Ressourcen, um – abstrakt formuliert – an eine Informationsquelle zu gelangen und sodann darüber zu berichten. Viele (vor allem kleinere) Medien vermögen zwar ebenfalls über Selbiges zu berichten, allerdings knüpfen sie im Rahmen ihrer eigenen Berichterstattung lediglich an jenes bereits geschöpfte Wissen an, ohne selbst in den Genuss der Teilhabe an der Informationsquelle gekommen zu sein. Die Folge: Die Berichterstattungen ähneln sich, der Rezipient erhält im Wesentlichen die gleichen Informationen.

Die Videoübertragung der Gerichtsverhandlung könnte nun einer größeren Zahl an Medienvertretern ermöglichen, sich ein eigenes Bild von der Verhandlung zu machen. Denn die persönliche Anwesenheit – ob im Haupt- oder einem Nebenraum – bietet zweifelsohne wichtige Erkenntnisse über die Verhandlung. Mehr noch: Sie stellt ein elementares Erfordernis einer qualitativ hochwertigen Gerichtsberichterstattung dar. Eindrücke wie die Atmosphäre im Verhandlungssaal, das Verhalten der Verfahrensbeteiligten etc. können am besten durch die persönliche Anwesenheit wahrgenommen werden. Die Möglichkeit der persönlichen Teilhabe an der Verhandlung könnte dann zu einer facettenreicheren Berichterstattung führen, da jeder Journalist unterschiedliche Akzente im Rahmen der Gerichtsberichterstattung setzen dürfte.

bb) Fokussierung auf den Verfahrensgegenstand

Das Argument, mehr Öffentlichkeit ebenso im Interesse der Justiz herzustellen, geht nach *Fölster* vielmehr in die Richtung, bereits bestehendes Vertrauen nicht zu gefährden.[564] Die zusätzlich für Medienvertreter geschaffenen Kapazitäten könnten daher zugleich den positiven Effekt haben, dass sich die Berichterstattung deutlich mehr auf den eigentlichen Gegenstand des Prozesses konzentriert und etwaige Kritik wegen nicht ausreichender Zuhörerplätze erst gar nicht aufkommt. Dies ist im NSU-Prozess von Anfang an gerade nicht der Fall gewesen. Die Tatsache, dass die Anzahl der möglichen Zuhörerschaft, wie in jedem Verfahren, begrenzt war und daher nicht alle von Beginn an als Zuhörer teilnehmen konnten, ließ den eigentlichen Gegenstand des Verfahrens, nämlich die Frage nach der Schuld der Angeklagten, für eine gewisse Zeit deutlich in den Hintergrund geraten.

c) Transparenz und besseres Verständnis?

Die Erweiterung der Saalöffentlichkeit stellt grundsätzlich eine Verbesserung der Teilnahmemöglichkeit für Medienvertreter dar. Die Justiz würde durch ein solches Vorhaben zumindest bei solchen Verhandlungen für mehr Transparenz sorgen, bei denen das Interesse vieler Zuhörer an einer Teilnahme besteht. Von dieser Transparenz könnten dann nicht nur die Medien, sondern auch die Öffentlichkeit an sich profitieren. Durch die behutsame Anpassung der Justiz an die veränderten Bedürfnisse der heutigen Mediengesellschaft wird zudem der Gefahr entgegengewirkt, dass die Justiz von der Gesellschaft in eine Parallelwelt verortet wird.[565]

Indessen steht der Vorwurf im Raume, dass die gerichtsinterne Videoübertragung dem Wunsch, dass eine breitere Öffentlichkeit einen Einblick in den Alltag der Justiz erhalten soll, nicht im erforderlichen Maße Rechnung getragen wird.[566] Dem ist insoweit zuzustimmen, dass allein die gerichtsinterne Videoübertragung in dem hier diskutierten Rahmen dieses Ziel nicht adäquat erreichen kann. Sie stellt hierfür einen „zu kleinen Schritt“ dar. Allein der Umstand, dass mehr Medienvertreter an einer Verhandlung teilnehmen können, führt nicht zwangsläufig dazu, dass einer breiteren Öffentlichkeit ein genaueres Bild von der Justiz vermittelt wird. Das Verständnis der Öffentlichkeit für die Arbeit der Justiz wird sich daher durch eine solche Maßnahme nicht wesentlich verbessern. Nicht zuletzt

564 Fölster, NK 2014, 154, 158.

565 Fölster, NK 2014, 154, 157 f.

566 So Jung, GA 2014, 257, 264.

scheitert es daran, dass die Erweiterung der Öffentlichkeit in nur wenigen Verfahren notwendig sein wird.

Die gerichtsinterne Übertragung ermöglicht es jedoch, dass eine bestimmte Anzahl an Medienvertretern erst Zugang zu einer Informationsquelle erhalten und die darauf basierende nachgeschaltete Berichterstattung inhaltlich auf die persönliche Teilnahme an der Verhandlung zurückzuführen ist. Die gerichtsinterne Videoübertragung soll daher in einem gewissen Rahmen sicherstellen, *dass* und *wie* über die Verhandlung berichtet werden kann. Es geht dabei aber weniger um das Ziel, einer breiteren Öffentlichkeit einen authentischen Einblick in die alltägliche Arbeit der Justiz gewähren zu wollen.

2. Contra

a) Kostenfaktor

Mit der Videoübertragung gehen auf der anderen Seite natürlich Kosten einher. So wird argumentiert, dass allein die Anschaffung und Betreibung der entsprechenden Technik für eine solche Erweiterung der Saalöffentlichkeit zu einer erheblichen Belastung des Justizhaushaltes führen würde.[567] Ein solches Vorhaben könnte bereits an der latent schwierigen Haushaltslage der zuständigen Länder scheitern.[568] Im NSU-Prozess hätten bspw. fast 100 Monitore für die Beteiligten des Verfahrens aufgestellt werden müssen.[569] Allein die Renovierung und Modernisierung des Münchener Gerichtssaales (u. a. neue Stühle, Steckdosen für die Laptops der Anwälte, Tische mit Mikrofonen, eine Anlage für Simultanübersetzer sowie drei Kameras oberhalb der Richterbank, anhand derer die Vorgänge im Nebenkläger-Bereich auf Leinwände übertragen werden) kostete den Freistaat Bayern bereits 1,25 Millionen Euro.[570] Zu den Beschaffungskosten für eine Simultanübertragung – einschließlich deren Wartung – kämen freilich noch die gesteigerten Personalkosten hinzu.

Dagegen ist jedoch hervorzubringen, dass sich das Erfordernis einer Übertragung der gerichtlichen Verhandlung nur auf diejenigen Prozesse erstreckt, in denen ein erhebliches Interesse von Seiten der Zuhörer (vornehmlich der

---

567 Schumann, DRiZ 2013, 254, 256; nach dem Dafürhalten von *Kutschaty* kann ein solches Vorhaben hingegen sehr kostengünstig geschaffen werden, Kutschaty/Gerhardt, ZRP 2013, 219.

568 Britz, jM 2015, 127, 130.

569 Schumann, DRiZ 2013, 254, 256.

570 Sundermann, ZEIT ONLINE v. 09.05.2013, abrufbar unter: http://www.zeit.de/gesellschaft/zeitgeschehen/2013-05/nsu-prozess-gerichtssaal (abgerufen am 16.08.2017).

Medienvertreter) besteht *und* darüber hinaus die Kapazitäten des Zuhörerraumes bei Weitem nicht ausreichen sollten. Prozesse, bei denen die Saalkapazitäten für die Zuhörerschaft nicht ausreichen, stellen jedoch die Ausnahme dar und werden daher nur vereinzelt vorkommen. Dies hat auch eine Bedarfsabfrage der Bund-Länder-Arbeitsgruppe „Zeitgemäße Neufassung des § 169 GVG“ bei den Gerichten ergeben.[571] Wenngleich Engpässe in Gerichtssälen nur vereinzelt vorkommen sollten, so zeigt der NSU-Prozess dennoch im negativen Sinne eindrucksvoll, dass bereits ein einzelner Prozess enorme Auswirkungen auszulösen vermag und Urheber eines hitzig geführten gesellschaftlichen Diskurses sein kann.

Eine vollumfängliche technische Ausstattung *jedes* Gerichts ist hingegen nicht notwendig. Was die technische Ausstattung an sich betrifft, so ist eine solche bereits jetzt an vielen Gerichten vorzufinden. Die BRAK wies im Zusammenhang mit der Simultanübertragung allerdings darauf hin, dass die bisher in vielen deutschen Gerichten existierenden Videokonferenzanlagen aus technischer Sicht nicht dazu in der Lage sind, das Bild eines gesamten Gerichtssaales zu übertragen.[572] Die Notwendigkeit der Beschaffung erforderlicher Technik dürfte in vielen Fällen daher nicht entfallen. Bei Bedarf könnte die für die Simultanübertragung erforderliche Technik aber – in Form einer mobilen Lösung – zur jeweiligen Einsatzstelle transportiert werden. Eine gewisse Flexibilität könnte daher ohne Weiteres gewährleistet werden. Sofern die entsprechende Technik allerdings erst im jeweiligen Bedarfsfall beschafft werden müsste (ggf. auch in Form der Anmietung), so würde dies zu einer deutlich längeren Vorbereitungszeit führen, als wenn die Technik fest zum Inventar des Gerichtes gehörte.[573]

Eine naheliegende Alternative zur Simultanübertragung könnte auf der anderen Seite natürlich die bauliche Vergrößerung der jeweiligen Gerichtssäle sein. Dies wäre indessen mit noch höheren Kosten verbunden. Des Weiteren wäre wohl im Durchschnitt nicht mit einer adäquaten Auslastung größerer Verhandlungssälen zu rechnen. Allein aus Kostengründen wäre es daher sinnvoller, sich eine im Gerichtsgebäude bereits bestehende Räumlichkeit für die Erweiterung der Saalöffentlichkeit bei Bedarf zu Nutze zu machen.

---

571 Bund-Länder-Arbeitsgruppe „Zeitgemäße Neufassung des § 169 GVG“, Abschlussbericht, S. 18, abrufbar unter: http://www.bmjv.de/SharedDocs/Downloads/DE/PDF/Abschlussbericht_Bund_Laender_Arbeitsgruppe_169GVG.pdf;jsessionid=B216FD7C851AA6F6AD2B24E5265C0831.1_cid334?__blob=publicationFile&v=1 (abgerufen am 01.09.2017).

572 BRAK, Stellungnahme Nr. 45/2014 (Fn. 493), S. 5.

573 Vgl. Beulke, ZStW 2001, 709, 721.

Einer souveränen Justiz, die sich den gesellschaftlichen Gegebenheiten – genauer gesagt dem gesteigerten Informationsbedürfnis – nicht verschließen will, müssen die dafür erforderlichen finanziellen Mittel zur Verfügung gestellt werden. Es liegt also grundsätzlich an den Justizministerien der Länder, die Gerichte mit der für die Simultanübertragung notwendigen Technik auszustatten. Einsparungen in diesem Bereich sind aufgrund der vielfältigen Auswirkungen auf die Gesellschaft eines im Fokus stehenden Prozesses daher nicht zielführend. Die Stellung der Kostenfrage ist daher im Zuge der Debatte grundsätzlich berechtigt, allerdings kein durchgreifendes Argument. Der durch ein solches Vorhaben mögliche Nutzen könnte somit die dadurch entstehenden Mehrkosten durchaus rechtfertigen.

b) Zusätzliche Belastung für den Vorsitzenden

Der Einsatz einer solchen Übertragungstechnik und die damit einhergehende Erweiterung der Pflichten würden natürlich zu einer zusätzlichen Belastung des Vorsitzenden führen.[574] Der Blick des Vorsitzenden wäre nun nicht mehr allein auf den eigentlichen Verhandlungssaal gerichtet, sondern darüber hinaus auf den per Video zugeschalteten Nebenraum. Das hieße, dass der Vorsitzende anhand eines Monitors stets die Einhaltung der Ordnung in dem Nebenraum überprüfen müsste. Durch die Überprüfung des Monitors besteht daher die Gefahr der Ablenkung und die damit einhergehende verminderte Konzentrationsfähigkeit. Eine solche Pflicht des Vorsitzenden in Form eines sozusagen „interaktiven Fernsehens“ wird gar mit der eines passiv Fernsehen schauenden Autofahrers verglichen.[575] Es wird kritisiert, dass die Überprüfung des entsprechenden Monitors die Konzentration des Vorsitzenden auf das eigentliche Geschehen der Hauptverhandlung in unzumutbarer Art und Weise bedeutend beeinträchtigen würde.[576] Eine solche Überprüfungspflicht des Vorsitzenden ließe sich in der Praxis zudem kaum durchhalten.[577]

Sinnvollerweise sollte der Nebenraum eine gewisse Größe und damit die Anzahl der darin befindlichen Medienvertreter nicht übersteigen. Durch dieses Erfordernis kann sich der Vorsitzende relativ schnell einen Überblick über die

574 So auch Schumann, DRiZ 2013, 254 f.; ebenso BRAK, Stellungnahme Nr. 45/2014 (Fn. 493), S. 6; Gr. Strafrechtskommission d. Dt. Richterbundes, Gutachten (Fn. 509), S. 156.

575 Schumann, DRiZ 2013, 254, 256.

576 Schlothauer, StV 2015, 665, 667.

577 Gr. Strafrechtskommission d. Dt. Richterbundes, Gutachten (Fn. 509), S. 156.

anwesenden Personen und somit über die Einhaltung der Ordnung im Nebenraum verschaffen. Ferner wird dies zugleich durch die zur Verfügung Stellung *eines* Nebenraumes, und gerade nicht *mehrerer* Nebenräume, sichergestellt. Bei Letzterem dürften etwaige Bedenken durchaus ihre Berechtigung haben, würde die Überprüfung der Ordnung mehrerer Nebenräume doch wesentlich mehr Zeit und Aufwand für den Vorsitzenden bedeuten, als es bei lediglich einem Raum der Fall wäre. Die Übertragung der Verhandlung in mehrere Gerichtsräume wäre nur dann weniger bedenklich, wenn sich die Sitzungspolizei des Vorsitzenden nur auf den eigentlichen Verhandlungssaal und gerade nicht auf die zusätzlichen Nebenräume erstrecken würde, und letztere daher nicht Teil der Saalöffentlichkeit wären.

Der Blick des Richters ist bereits während einer regulären Verhandlung – d. h. ohne die Erweiterung der Saalöffentlichkeit – nicht permanent und schwerpunktmäßig auf die Zuhörer gerichtet, sondern – und zurecht – vielmehr auf die Beteiligten des Verfahrens. Dass die im Nebenraum befindlichen Personen daher öfter „in den Blick genommen" werden müssen als diejenigen, die bereits im Hauptsaal anwesend sind, ist nicht naheliegend. Ferner ist nicht zu befürchten, dass es durch die anwesenden Medienvertreter im Nebenraum zu derartigen Störungen kommt, dass der ordnungsgemäße Gang des Verfahrens gefährdet sein könnte.[578] Ein zuvor durchgeführtes Akkreditierungsverfahren könnte darüber hinaus auch solchen Befürchtungen Abhilfe schaffen.[579] Sofern auf die etwaige Missbrauchsgefahr von rechtradikalen Personen hingewiesen wird[580], die sich Presseausweise verschaffen, um andere Medienvertreter in der Verhandlung zu behindern[581], wird richtigerweise entgegengebracht, dass aus solchen Einzelfällen gerade nicht der Schluss gezogen werden kann, dass der Vorsitzende die Ordnung im Nebensaal nicht einhalten könne.[582]

Dass der Vorsitzende in den gleichen Zeitabständen seinen Monitor kontrollieren muss, wie bspw. der Triebfahrzeugführer sein Pedal für die Sicherheitsfahrschaltung zu bedienen hat, ist somit nicht zu befürchten. Es wird genügen,

---

578 Merk, DRiZ 2013, 234, 235; vgl. auch Huff, LTO v. 06.03.2013 (Fn. 519).

579 Merk, DRiZ 2013, 234, 235.

580 So Schumann, DRiZ 2013, 254, 256.

581 In einem Prozess gegen zwei Rechtsextreme vor dem Amtsgericht München im Januar 2013 beschmutzte bspw. ein Zuschauer, welcher sich als Journalist ausgab, u. a. die Objektive der anderen Medienvertreter, Riedel, SZ v. 03.01.2013, abrufbar unter: http://www.sueddeutsche.de/muenchen/prozess-um-paulchen-panther-melodie-geschmacklos-aber-nicht-strafbar-1.1563520 (abgerufen am 01.09.2017).

582 Hagenkötter in *Kontrolle d. Gerichts/Befriedigung d. Informationsbedürfnisses*, S. 50.

wenn der Vorsitzende in größeren Zeitabständen die Situation im Nebenraum überprüft. Von einer erheblichen Ablenkung des Vorsitzenden durch die Überprüfung der Ordnung im Nebenraum anhand eines Monitors ist daher nicht auszugehen. Von einer erheblichen Ablenkung des Richters wäre vielmehr in anderen Fällen auszugehen; etwa dann, wenn er während der Hauptverhandlung sein Smartphone bedient.[583] Das Argument, dass dem Vorsitzenden im Hinblick auf die ordnungsgemäße Durchführung des (umfangreichen) Strafverfahrens in angemessener Zeit die Sitzungspolizei für den Nebenraum nicht noch zusätzlich aufgebürdet werden könne, greift letzten Endes nicht.[584]

Gewiss, die zusätzliche Ausübung der Sitzungspolizei für den Nebenraum und die damit einhergehenden Anstrengungen schaffen für den Vorsitzenden eine neue Situation, die eines Gewöhnungsprozesses bedarf und daher nicht zu unterschätzen ist. Der mediale Druck, welcher in Sensationsprozessen auf dem Vorsitzenden lastet, ist wie bereits im Vorfeld erörtert wurde, keinesfalls als gering einzuschätzen. Der Einsatz einer Videoübertragung dürfte diesen Druck im Regelfall noch weiter verstärken. Um diesem zusätzlichen Druck standzuhalten, braucht es daher einen Vorsitzenden, der nicht nur im Umgang mit den (nun vermehrt) anwesenden Zuhörern eine gewisse Erfahrung besitzt, sondern vor allem auch eine entsprechende Kompetenz im Umgang mit ihnen vorweisen kann. Auf die Notwendigkeit, bereits im Zuge der Richtereinstellung vermehrt die Persönlichkeit des Menschen zu betrachten, wurde bereits hingewiesen. Die Notwendigkeit eines solchen Vorgehens zeigt sich an dieser Stelle erneut deutlich. Der Richter muss – mehr noch als früher – belastbar sein und die Fähigkeit besitzen, sich den Gegebenheiten und Anforderungen gegenwärtiger justizieller Arbeit anzupassen.

c) Belastung für andere Verfahrensbeteiligte

Bedenken bestehen jedoch ebenso bei anderen Verfahrensbeteiligten wie z. B. dem Staatsanwalt oder dem Verteidiger. Bei Letzterem wird befürchtet, dass durch das ständige „im Auge behalten" seines Monitors die Konzentration im Rahmen seines Plädoyers erheblich beeinträchtigt werde und ihn damit ablenken könnte.[585] Was die Überprüfung der Ordnung im Nebenraum durch den Vorsitzenden anbelangt, so würde dem Staatsanwalt zudem eine vergleichbare Bürde auferlegt werden, ist er doch gem. Nr. 128 Abs. 1 S. 1 RiStBV dazu angehalten,

---

583 Fromm, MMR 2016, 233, 235; vgl. BGH NJW 2015, 2986.

584 So jedoch Fölster, NK 2014, 154, 159.

585 So Schumann, DRiZ 2013, 254, 256.

darauf hinzuwirken, dass die Hauptverhandlung geordnet abläuft[586] und im Falle von Vorgängen, welche der Wahrheitserforschung zuwiderlaufen könnten, dies dem Gericht dann unverzüglich mitzuteilen (Nr. 128 Abs. 2 RiStBV).

Die Befürchtung, dass die Konzentration des Verteidigers beeinträchtigt sein könnte, ist natürlich möglich, allerdings wird von einem erfahrenen und darüber hinaus auch mit den Medien vertrauten Verteidiger zu erwarten sein, dass der Einsatz einer solchen Technik die Souveränität seines Vortrages nicht im erheblichen Maße tangieren wird. Gleiches gilt für den Vortrag des Staatsanwaltes. Was die Kontrolle des Nebenraumes betrifft, so wird der Staatsanwalt nicht mehr leisten müssen als der Vorsitzende; es wird daher ebenfalls genügen, wenn der Monitor in größeren Zeitabständen in den Blick genommen wird. Insgesamt lässt sich festhalten, dass nicht nur vom Vorsitzenden, sondern auch von den anderen Verfahrensbeteiligten gewisse Anstrengungen abverlangt werden müssen. Dass diese Anstrengungen nicht in dem erforderlichen Rahmen erbracht werden können, erschließt sich bisher jedoch nicht.

d) Negative Auswirkungen der Kameras auf die Prozessbeteiligten

Die Übertragung der Hauptverhandlung in einen weiteren Raum des Gerichtes bringt es einher, dass mindestens eine Videokamera für die Aufnahmen der entsprechenden Bilder im Gerichtssaal positioniert werden müsste. Mit den Kameraaufnahmen könnte jedoch zugleich die Gefahr der Beeinflussung von Verfahrensbeteiligten wachsen. Dagegen spricht jedoch der Umstand, dass die Kamera das Geschehen gerade nicht in die privaten Haushalte der Republik übertragen soll, sondern sich die Übertragung ausschließlich auf den Nebenraum erstreckt. Zudem besteht keine begründete Gefahr, dass die gerichtsinterne Übertragung einen rechtspolitischen Einschnitt hin zu einer allgemeinen Übertragung der Verhandlung im Fernsehen darstellen könnte.[587] Naheliegender wäre es vielmehr, dass z. B. die gerichtsinterne Übertragung zusätzlich für Verteidigungszwecke aufgezeichnet wird.[588] Durch die Voraussetzung, dass nur eine starre Kameraführung zum Einsatz kommen soll, und es sich verbietet Nahaufnahmen einzelner Verfahrensbeteiligter zu zeigen, muss darüber hinaus keiner der Verfahrensbeteiligten die Besorgnis haben, zwischenzeitlich im Fokus der gerichtsinternen Übertragung zu stehen.

586 BRAK, Stellungnahme Nr. 45/2014 (Fn. 493), S. 6.

587 So jedoch Friehe in *Kontrolle d. Gerichts/Befriedigung d. Informationsbedürfnisses*, S. 30; ähnlich auch Alwart, LTO v. 30.04.2013 (Fn. 495).

588 Vgl. Schumann, DRiZ 2013, 254, 257.

Ferner bedarf es voraussichtlich keiner Vielzahl an Videokameras, um eine solche Übertragung zu ermöglichen. Diejenige, oder Diejenigen, die dafür notwendig ist/sind, könnte(n) zu weiten Teilen dezent im Gerichtssaal platziert werden. Daher ist es nicht fernliegend, dass die Verfahrensbeteiligten diese nach kürzester Zeit nicht mehr aktiv wahrnehmen, es gar zur Selbstverständlichkeit wird. Durch die per Video sichergestellte Einsicht in den Nebenraum, der dortigen Anwesenheit des Wachpersonals und dem vorausgehenden Akkreditierungsverfahren für Medienvertreter können auch etwaige Befürchtungen des unerlaubten Mitschneidens der Verhandlung und der Zurschaustellung von Verfahrensbeteiligten weitgehend beseitigt werden, zumal das Verbot des § 169 S. 2 GVG auch für den Nebenraum Bestand hätte.

Darüber hinaus würden die Beteiligten des Verfahrens auch regelmäßig darüber in Kenntnis gesetzt werden, dass die Aufnahmen der Kamera(s) lediglich in einen Nebenraum übertragen werden, letztendlich also gerichtsintern bleiben. Es ist vor allem auf das Einfühlungsvermögen des Vorsitzenden zu setzen, dies den Beteiligten zu Beginn der Verhandlung klar zu machen.[589] Aber auch während des Ganges der Verhandlung kann ein solcher Hinweis erforderlich sein, z. B. im Vorfeld der Vernehmung von Zeugen oder Sachverständigen. Ferner wird es auch die Aufgabe des Verteidigers sein, seinem Mandanten dies in aller Eindringlichkeit zu verdeutlichen, um seinen möglichen Ängsten oder gar Profilierungserwägungen entgegenzuwirken. Von der Tatsache, dass es sich ausschließlich um eine gerichtsinterne Übertragung handelt, wird sich im Zweifel der Angeklagte selbst überzeugen können, ist es doch zwingend erforderlich, dass sein Verteidiger ebenfalls über einen Monitor, welcher Einblicke in den Nebenraum bietet, verfügt.

Es überzeugt auch nicht, weshalb das Verhandeln in einem voll besetzten 100 Zuhörer fassenden Gerichtssaal zulässig sein soll, jedoch die Übertragung aus einem 50 Zuhörer fassenden Saal in einen ebenfalls 50 Zuhörer fassenden Raum eine unzulässige Zurschaustellung des Angeklagten im Sinne eines Sensationsobjektes darstellen soll.[590] Wenn ausgeführt wird, dass die Authentizität des Verhaltens der Verfahrensbeteiligten durch die Kameras unabhängig davon tangiert wird, ob die Übertragung der Verhandlung nun in einem Kino- oder einem Sitzungssaal stattfindet[591], kann dem aufgrund des bereits Gesagten nicht

589 Hagenkötter in *Kontrolle d. Gerichts/Befriedigung d. Informationsbedürfnisses*, S. 51.

590 Gr. Strafrechtskommission d. Dt. Richterbundes, Gutachten (Fn. 509), S. 110.

591 So Quentin in *SSW-StPO*, § 169 GVG, Rn. 22.

zugestimmt werden. Die Gefahr einer massiven Verhaltensänderung der Prozessbeteiligten aufgrund einer gerichtsinternen Verhandlungsübertragung ist also nicht zu befürchten.[592]

Letzten Endes sind etwaige Beeinflussungen auf das Verhalten der Prozessbeteiligten aber auch ohne eine solche Übertragung möglich, bzw. finden statt, und sind daher nie gänzlich auszuschließen. Allein schon die bestehende Saalöffentlichkeit führt zu einer grundsätzlichen Verhaltensänderung.[593] Aus diesem Grunde würde man jedoch niemals die gesamte Öffentlichkeit ausschließen.[594] Es ist vielmehr „nur eine gefühlte Selbstverständlichkeit", dass Beteiligte des Verfahrens durch die Kameraaufnahmen in ihrem Verhalten beeinflusst werden.[595]

e) *Verstöße gegen § 169 S. 2 GVG*

Des Weiteren sind auch Verstöße gegen § 169 S. 2 GVG durch die im Nebenraum anwesenden Medienvertreter möglich. Um solchen Missbrauchsgefahren entgegenzuwirken, hält *Huff* ein Verbot der Mitnahme von Mobiltelefonen, Laptops und Ähnlichem mit integrierter Kamera für angemessen.[596] Faktisch würde dies hingegen auf ein generelles Mitnahmeverbot solcher Geräte hinauslaufen, verfügt der wesentliche Teil von ihnen doch heutzutage über eine integrierte Kamera. Dass die Medienvertreter mitunter mit älteren technischen Gerätschaften (die noch ohne eine Kamera ausgestattet sind) arbeiten oder gar darauf verzichten sollten, stellt indessen eine Erschwerung ihrer Arbeit dar. Auch die Möglichkeit, die entsprechenden Kameralinsen mittels Klebeband oder Ähnlichem zu verdecken, dürfte nicht zielführend sein.

Die hier behandelte Erweiterung der Saalöffentlichkeit sollte sinnvollerweise nicht nur eine zusätzliche Räumlichkeit für die Medienvertreter schaffen, sondern zugleich deren Arbeitsbedingungen verbessern. Es wäre daher inkonsequent, würde man der oben genannten Forderung nach einem Mitnahmeverbot für

592 Vgl. auch Merk, DRiZ 2013, 234, 235.

593 So v. Coelln im Rahmen der Diskussion „Berichterstattung aus der Verhandlung" auf der 115. Tagung des Studienkreises für Presserecht und Pressefreiheit, Libor, AfP 2014, 224, 227.

594 So Hamm im Rahmen der Diskussion „Berichterstattung aus der Verhandlung" auf der 115. Tagung des Studienkreises für Presserecht und Pressefreiheit, Libor, AfP 2014, 224, 227.

595 So v. Coelln im Rahmen seines Vortrages auf der 115. Tagung des Studienkreises für Presserecht und Pressefreiheit, Libor, AfP 2014, 224, 225.

596 Huff, LTO v. 06.03.2013 (Fn. 519).

bestimmte Geräte nachkommen. Darüber hinaus ist dadurch, dass der Nebenraum zur Einhaltung der Überschaubarkeit eine gewisse Größe nicht überschreiten darf und durch die dortige Anwesenheit von ausreichendem Wachpersonal, die generelle Gefahr eines Missbrauchs in Form der öffentlichen Verbreitung der übertragenden Bilder gering[597], bzw. nicht höher als durch die anderen anwesenden Medienvertretern im Hauptsaal. Da es sich um einen (Medien-)Raum und gerade nicht um einen weiteren großen Verhandlungssaal handeln soll, dürfte dieser im Hinblick auf einen etwaigen Missbrauch i. S. d. § 169 S. 2 GVG sogar noch besser zu kontrollieren sein als der eigentliche Verhandlungssaal. Medienvertreter verweisen bezüglich Missbrauchsbefürchtungen durch einzelne Journalisten zudem auf die Selbstkontrolle der Presse, insbesondere den Verhaltenskodex des Presserats.[598]

f) Technische Störungen

Trotz des Einsatzes moderner Technik kann es natürlich zu technischen Störungen kommen. Möglich wären insofern Bild- und/oder Tonausfälle der Übertragung. Für solche Fälle müsste sichergestellt werden, dass ein entsprechend geschultes Personal alsbald Abhilfe schaffen kann. Darüber hinaus müssten Ersatzteile für die Technik vor Ort sein, will man dem Risiko der Verfahrensverzögerung, im schlimmsten Fall gar der Vertagung des Prozesses, entgehen. Wesentliche technische Störungen würden folglich die Gesamtkosten des Verfahrens erhöhen. Die Probleme, die durch technische Störungen auftreten könnten, sind daher im Zuge der Debatte nicht außer Acht zu lassen.

Auf der anderen Seite dürften etwaige und vor allem schwerwiegende Störungen hinsichtlich der Verhandlungsübertragung nicht derart häufig vorkommen, dass dadurch das gesamte Vorhaben konterkariert würde; zumal sich viele technische Probleme mit relativ geringem Zeitaufwand vor Ort lösen lassen dürften. Ferner hat der Einzug von technischen Geräten wie z. B. Mikrofonen an deutschen Gerichten bereits vor etlichen Jahren begonnen, bei diesen sind ebenso Störungen oder Ausfälle möglich. Abstrakt formuliert sind technische Störungen nie gänzlich auszuschließen und stets Teil einer modernen technologisch erschlossenen Gesellschaft. Sie stellen kein gewichtiges Argument gegen eine Videoübertragung der Verhandlung dar.

597 Anders hingegen Hamm, AfP 2014, 202, 209; Graf, PUBLICUS 2013, 22, 23.

598 Bund-Länder-Arbeitsgruppe „Zeitgemäße Neufassung des § 169 GVG“, Abschlussbericht (Fn. 571), S. 12.

g) *Zu- und abnehmender Medienandrang*

Im Zuge der Debatte um eine dezente Erweiterung der Saalöffentlichkeit wird vermehrt darauf hingewiesen, dass selbst im NSU-Prozess, dem ein gehöriger Ansturm der Medien um die Zuhörerplätze vorausging, unterdessen wieder genügend Zuhörerplätze zur Verfügung stehen.[599] Damit ist das Problem des zu- und abnehmenden Andrangs der Medien angesprochen. Gerade bei Verfahren, die sich über einen längeren Zeitraum erstrecken, ist nicht davon auszugehen, dass die Anzahl der am Verfahren interessierten Zuhörer konstant bleibt. Im Gegenteil, vielfach nimmt die Anzahl der Zuhörer bereits nach wenigen Verhandlungstagen ab.[600]

Auch bei medienintensiven Verfahren ist von einem variierenden Aufkommen der Zuhörerschaft auszugehen. So dürfte u. a. bei der ersten öffentlichen Verhandlung, den Plädoyers oder letzten Endes bei der Urteilsverkündung das Interesse der Medien besonders hoch sein. Bei anderen Verfahrensabschnitten dürfte hingegen das Interesse der Medien durchaus wieder abnehmen, da sie der Thematik nach für die Medien weniger interessant sind. Sollten daher im Verhandlungssaal ausreichend Zuhörerplätze zur Verfügung stehen, ist die Videoübertragung der Verhandlung obsolet. Der Vorsitzende wird in einem solchen Fall die Anordnung zur Videoübertragung mangels entfallender Rechtsgrundlage aufheben, um einer Rechtsverletzung zu entgehen.[601]

Da den Vorsitzenden während des gesamten Verfahrens die Pflicht trifft, die rechtlichen Voraussetzungen seiner Übertragungsanordnung der Kontrolle zu unterziehen, stellt dies – vor allem, wenn der Andrang der Medien nach dem Abschwächen des Interesses abermals beginnt – eine zusätzliche Belastung für ihn dar.[602] Trotz dieser nicht zu unterschätzenden Erweiterung seiner Pflichten kann dies jedoch durchaus vom Vorsitzenden verlangt werden. Dass der Vorsitzende sich dieser erweiterten Pflicht nicht annehmen könnte, ist nicht ersichtlich. Zudem muss der Vorsitzende ohnehin stets die Entwicklungen des Zuschauerinteresses während des laufenden Verfahrens im Blick haben[603], sodass auch ohne eine Übertragung der Verhandlung diese Aufgabe für den Vorsitzenden nicht gänzlich entfallen würde.

---

599 Schumann, DRiZ 2013, 254, 255; van Lijnden, LTO v. 11.02.2014, abrufbar unter: http://www.lto.de/persistent/a_id/10950/ (abgerufen am 24.08.2017).

600 Graf, PUBLICUS 2013, 22, 23.

601 Schumann, DRiZ 2013, 254, 255.

602 Schumann, DRiZ 2013, 254, 255.

603 Bock, jM 2014, 123, 129.

Richtet man erneut den Blick auf den NSU-Prozess und die zwischenzeitlich frei gewordenen Zuhörerplätze, so dürfte die Inanspruchnahme dieser für viele Medienvertreter im Zuge der vorangeschrittenen Zeit weniger lukrativ sein, da sie gerade nicht von Anfang an selbst über den Prozess berichten konnten. Für eine grundsolide Auseinandersetzung mit dem Verfahrensstoff genügt es nicht, nur zwischenzeitlich im Gerichtssaal Platz nehmen zu können, sondern setzt voraus, dass von Anfang an und – sofern der jeweilige Prozess es erforderlich macht – über einen längeren Zeitraum die Teilnahme ermöglicht wird.[604] Diese Grundvoraussetzung ist im NSU-Prozess für viele Medienvertreter nicht geschaffen worden. Sie hätte durch die Aufstockung der Zuhörerplätze im hier behandelten Sinne aber durchaus geschaffen werden können.

Die Meldung, dass die Zuhörerplätze von der Anzahl her nicht genügen, führt darüber hinaus zu dem Umstand, dass potenzielle Zuhörer den Gang zum Gericht bereits aus diesem Grunde scheuen. Die Nachricht, dass mittlerweile genügend Plätze im jeweiligen Gerichtssaal vorhanden sind, dürfte sich, im direkten Vergleich zum umgedrehten Fall, weit weniger verbreiten. Über die Tatsache etwa, dass im NSU-Prozess nach einer gewissen Zeit wieder genügend Sitzplätze für Zuhörer vorhanden waren, wurde kaum bis gar nicht berichtet. Sinnvoll wäre es jedoch, wenn die Justiz von Anfang an – zumindest ansatzweise – die notwendigen Kapazitäten für Zuhörer schaffen könnte, und somit der Verhandlungsöffentlichkeit zugleich mehr Ausdruck verleiht.

Die Tatsache, dass der Gerichtssaal nicht durchgehend, jedoch an bestimmten Verhandlungstagen durchaus von der Kapazität her ausreichend ist, könnte durchaus den begründeten Anlass geben, die grundsätzliche Notwendigkeit einer Videoübertragung in Frage zu stellen. Ob der Verhandlungssaal nun weitgehend dem Ansturm gerecht wird oder nur vereinzelt an seine Kapazitätsgrenzen stößt, muss jedoch im Einzelfall betrachtet werden und spricht zunächst nicht pauschal gegen den Einsatz der gerichtsinternen Videoübertragung. Das zu- und abnehmende Medieninteresse ist und bleibt ein der Medienbranche geschuldeter Umstand, welcher dem Einfluss der Justiz weitgehend entzogen ist.

h) Beeinflussung von Zeugen

Weiterhin besteht die Gefahr, dass neben den Medienvertretern zugleich auch Zeugen im Nebenraum Platz nehmen und durch die Verhandlungsübertragung derart beeinflusst werden könnten, dass sie ihr späteres Aussageverhalten verändern. Durch die Bedingung, dass nur Medienvertreter in den Genuss der

604 Vgl. Friedrichsen/Gerhardt, ZRP 2015, 187, 188.

Anwesenheit im Nebenraum kommen, überdies dem Ganzen ein Akkreditierungsverfahren vorausgeht, kann dieser Gefahr allerdings entgegengewirkt werden.[605] Für die Sicherstellung, dass sich neben den akkreditierten Medienvertretern und dem Wachpersonal keine weiteren Personen in dem Nebenraum aufhalten, bedarf es daher einer durchgehenden Einlasskontrolle. Darüber hinaus kann den Verfahrensbeteiligten anhand eines Bildschirmes der Einblick in den Nebenraum ermöglicht werden.[606] Sollte also entgegen aller Maßnahmen ein noch zu vernehmender Zeuge im Nebenraum Platz nehmen, so könnte dies durch die Verfahrensbeteiligten durchaus zur Kenntnis genommen werden. Das Bedürfnis, ein unbefugtes Betreten des Medienraumes mithilfe der Schaffung eines entsprechenden Tatbestandes im Straf- oder Ordnungswidrigkeitenrecht zu sanktionieren[607], besteht daher nicht. Auch die Weitergabe von Informationen eines sich im Nebenraum befindlichen Medienvertreters an noch zu vernehmende Zeugen ist nicht ernsthaft zu befürchten, zumal eine solche Unterrichtungsgefahr ohnehin durch die im Hauptsaal anwesenden Zuhörer besteht. Eine im Vergleich zur normalen Verhandlung gesteigerte Gefahr potenzieller Beeinflussungen von Zeugen ist daher nicht ersichtlich.

VIII. Ist eine solche Übertragung de lege lata möglich?

Fraglich ist, ob die hier zum Gegenstand gemachte Simultanübertragung mit der gegenwärtigen Gesetzeslage vereinbar ist. Genauer gesagt stellt sich die Frage, ob eine Bild- und Tonübertragung der Verhandlung in einen Nebenraum mit dem Verbot des § 169 S. 2 GVG vereinbar ist oder ob es ggf. einer Änderung der Gesetzeslage bedarf. Die Verbotsnorm bedarf daher der Auslegung nach den bewährten Auslegungsmethoden.

1. Historische Auslegung

Im Zuge der Einführung der Vorschrift des § 169 S. 2 GVG im Jahre 1964 war sich der damalige Gesetzgeber von der technischen Möglichkeit einer Übertragung von bewegten Bildern und Tönen bewusst.[608] Mag der technische Aufwand für eine solche Übertragung früher noch ein anderer gewesen sein als es heutzutage der Fall ist, so hätte der Gesetzgeber jedoch diese Möglichkeit der Erweiterung

605 Merk, DRiZ 2013, 234, 235.

606 Merk, DRiZ 2013, 234, 235.

607 Vgl. die Überlegungen von Seif, Dt. Bundestag, Stenografischer Bericht, Plenarprotokoll 18/209, S. 21037.

608 Vgl. Kujath, *Der Laienjournalismus im Internet*, S. 236.

(welche bereits damals keinesfalls als fernliegend betrachtet werden konnte) der Saalöffentlichkeit in Betracht ziehen können.[609] Des Weiteren mangelt es in den entsprechenden Gesetzesmaterialien an einer eindeutigen Stellungnahme hinsichtlich eines solchen Szenarios. Dem Gesetzgeber wäre es aber ohne Weiteres möglich gewesen, auf die Einbeziehung von gerichtsinternen Bild- und Tonübertragungen vom Verbot des § 169 S. 2 GVG hinzuweisen und somit Unklarheiten zu beseitigen. Da dies jedoch nicht der Fall ist, kann aufgrund der Gesetzesmaterialien nicht unbedingt darauf geschlossen werden, dass der Gesetzgeber gerichtsinterne Übertragungen von dem Verbot des § 169 S. 2 GVG mit umfasst haben wollte.

Die Tatsache, dass die Vorschrift über viele Jahrzehnte hinweg inhaltlich keiner Anpassung unterworfen wurde, könnte ebenfalls dafür sprechen, dass der Gesetzgeber hinsichtlich einer gerichtsinternen Übertragung keine wesentlichen Bedenken hatte. Andererseits muss jedoch festgestellt werden, dass eine solche gerichtsinterne Übertragung von den Gerichten in der Vergangenheit schon aufgrund revisionsrechtlicher Bedenken nicht in Erwägung gezogen wurde und der Gesetzgeber daher sicherlich nicht in Bedrängnis gebracht wurde, § 169 S. 2 GVG entsprechend zu ergänzen. Dennoch, die historische Auslegung des § 169 S. 2 GVG spricht nicht zwangsläufig gegen die Einbeziehung von gerichtsinternen Bild- und Tonübertragungen vom Verbot des § 169 S. 2 GVG.[610]

2. Systematische Auslegung

Die Tatsache, dass die Vorschrift des § 169 S. 2 GVG direkt nach dem Öffentlichkeitsgrundsatz des § 169 S. 1 GVG und allgemein im 14. Titel (Öffentlichkeit und Sitzungspolizei) vorzufinden ist, vermag keine Rückschlüsse hinsichtlich der Zulässigkeit einer Simultanübertragung zu geben.

3. Wortlaut der Norm

Fraglich ist jedoch, ob sich aus dem Wortlaut der Vorschrift des § 169 S. 2 GVG Rückschlüsse hinsichtlich der Zulässigkeit einer Simultanübertragung ziehen lassen.

---

609 Daher ist es falsch, wenn im Referentenentwurf des BMJV ausgeführt wird, dass der im Jahre 1964 stattgefundene Diskurs über die Vorschrift des § 169 S. 2 GVG die gerichtsinterne Übertragung in Echtzeit noch nicht im Blick haben konnte, Referentenentwurf des BMJV zur Erweiterung der Medienöffentlichkeit (EMöGG), S. 9, abrufbar unter: https://www.bmjv.de/SharedDocs/Gesetzgebungsverfahren/Dokumente/RefE_Erweiterung_Medienoeffentlichkeit_Gerichtsverfahren.pdf?__blob=publicationFile&v=2 (abgerufen am 01.09.2017).

610 Anders jedoch Kujath, *Der Laienjournalismus im Internet*, S. 236.

a) *Ton- und Filmaufnahmen/Ton- und Fernseh-Rundfunkaufnahmen*

Eine Übertragung der Verhandlung per Rundfunk ist in diesem Kontext nicht vorgesehen, sodass das Merkmal der „Ton- und Fernseh-Rundfunkaufnahmen" nicht einschlägig ist. Die für eine solche Simultanübertragung notwendigen Kameraaufnahmen von der Verhandlung in Bild und Ton könnten aber „Ton- und Filmaufnahmen" im Sinne des § 169 S. 2 GVG darstellen.

aa) *Unterschiede zwischen einer Aufnahme und einer Übertragung*

Nach dem Dafürhalten von *Leitner* ist zwischen einer Aufnahme und einer Übertragung zu unterscheiden: So sollen vom Verbot des § 169 S. 2 GVG lediglich Aufnahmen, d.h. die Speicherung von Daten erfasst sein, wohingegen die reine Übertragung, wie z.B. bei Videokonferenzen oder Telefonaten nicht erfasst sein soll.[611] Dass es im Hinblick auf die von § 169 S. 2 GVG zu schützenden Rechtsgüter einer Differenzierung zwischen einer Speicherung und der reinen Übertragung von Bild und Ton bedarf, ergibt sich aus den Gesetzesbegründungen indessen nicht. Die Rechtsgüter würden unabhängig davon, ob eine reine Übertragung an ein riesiges Publikum stattfindet oder ob zugleich auch eine Speicherung erfolgt, tangiert werden.[612] Die Begrifflichkeit „Aufnahme" wird allerdings im juristischen Kontext häufig als Synonym für den Begriff der „Übertragung" verwendet, sodass aufgrund der Art und Weise dieser Verwendung darauf geschlossen werden kann, dass unter einer Aufnahme nicht nur eine Datenspeicherung, sondern auch die nicht reproduzierbare Übertragung zu verstehen ist.[613]

aaa) Vergleich mit der Vorschrift des § 247a StPO

Ein Vergleich mit der Vorschrift des § 247a I 3, 4 StPO zeigt jedoch, dass dort sehr wohl von Seiten des Gesetzgebers her zwischen einer Übertragung und einer Aufzeichnung unterschieden wird, sodass man daraus schlussfolgern könnte, dass der Gesetzgeber – hätte er eine reine Übertragung ausschließen wollen – dies ebenfalls in § 169 S. 2 GVG zum Ausdruck hätte bringen können.[614] Die Zeitspanne zwischen dem Erlass des § 247a StPO und des § 169 S. 2 GVG ist jedoch eine wesentlich Längere. So wurde § 247a StPO durch

---

611 Leitner in Bubrowski, FAZ v. 27.03.2013 (Fn. 495).

612 Vgl. auch Kujath, *Der Laienjournalismus im Internet*, S. 237 f.

613 M. w. N. Kujath, *Der Laienjournalismus im Internet*, S. 235 f.

614 Hagenkötter in *Kontrolle d. Gerichts/Befriedigung d. Informationsbedürfnisses*, S. 49.

den Art. 1 Nr. 4 des Gesetzes zum Schutz von Zeugen bei Vernehmungen im Strafverfahren und zur Verbesserung des Opferschutzes (Zeugenschutzgesetz – ZSchG) vom 30.04.1998 in die StPO eingefügt[615] und trat sodann am 01.12.1998 in Kraft[616]. Der Stand der Technik war in den sechziger Jahren, in denen die Vorschrift des § 169 S. 2 GVG eingeführt wurde, folglich ein anderer als in den neunziger Jahren. Allerdings hatte der Gesetzgeber bereits zum Zeitpunkt des Erlasses der Vorschrift des § 169 S. 2 GVG die Kenntnis von der Möglichkeit einer Bild- und Tonübertagung, gleichwohl er sie nicht in den Wortlaut der Norm aufgenommen hat.[617]

Dagegen spricht wiederum, dass eine explizite Unterscheidung zwischen einer Übertragung und einer Aufnahme im Rahmen des § 247a StPO insofern notwendig ist, als es um die Sicherstellung der Zeugenaussage geht. Der Sinn und Zweck von Aufnahmen der Zeugenvernehmungen liegt ausschließlich in der Vorbeugung von Beweismittelverlusten in den von § 247a I 4 StPO beschriebenen Fällen.[618] Insofern ist die explizite Unterscheidung zwischen einer Übertragung und einer Aufnahme im Rahmen des § 247a StPO eine Sinnvolle. Eine solche explizite Unterscheidung, wie es der § 247a I 3, 4 StPO vornimmt, ist im Rahmen des § 169 S. 2 GVG jedoch aufgrund seines eindeutigen (Schutz-) Zwecks nicht erforderlich. Die Vorschriften des § 169 S. 2 GVG und § 247a I 3, 4 StPO sind daher im Hinblick auf eine Differenzierung zwischen einer Übertragung und einer Aufnahme nur bedingt zu vergleichen.

bbb) Vergleich mit der Vorschrift des § 168e StPO

Als weiteres Beispiel im Hinblick auf eine Unterscheidung des Gesetzgebers hinsichtlich einer Übertragung und einer Aufzeichnung kann zudem die Vernehmung von Zeugen getrennt von Anwesenheitsberechtigten nach § 168e StPO genannt werden. Gem. § 168e S. 2 StPO wird die Vernehmung des Zeugen den Anwesenheitsberechtigten zeitgleich in Bild und Ton übertragen. Gem. § 168e S. 4 StPO findet zudem § 58a StPO entsprechend Anwendung. In § 58a I 1 StPO hat der Gesetzgeber klar zum Ausdruck gebracht, dass die Vernehmung eines Zeugen auch auf Bild- Ton- Träger aufgezeichnet werden kann. Ob die Vernehmung des Zeugen aufgezeichnet wird, richtet sich ausschließlich nach den

615 BGBl. I, S. 820 f.

616 BGBl. I, S. 822.

617 Kujath, *Der Laienjournalismus im Internet*, S. 236.

618 Frister in *SK-StPO*, § 247a StPO, Rn. 67.

Kriterien des § 58a StPO, sodass nicht alle Vernehmungen nach § 168e StPO aufzuzeichnen sind.[619] § 58a StPO verfolgt als wesentliche Zielsetzung den Schutz des Zeugen vor Beeinträchtigungen, welche durch wiederholte Vernehmungen im Strafverfahren entstehen können.[620] Darüber hinaus besitzt die Vorschrift aber auch eine Dokumentationsfunktion und kann zudem der Wahrheitsfindung dienen.[621] Die Videoaufzeichnung der Zeugenvernehmung kann ferner im Rahmen der Hauptverhandlung unter den Voraussetzungen des § 255a StPO als Beweismittel verwertet werden.[622] Auch bei § 168e StPO zeigt sich daher das Bedürfnis nach einer genaueren Unterscheidung zwischen einer Übertragung und einer Aufzeichnung, dienen sie doch bestimmten Zielen. Ein solch vergleichbares (Unterscheidungs-)Bedürfnis hinsichtlich einer Übertragung und einer Aufzeichnung existiert bei § 169 S. 2 GVG nicht.

bb) Resümee

Beide Beispiele verdeutlichen, dass der Gesetzgeber sehr wohl zwischen einer Übertragung und einer Aufnahme unterscheidet. Eine nähere Betrachtung zeigt jedoch, dass diese Unterscheidung dann auch sinnvoll ist, der Gesetzgeber diese explizit machen „musste", um unterschiedlichen Zielsetzungen gerecht zu werden. Diese Vorschriften sind allerdings nicht vergleichbar mit der Vorschrift des § 169 S. 2 GVG. Sie geben im Hinblick auf eine Differenzierung zwischen Aufnahme und Übertragung daher keine Rückschlüsse darauf, ob Übertragungen von § 169 S. 2 GVG erfasst sind. Im Ergebnis ist festzuhalten, dass unter Aufnahmen i. S. d. § 169 S. 2 GVG nicht nur Aufzeichnungen, d. h. die Speicherung von Daten, sondern ebenso reine Übertragungen ohne die Speicherung von Daten zu verstehen sind. Die für eine Simultanübertragung notwendigen Kameraaufnahmen von der Verhandlung in Bild und Ton sind demnach „Ton- und Filmaufnahmen" im Sinne des § 169 S. 2 GVG.

b) Öffentliche Vorführung oder Veröffentlichung

Weiterhin müssten jene Aufnahmen aber zum Zwecke der öffentlichen Vorführung oder Veröffentlichung ihres Inhalts sein, um unter das Verbot des § 169 S. 2 GVG zu fallen. Letzteres scheidet bereits aufgrund des ausschließlich gerichtsinternen Charakters dieser Aufnahmen aus. Strittig ist hingegen,

619 Wohlers/Albrecht in *SK-StPO*, § 168e StPO, Rn. 19.
620 Leitner, *Videotechnik im Strafverfahren*, S. 46.
621 Leitner, *Videotechnik im Strafverfahren*, S. 46 f.
622 Wohlers/Albrecht in *SK-StPO*, § 168e StPO, Rn. 20.

ob die Simultanübertragung eine Aufnahme zum Zwecke der öffentlichen Vorführung darstellt.

Man könnte grundsätzlich vertreten, dass sich aufgrund der allgemeinen Öffentlichkeit in der zu übertragenen Räumlichkeit das Verbot des § 169 S. 2 GVG auch auf eine durch die Justiz selbst unternommene Aufnahmetätigkeit erstreckt.[623] Die Tatsache, dass Medienvertreter die Verhandlung in dem Nebenraum mitverfolgen können, hat zudem durchaus den Charakter einer – wenngleich auch begrenzten – Vorführung. Dieser Eindruck könnte weiterhin noch dadurch verstärkt werden, wenn nicht nur ausschließlich Medienvertreter, sondern darüber hinaus auch andere Personen in dem Nebenraum Platz nehmen und in den Genuss der Teilhabe am Verfahren kommen könnten. So wird auch vertreten, dass eine öffentliche Vorführung im Sinne des § 169 S. 2 GVG vorliegt, wenn die Sitzung in einen für jedermann zugänglichen anderen Gerichtssaal übertragen wird.[624]

Mit der öffentlichen Vorführung oder Veröffentlichung ist allerdings die Vorführung vor einem grundsätzlich *unabgeschlossenen* Personenkreis gemeint.[625] Dies ergibt sich durchaus auch aus den Begründungen zu § 169 S. 2 GVG. In diesen wird ebenfalls vor einem „unbeschränkten, unübersehbaren und unsichtbaren Zuhörer- oder Zuschauerkreis" im Zuge von Rundfunk- und Filmaufnahmen gewarnt, welches gerade durch § 169 S. 2 GVG vermieden werden soll.[626] Die Rundfunk- und Filmaufnahmen würden den Angeklagten in den Fokus einer *weiten* Öffentlichkeit schleifen.[627] Dies wäre ohne Weiteres der Fall, wenn die Gerichtsverhandlung in Form eines Public Viewings außerhalb des Gerichtsgebäudes oder bei einer Fernsehübertragung vorgeführt werden würde. Der Inhalt der Gerichtsverhandlung müsste also (in Form von Ton- und Filmaufnahmen oder Ton- und Fernseh-Rundfunkaufnahmen) nach *außen* getragen werden, um unter das Verbot des § 169 S. 2 GVG zu fallen.

Da sich der besagte Nebenraum jedoch gerade im Gerichtsgebäude selbst befindet, mithin eine (gerichts-)interne Räumlichkeit zur Verfügung gestellt wird, und die genaue Anzahl der sich darin aufhaltenden Medienvertreter bereits im Vorfeld festgelegt werden soll, kann von einem unabgeschlossenen Personenkreis nicht die Rede sein. Verstärkt wird diese Eigenschaft zudem dadurch, dass

---

623 So Kühne, StV 2013, 417, 419.
624 Hüßtege in *Thomas/Putzo-ZPO*, § 169 GVG, Rn. 2.
625 Velten in *SK-StPO*, § 169 GVG, Rn. 38.
626 BT-Drucks. IV/178, S. 45.
627 BT-Drucks. IV/178, S. 45.

ausschließlich Medienvertreter Zugang zu diesem Raum erhalten. Der Zutritt zu dem Medienraum ist – im Gegensatz zum eigentlichen Verhandlungssaal – daher nicht für jedermann möglich. Es handelt sich demnach um einen abgeschlossenen Personenkreis.

Ein Vergleich mit der Vorschrift des § 201 StGB (Verletzung der Vertraulichkeit des Wortes) kann dies argumentativ weiter bekräftigen. So ist, wenn es um den Umstand der „Vertraulichkeit" geht, nicht die Anzahl der mithörenden Personen maßgebend, sondern vielmehr deren *Abgeschlossenheit* und die Möglichkeit der Kontrolle über die Reichweite der Äußerung.[628] Durch die Abgeschlossenheit der teilnehmenden Zuhörerschaft im Medienraum und der damit einhergehenden Kontrollmöglichkeit des Gerichts kann ebenfalls von einer gewissen Vertraulichkeit gesprochen werden. Eine solche Vertraulichkeit wäre im Falle einer öffentlichen Vorführung oder gar einer Veröffentlichung der Ton- und Filmaufnahmen gerade nicht möglich und daher werden diese zurecht vom Verbot des § 169 S. 2 GVG umfasst. Dass der Gesetzgeber ebenso Bedenken bzgl. eines hier vorliegenden abgeschlossenen Personenkreises (als Teil der Gerichtsöffentlichkeit) innerhalb des Gerichtsgebäudes hatte, lässt sich indessen nicht erkennen. Somit kann im Ergebnis festgehalten werden, dass die Simultanübertragung der Verhandlung in einen Nebenraum keine öffentliche Vorführung oder Veröffentlichung i. S. d. § 169 S. 2 GVG darstellt.

c) *Fazit*

Da zwar die reine Übertragung von Bild und Ton unter das Merkmal „Ton- und Filmaufnahmen" fällt, die gerichtsinterne Verhandlungsübertragung aber nicht die öffentliche Vorführung oder Veröffentlichung ihres Inhalts bezweckt, steht sie dem Wortlaut des § 169 S. 2 GVG folglich nicht entgegen.

4. Teleologische Auslegung

Die vorherigen Ausführungen im Rahmen der Pro- und Contra-Argumentation haben insbesondere gezeigt, dass die hier diskutierte Simultanübertragung weder der Wahrheitsfindung entgegensteht, noch, dass die Persönlichkeitsrechte der Verfahrensbeteiligten in einem erheblichen Maße tangiert werden. Die Simultanübertragung verstößt somit nicht gegen den Sinn und Zweck des § 169 S. 2 GVG.

---

628 Fischer, *StGB-Kom.*, § 201 StGB, Rn. 4.

5. Ergebnis

Die Simultanübertragung ist demnach bereits de lege lata zulässig und verstößt somit nicht gegen § 169 S. 2 GVG.

IX. Kurzer Rechtsvergleich mit anderen europäischen Ländern

Die hier diskutierte Simultanübertragung ist, wie zuvor erörtert wurde, de lege lata zulässig. Nachfolgend soll ein kompakter Überblick erfolgen, wie sich die Rechtslage hinsichtlich Bild- und Tonübertragungen in der strafrechtlichen Hauptverhandlung anderer europäischer Länder darstellt.

1. Norwegen

Aus dem norwegischen Strafprozessrecht ergibt sich ein generelles Verbot für die Anfertigung und Veröffentlichung von Film- und Tonaufnahmen während der strafrechtlichen Hauptverhandlung.[629] Dem Vorsitzenden steht es jedoch zu, von diesem Verbot eine Ausnahme zu machen, sofern sie auf spezielle Gründe wie das besondere öffentliche Interesse an der Hauptverhandlung zurückzuführen ist und den Gang des Prozesses nicht tangiert.[630] Die Verfahrensbeteiligten sind im Vorfeld der Entscheidung anzuhören, wenngleich ihre Zustimmung für die Ausnahme vom Verbot nicht erforderlich ist und die Entscheidung folglich unabhängig davon ergehen kann.[631] Die Erweiterung der Saalöffentlichkeit durch die gerichtsinterne Übertragung der Hauptverhandlung in einen weiteren Saal ist zulässig.[632] Dass von dieser Möglichkeit durchaus Gebrauch gemacht wird, zeigte sich bereits eindrucksvoll durch den besagten Breivik-Prozess im Jahre 2012.

2. Belgien

In Belgien sind audiovisuelle Aufnahmen während der Hauptverhandlung grundsätzlich nicht erlaubt.[633] Allerdings ist das Verbot von Bild- und Tonaufnahmen nicht auf ein Gesetz zurückzuführen, sondern lediglich auf eine von der Judikative herausgegebene, für die Gerichte nicht bindende Richtlinie über die

629 Gr. Strafrechtskommission d. Dt. Richterbundes, Gutachten (Fn. 509), S. 56.
630 Gr. Strafrechtskommission d. Dt. Richterbundes, Gutachten (Fn. 509), S. 56.
631 Gr. Strafrechtskommission d. Dt. Richterbundes, Gutachten (Fn. 509), S. 57.
632 Gr. Strafrechtskommission d. Dt. Richterbundes, Gutachten (Fn. 509), S. 57.
633 Britz in *FS Schiller*, S. 94.

Zusammenarbeit zwischen Gerichten und der Presse.[634] Der Vorsitzende kann daher nach seinem Ermessen von diesem generellen Verbot – meistens mit der Zustimmung der betroffenen Verfahrensbeteiligten – abweichen.[635] Aufgrund der Ermessensentscheidung des Vorsitzenden existiert in Belgien diesbezüglich daher keine einheitliche Handhabung.[636] Die Übertragung der Verhandlung in einen Nebenraum ist in Belgien im Grunde genommen rechtlich zulässig, wenngleich in der Praxis vielmehr bei Bedarf die Verhandlung in größere Räume jenseits des Gerichtsgebäudes verlegt wird.[637] Im Zuge des aufsehenerregenden Prozesses gegen den Straftäter *Marc Dutroux* im Jahre 2004 in der Stadt Arlon standen jedoch lediglich 15 Plätze im Verhandlungsaal zur Verfügung, sodass die Verhandlung für weitere 220 Journalisten durch Fernsehkameras in Nebenräume übertragen wurde.[638]

3. Österreich und Schweiz

In Österreich sind Fernseh- und Hörfunkaufnahmen, einschließlich deren Übertragung, sowie Film- und Fotoaufnahmen von Verhandlungen der Gerichte unzulässig.[639] Eine Erweiterung der Saalöffentlichkeit durch die Übertragung der Hauptverhandlung in einen Nebenraum ist in Österreich zulässig und wurde in der Praxis bereits des Öfteren realisiert.[640] Gleiches gilt hinsichtlich der Zulässigkeit für die Schweiz, in der eine solche Übertragung der Hauptverhandlung zumindest vereinzelt praktiziert wird.[641] Grundsätzlich ist jedoch ebenfalls in der Schweiz das Anfertigen von Bild- und Tonaufnahmen im Gerichtsgebäude untersagt.[642]

4. Fazit

Bereits ein kurzer Vergleich mit anderen europäischen Ländern zeigt, dass im Falle zu geringer Sitzkapazitäten im Verhandlungssaal durchaus – aufgrund der rechtlichen Zulässigkeit – zu technischen Hilfsmitteln gegriffen wird, um das

---

634 Gr. Strafrechtskommission d. Dt. Richterbundes, Gutachten (Fn. 509), S. 36.

635 Britz in *FS Schiller*, S. 94; Gr. Strafrechtskommission d. Dt. Richterbundes, Gutachten (Fn. 509), S. 36 f.

636 Gr. Strafrechtskommission d. Dt. Richterbundes, Gutachten (Fn. 509), S. 37.

637 Gr. Strafrechtskommission d. Dt. Richterbundes, Gutachten (Fn. 509), S. 37.

638 Gr. Strafrechtskommission d. Dt. Richterbundes, Gutachten (Fn. 509), S. 35.

639 Gr. Strafrechtskommission d. Dt. Richterbundes, Gutachten (Fn. 509), S. 46 f.

640 Gr. Strafrechtskommission d. Dt. Richterbundes, Gutachten (Fn. 509), S. 48; Kreicker, ZIS 2017, 85, 88.

641 Gr. Strafrechtskommission d. Dt. Richterbundes, Gutachten (Fn. 509), S. 57.

642 Gr. Strafrechtskommission d. Dt. Richterbundes, Gutachten (Fn. 509), S. 57.

Geschehen in eine andere Räumlichkeit übertragen zu können. Zwar können die rechtlichen Bedingungen anderer europäischer Ländern sicher nicht mit der Hiesigen gleichgesetzt werden, allerdings zeigt ein solcher Vergleich ebenso, dass diverse Länder, in denen eine Erweiterung der Saalöffentlichkeit möglich ist, im Hinblick auf Bild- und Tonaufnahmen im Verhandlungssaal aber durchaus eine restriktive rechtliche Handhabung zu pflegen gedenken.

X. Notwendigkeit einer gesetzlichen Regelung?

Die vorigen Ausführungen haben gezeigt, dass eine gerichtsinterne Videoübertragung der Verhandlung der Vorschrift des § 169 S. 2 GVG de lege lata nicht entgegensteht. Dies ist jedoch – wie bereits beschrieben wurde – weiterhin höchst umstritten. Aus dem Bereich der Rechtswissenschaft erheben sich nicht wenige Stimmen, welche der Meinung sind, dass die Simultanübertragung zur Erweiterung der Saalöffentlichkeit dem Verbot des § 169 S. 2 GVG unterfällt und folglich de lege lata nicht möglich ist.[643] Daher ist auch zukünftig nicht abzusehen, dass von dieser Erweiterung der Saalöffentlichkeit – bereits aus revisionsrechtlichen Gründen – Gebrauch gemacht wird. Eine gesetzliche Regelung hinsichtlich der Möglichkeit bzw. Zulässigkeit einer solchen Übertragung ist daher notwendig.[644] Der Gesetzgeber müsste somit diesbezüglich tätig werden und die Zulässigkeit einer Videoübertragung eindeutig durch eine Gesetzesänderung im GVG zum Ausdruck bringen. Dadurch würde zugleich die bestehende Rechtsunsicherheit beseitigt werden.

1. Kann-Vorschrift

Merk will insofern den § 169 GVG durch einen dritten Satz ergänzen und damit klarstellen, „dass der Vorsitzende nach pflichtgemäßem Ermessen eine zeitgleiche Übertragung der Verhandlung in Ton und Bild für Medienvertreter in einen anderen Raum des Verhandlungsgebäudes anordnen kann, wenn zu erwarten ist, dass die vorhandenen Plätze im Sitzungssaal nicht ausreichen".[645] Der Vorschlag Merks sieht somit vor, die Erweiterung der Saalöffentlichkeit in das

---

643 Quentin in *SSW-StPO*, § 169 GVG, Rn. 22; Hüßtege in *Thomas/Putzo-ZPO*, § 169 GVG, Rn. 2; Fromm, NJOZ 2015, 1193, 1197; Kujath, AfP 2013, 269, 276; Graf, PUBLICUS 2013, 22, 23.

644 So auch die Fraktion der SPD, BT-Drucks. 17/13891, S. 2; Altenhain, *Öffentlichkeit im Strafverfahren*, C 98; Hagenkötter in *Kontrolle d. Gerichts/Befriedigung d. Informationsbedürfnisses*, S. 51.

645 Merk, DRiZ 2013, 234, 235.

pflichtgemäße Ermessen („kann") des Vorsitzenden zu stellen. Einen Anspruch auf eine solche Übertragung oder gar eine Verpflichtung des Vorsitzenden dazu soll es nicht geben.[646] Eine – im weitesten Sinne – vergleichbare Ermessensvorschrift stellt bspw. bereits die Vernehmung im Wege der Bild- und Tonübertragung nach § 58b StPO dar. Auch in diesem Fall steht es im pflichtgemäßen Ermessen des Vernehmenden, die Vernehmung im Wege der Bild- und Tonübertragung anzuordnen.

Um einem pflichtgemäßen Ermessen gerecht zu werden, müsste der Vorsitzende überprüfen, ob die Anordnung einer Simultanübertragung unter vielerlei Aspekten überhaupt möglich ist. Dazu gehört folglich, dass für eine Simultanübertragung die erforderliche Räumlichkeit im Gerichtsgebäude überhaupt zur Verfügung steht. Natürlich sind ebenfalls Aspekte hinsichtlich der dafür notwendigen Technik mit in die Entscheidung des Vorsitzenden miteinzubeziehen. Bei all diesen Aspekten muss der Vorsitzende jedoch stets überprüfen, ob ein ordnungsgemäßer Ablauf des Verfahrens gewährleistet werden kann. So könnte etwa eine durch die Simultanübertragung bedingte monatelange Verfahrensverzögerung gegen ein solches Vorhaben sprechen. Aber auch in einem solchen Fall gilt es wiederum, sich der Bedeutung des gesteigerten Informationsbedürfnisses bewusst zu sein.

2. Soll-Vorschrift

Eine weitere Alternative wäre dahingegen, die (mögliche) Kann-Vorschrift zu einer Soll-Vorschrift für den Vorsitzenden zu formulieren. Dies hätte zur Folge, dass im Falle der nicht ausreichenden Sitzplätze im Verhandlungssaal der Vorsitzende die zeitgleiche Übertragung der Verhandlung in Ton und Bild grundsätzlich anzuordnen hat, und nur in Sonderfällen (z. B. mangelnde Kapazitäten im Gerichtsgebäude oder eine wesentliche Beeinträchtigung des Verfahrensablaufes) davon absehen könnte. Eine solche Vorschrift wäre somit dazu imstande, dass künftig vermehrt die Erweiterung der Saalöffentlichkeit und somit eine Ausweitung an Öffentlichkeit angeordnet wird. Eine Soll-Vorschrift könnte zugleich eine Signalwirkung an die Vorsitzenden Richter entfalten. Denn ob eine bloße Ermessensvorschrift – d. h. eine Kann-Vorschrift – dazu führen wird, dass bei Bedarf eine Simultanübertragung vom Vorsitzenden angeordnet wird, könnte in vielen Fällen durchaus fraglich sein.

Gegen eine Soll-Vorschrift spricht jedoch bereits die Wahrung der Funktionsfähigkeit der Rechtspflege. Das Ermessen der Vorsitzenden könnte durch eine

646 Merk, DRiZ 2013, 234, 235.

solche Soll-Vorschrift zu sehr eingegrenzt werden. Außerdem ist es ebenso möglich, dass es auch anhand einer Kann-Vorschrift zu einer häufigeren Anordnung einer Simultanübertragung durch den Vorsitzenden kommt, denn der Druck der Öffentlichkeit ist in diesem Zusammenhang keineswegs zu unterschätzen. Prozesse wie der NSU-Prozess haben verdeutlicht, dass die Forderung nach einer Simultanübertragung von der Öffentlichkeit (vor allem den Medien) augenfällig an das OLG München herangetragen wurde. Sollte es daher zu einer gesetzlichen Änderung bzgl. der Möglichkeit einer solchen Erweiterung der Saalöffentlichkeit in Form einer Ermessensvorschrift kommen, so kann als alleiniger Ablehnungsgrund der § 169 S. 2 GVG vom Gericht nicht mehr geltend gemacht werden. Im Falle einer potenziellen „Erforderlichkeit" einer Simultanübertragung müsste der Vorsitzende Richter bzw. der Gerichtssprecher der Öffentlichkeit begründen können, aus welchen Erwägungen heraus die Simultanübertragung trotz ihrer rechtlichen Zulässigkeit im konkreten Fall nicht angeordnet wird. Eine solche Kann-Vorschrift dürfte also durchaus in der Lage sein, eine entsprechende Beachtung durch den entsprechenden Vorsitzenden zu finden. Daher erscheint die Verwendung einer Kann-Vorschrift als vorzugswürdig.

3. Eigener Vorschlag

Die Anfügung eines dritten Satzes im Rahmen des § 169 GVG erscheint grundsätzlich sinnvoll. Dieser sollte – wie bereits durch *Merk* geschehen – die Möglichkeit der Anordnung einer Simultanübertragung deutlich zum Ausdruck bringen. Durch eine Formulierung wie „in einen anderen Raum des Gerichtsgebäudes" wird des Weiteren eindeutig zum Ausdruck gebracht, dass eine Übertragung nur in einen einzelnen Raum, und zudem allein eine gerichtinterne Übertragung, nicht etwa die Übertragung in externe Räume wie z. B. in einen Konferenzraum eines Hotels, möglich sein soll. Allerdings sollte in einem *vierten Satz* klargestellt werden, dass der für Medienvertreter vorbehaltene Raum ebenso Teil der Saalöffentlichkeit ist und sich somit die Vorschrift des § 169 S. 2 GVG auch auf diesen erstreckt.[647] Satz 4 könnte daher lauten: *Dieser ist zugleich Teil der Saalöffentlichkeit und unterliegt den in Satz 2 bestimmten Beschränkungen.* Eine gesetzliche Klarstellung, dass sich die Sitzungspolizei des Vorsitzenden zugleich auf den Nebenraum erstreckt, muss dann nicht mehr explizit zum Ausdruck gebracht werden. Ein *fünfter Satz* könnte ferner klarstellen: *Die Entscheidung ist unanfechtbar*[648].

647 Vgl. auch Merk, DRiZ 2013, 234, 235.

648 So z. B. ebenfalls § 247a S. 2 StPO.

XI. Absoluter Revisionsgrund bei „zu viel“ Öffentlichkeit, § 338 Nr. 6 StPO?

Der Einsatz einer solchen Simultanübertragung ruft ferner revisionsrechtliche Fragen auf. Problematisch könnte insofern der absolute Revisionsgrund des § 338 Nr. 6 StPO sein. Gem. § 338 Nr. 6 StPO ist ein Urteil stets als auf einer Verletzung des Gesetzes beruhend anzusehen, wenn das Urteil aufgrund einer mündlichen Verhandlung ergangen ist, bei der die Vorschriften über die Öffentlichkeit des Verfahrens verletzt sind. Dies ist ohne Zweifel der Fall, wenn ein – grob formuliert – „zu wenig“ an Öffentlichkeit stattgefunden hat; bspw. wenn eine eigentlich öffentliche Verhandlung nichtöffentlich stattgefunden hat. Fraglich ist insofern allerdings, ob im Gegensatz dazu ein „zu viel“ an Öffentlichkeit bzw. die gesetzeswidrige Erweiterung jener von der Vorschrift des § 338 Nr. 6 StPO erfasst wird und somit einen absoluten Revisionsgrund darstellt. Dies wird zum Teil bejaht.[649] Nach der Rspr. und h. M. liegt ein absoluter Revisionsgrund allerdings nur dann vor, wenn die Öffentlichkeit in unzulässiger Weise *beschränkt* wurde.[650]

In Bezug auf eine Erweiterung der Saalöffentlichkeit in Form der hier behandelten Simultanübertragung könnte dies dahingehend Bedeutung erlangen, dass – sofern es sich um eine Ermessensentscheidung des Vorsitzenden handeln sollte – eine ermessensfehlerhafte Entscheidung des Vorsitzenden *für* eine Videoübertragung (bspw. im Falle eindeutig ausreichender Sitzplatzkapazitäten im Verhandlungssaal) einen absoluten Revisionsgrund i. S. d. § 338 Nr. 6 StPO darstellen könnte. Sollte also ebenfalls die gesetzeswidrige Erweiterung unter § 338 Nr. 6 StPO fallen, so würde dies das Gerichtsverfahren an sich noch angreifbarer machen und könnte – wenngleich dies nicht in diese Entscheidung mit einfließen sollte – bei der (Ermessens-)Entscheidung des Vorsitzenden über eine Videoübertragung eine prägende Rolle spielen.

---

649 Hamm, AfP 2014, 202, 209; Kissel/Mayer, *GVG-Kom.*, § 169 GVG, Rn. 60; Franke in *Löwe-Rosenberg*, § 338 StPO, Rn. 106; Meurer, Anm. zu BGH, Urteil v. 17.02.1989 – 2 StR 402/88 (BGHSt. 36, 119), JR 1990, 389, 391; Roxin, Anm. zu BGH, Urteil v. 13.02.1968 – 5 StR 706/67, JZ 1968, 803, 804; Eb. Schmidt, Anm. zu BGH, Urteil v. 02.07.1969 – 4 StR 226/69 (BGHSt 23, 82), JZ 1970, 35; Hagenkötter in *Kontrolle d. Gerichts/Befriedigung d. Informationsbedürfnisses*, S. 47 f.

650 BGHSt 10, 202, 206 f.; 23, 82, 85; 23, 176, 178; RGSt 3, 295, 297; 77, 186, 187; Velten in *SK-StPO*, § 169 GVG, Rn. 45; Frisch in *SK-StPO*, § 338 StPO, Rn. 129; Pfeiffer, *StPO-Kom.*, § 338 StPO, Rn. 22; Kujath, *Der Laienjournalismus im Internet*, S. 59 f.

Geht es um ein „zu viel“ an Öffentlichkeit, so können grundsätzlich zwei Situationen näher betrachtet werden. Zum einen geht es um Verfahren, welche eigentlich unter Ausschluss der Öffentlichkeit hätten stattfinden müssen, jedoch öffentlich verhandelt wurden. Zum anderen geht es um die Situation, in der gegen das Verbot des § 169 S. 2 GVG verstoßen wird.

1. Öffentliche Verhandlung trotz des Erfordernisses der Nichtöffentlichkeit

Geht man rein vom Wortlaut des § 338 Nr. 6 StPO aus, so kann in einer unzulässigen Erweiterung der Öffentlichkeit durchaus eine Verletzung der Vorschriften über die Öffentlichkeit des Verfahrens und somit ein absoluter Revisionsgrund erblickt werden.[651] Ausgehend vom Wortlaut kann von einer Verletzung der Vorschriften über die Öffentlichkeit auch dann ausgegangen werden, wenn die Verhandlung entgegen einer gesetzlichen Bestimmung, welche die Nichtöffentlichkeit vorsieht, öffentlich durchgeführt wird, da die die Öffentlichkeit beschränkenden Vorschriften im weiteren Sinne ein Teil der Vorschriften über die Öffentlichkeit sind.[652]

Allein das Abstellen auf dem Wortlaut der Vorschrift ist in diesem Kontext jedoch nicht ausreichend. Wird nämlich die historische Entwicklung der Öffentlichkeit von Gerichtsverhandlungen betrachtet, so wird deutlich, dass es dem Gesetzgeber wohl ausschließlich darum ging, das als wesentliche Institution des Rechtsstaates empfundene Öffentlichkeitsprinzip zu schützen.[653] Daraus ergibt sich bereits, dass eine Verhandlung, welche entgegen der Bestimmung öffentlich abgehalten wurde, keinen absoluten Revisionsgrund nach § 338 Nr. 6 StPO begründet.[654] Wäre es dem Gesetzgeber darauf angekommen auch die gesetzeswidrige Erweiterung der Öffentlichkeit dem absoluten Revisionsgrund des § 338 Nr. 6 StPO zu unterstellen, so hätte er dies explizit (ggf. von Beginn an) zum Ausdruck bringen können. Dass der Gesetzgeber seit der Einführung des § 338 Nr. 6 StPO dementsprechend nicht tätig geworden ist, spricht zugleich dafür, dass er der Auffassung der Rechtsprechung und h. M. inhaltlich nicht abzuweichen vermag.

---

651 Ebenso Roxin/Schünemann in *Strafverfahrensrecht*, § 47, Rn. 26; vgl. auch Franke in *Löwe-Rosenberg*, § 338 StPO, Rn. 105.

652 Frisch in *SK-StPO*, § 338 StPO, Rn. 126.

653 BGHSt 23, 176, 178.

654 BGHSt 23, 176, 178 f.

Wenn davon ausgegangen wird, dass eine nichtöffentlich durchzuführende Verhandlung im Falle des öffentlichen Stattfindens einen Revisionsgrund nach § 338 Nr. 6 StPO begründet, so werden dadurch ferner überaus differente Interessen – namentlich die Kontrolle durch die Öffentlichkeit und das Interesse an dem nicht bekannt werden bestimmter Informationen – schematisch mit ein und dergleichen Rechtsfolge bedacht.[655] Sofern die im Hinblick auf die Öffentlichkeit nicht ordnungsgemäß durchgeführte Verhandlung nicht dem Ziel der Wahrheitsfindung entgegenstand oder Einfluss auf das Verfahrensresultat gehabt haben könnte, ist ihre unbedingte Aufhebung (§ 338 Nr. 6 StPO) zudem nicht sinnvoll, da eine erneute ordnungsgemäße (d. h. nicht öffentliche) Durchführung der Verhandlung die bereits durch die öffentliche Verhandlung tangierten privaten Interessen der Verfahrensbeteiligten nicht mehr zu beseitigen vermag.[656] Von Bedeutung ist insofern aber stets der konkrete Einzelfall, sodass der flexiblere relative Revisionsgrund nach § 337 StPO hier das geeignetere Instrument darstellt.[657]

2. Verstoß gegen § 169 S. 2 GVG

Fraglich ist aber ebenso, ob auch ein Verstoß gegen § 169 S. 2 GVG dem absoluten Revisionsgrund des § 338 Nr. 6 StPO entzogen bleiben soll. Im Zuge der Schaffung des § 338 Nr. 6 StPO dürfte der historische Gesetzgeber der StPO an die Gefahren, um die es in § 169 S. 2 GVG geht, wohl nicht vor Augen gehabt haben.[658] Der Bejahung eines absoluten Revisionsgrundes steht des Weiteren entgegen, dass sich durch eine akkurate Wiederholung eines Verfahrens, in dem es zu einem Verstoß gegen das Verbot nach § 169 S. 2 GVG gekommen ist, etwaige Persönlichkeitsbeeinträchtigungen von Verfahrensbeteiligten nicht aufheben lassen.[659] Sinnvoll könnte eine Aufhebung und Wiederholung des Verfahrens jedoch dann sein, wenn sich der Verstoß gegen § 169 S. 2 GVG störend auf die Wahrheitsfindung ausgewirkt haben könnte.[660] Maßgebend ist insofern jedoch der jeweilige Einzelfall, sodass die Rüge des § 337 I StPO eine sachgerechte Lösung dieser Problematik bietet.[661] Wird also gegen das Verbot des § 169 S. 2 GVG

655 Frisch in *SK-StPO*, § 338 StPO, Rn. 127.
656 Frisch in *SK-StPO*, § 338 StPO, Rn. 127.
657 Frisch in *SK-StPO*, § 338 StPO, Rn. 127; vgl. Kujath, *Der Laienjournalismus im Internet*, S. 60.
658 Frisch in *SK-StPO*, § 338 StPO, Rn. 128.
659 Frisch in *SK-StPO*, § 338 StPO, Rn. 128.
660 Frisch in *SK-StPO*, § 338 StPO, Rn. 128.
661 Frisch in *SK-StPO*, § 338 StPO, Rn. 128.

verstoßen, so liegt lediglich ein relativer und gerade kein absoluter Revisionsgrund vor.[662] Gem. § 337 I StPO muss das Urteil demnach auf einer Verletzung des § 169 S. 2 GVG beruhen.

3. Fazit

Im Ergebnis kann somit festgehalten werden, dass der absolute Revisionsgrund des § 338 Nr. 6 StPO richtigerweise erst dann einschlägig ist, wenn es zu einer unzulässigen Beschränkung der Öffentlichkeit gekommen ist. Eine gesetzeswidrige Erweiterung der Saalöffentlichkeit im hier behandelten Sinne kann daher keinen absoluten Revisionsgrund nach § 338 Nr. 6 StPO, sondern allenfalls nur einen relativen Revisionsgrund nach § 337 I StPO begründen. Dies wird dem konkreten Einzelfall am ehesten gerecht und wahrt zudem die erforderliche Flexibilität. Ein sich abzeichnender inhaltlicher Wandel der Ansicht von Rechtsprechung und h. M. ist zudem nicht zu erkennen, sodass auch zukünftig Gerichtsverfahren, welche Simultanübertragungen nutzen sollten, im Hinblick auf die Vorschriften über die Öffentlichkeit nicht wesentlich anfälliger für Verfahrensfehler werden dürften.

XII. Wie sollen die Aufnahmen der Videoübertragung aussehen?

Zu klären ist weiterhin, welche genauen (bewegten) Bilder aus der Hauptverhandlung in den Nebenraum gesendet werden sollten. Diesbezüglich bestünde die Option, eine starre Kameraführung zu wählen, also eine solche, die nur eine feste Perspektive zeigt. So könnte eine Kamera aus der Sicht der Zuhörer (feste) Aufnahmen aus dem Verhandlungssaal anfertigen. Zu sehen wären dann lediglich die am Verfahren beteiligten Personen. Denkbar wäre es auf der anderen Seite aber natürlich auch, dass die Kameraführung keine Starre ist, sondern umherschwenkt und somit verschiedene Perspektiven aufnimmt. Weiterhin bedarf es der Klärung, ob für den Einsatz einer Videoübertragung lediglich eine einzelne oder gar mehrere Kameras in Position gebracht werden müssten. So könnten mehrere Kameras unterschiedliche Perspektiven zeigen und dementsprechend in den Nebenraum übertragen. Weiterhin könnten auch Großaufnahmen von einzelnen Verfahrensbeteiligten (Richter, Angeklagter, Verteidiger etc.) gezeigt werden. Die Möglichkeiten verschiedenster Aufnahmemöglichkeiten sind daher zahlreich und beharren auf eine einheitliche Lösung.

662 BGHSt 36, 119.

1. Aufnahmen aus dem Verhandlungssaal

Die gerichtsinterne Übertragung soll im Grunde genommen nur eine *Erweiterung* der Saalöffentlichkeit darstellen. Daraus ergibt sich bereits, dass den im Nebenraum befindlichen Personen „nur" solche Einblicke in die Verhandlung zu gewähren sein müssen, welche sie – wären sie im Hauptverhandlungssaal anwesend – selbst erhalten würden.[663] Sie müssten also annähernd auf dieselbe qualitative Stufe gestellt werden wie die Zuhörer im Hauptsaal. Das bedeutet auf der anderen Seite zugleich aber ebenso, dass ein „Mehr" für sie nicht möglich sein kann. Nahaufnahmen einzelner Verfahrensbeteiligter bspw. würden eine qualitative Differenzierung zwischen der Zuhörerschaft im Hauptsaal und im Nebenraum darstellen. Es ließe sich jedoch dahingehend argumentieren, dass die im Nebenraum befindlichen Medienvertreter bereits durch die Nichtanwesenheit im Hauptsaal benachteiligt sind und Nahaufnahmen von Verfahrensbeteiligten einen gewissermaßen begrenzten qualitativen Ausgleich bieten könnten.

Dagegen spricht jedoch ein möglicher Verstoß gegen Art. 3 I GG. Darüber hinaus würden Nahaufnahmen die Persönlichkeitsrechte der davon betroffenen Verfahrensbeteiligten erheblich beeinträchtigen. Dies gilt es daher im Zuge der Simultanübertragung zu vermeiden. Die Aufnahmen sollten vielmehr eine gänzlich nüchterne Präsentation des Geschehens der Verhandlung ermöglichen. Sie sollen gerade nicht der Unterhaltung dienen, sondern ausschließlich der reinen Informationsvermittlung zum Nutzen der Medienvertreter. Bereits aus diesem Grund sollte die genaue Ausgestaltung der Aufnahmen dem Gericht bzw. dem dazu erforderlichen (gerichtsinternen) Personal obliegen. Nahaufnahmen von Verfahrensbeteiligten sollten daher unterbleiben. Ebenso sollte ein Zoomen der Kamera nicht erlaubt sein.[664]

Vorzugswürdig ist vielmehr eine Aufnahme, welche aus einiger Entfernung die gesamten Verfahrensbeteiligten aus der Perspektive der Zuhörer einfängt. Sofern dies mit einer einzigen Kamera nicht adäquat möglich sein sollte, könnte eine weitere Kamera eingesetzt werden, sodass man bspw. aus zwei Perspektiven alle Verfahrensbeteiligten erblicken kann.[665] Grundsätzlich ist es heutzutage aus technischer Sicht aber ohne Weiteres möglich, eine größere Räumlichkeit mit nur einer einzigen Kamera einzufangen. Es sollte ferner eine permanent starre Kameraführung verwendet werden.[666] Dies entspricht z.B.

663 Vgl. Huff, LTO v. 06.03.2013 (Fn. 519).
664 Huff, LTO v. 06.03.2013 (Fn. 519).
665 Vgl. BRAK, Stellungnahme Nr. 45/2014 (Fn. 493), S. 6.
666 So auch Huff, LTO v. 06.03.2013 (Fn. 519).

ebenfalls der Praxis in Österreich, wenn von der Möglichkeit der Übertragung der Hauptverhandlung in einen anderen Saal Gebrauch gemacht wird.[667] Genau genommen erhalten die Zuhörer im Nebenraum im Vergleich zu den Zuhörern im Hauptsaal dann ein „Weniger", so nimmt die statische Kamera im Hauptsaal, welche auf die Verfahrensbeteiligten gerichtet ist, Stimmungen der Zuhörer etc. gerade nicht auf.[668]

2. Aufnahmen aus dem Nebenraum

Die wiedergegebenen Grundsätze für den (Haupt-)Verhandlungssaal müssten sich auf der anderen Seite natürlich auch auf den besagten Nebenraum beziehen. Notwendig ist daher eine Kameraaufnahme, welche die Anwesenden im Nebenraum frontal erfasst. Es ist folglich diejenige Perspektive notwendig, die für die Verfahrensbeteiligten wie den Vorsitzenden oder den Staatsanwalt bestehen würde, wenn die übrigen Medienvertreter im eigentlichen Verhandlungssaal anwesend wären. Die Aufnahmen der Kamera müssten eine solche Perspektive einnehmen, dass sich der Vorsitzende oder ein anderer Verfahrensbeteiligter zügig einen Überblick über den besagten Raum verschaffen kann. Nahaufnahmen einzelner Medienvertreter dürften dann ebenfalls nicht zulässig sein. Auch hier könnten – sofern eine Kamera nicht ausreichend sollte – zwei Kameras zum Einsatz kommen, um das Geschehen im Nebenraum einzufangen.

XIII. Gesetzliche Festlegung der technischen Umsetzung

Dass die Zulässigkeit der Simultanübertragung ausdrücklich im Gesetz (vorliegend im GVG) geregelt werden sollte, wurde bereits zum Ausdruck gebracht. Fraglich ist jedoch, ob auch die technische Umsetzung dieser Simultanübertragung einer genaueren Regelung bedarf. Dieser Frage wurde – trotz reichlicher Auseinandersetzungen mit dieser Thematik – in der Vergangenheit wenig Beachtung geschenkt. So ließe sich argumentieren, dass dies nicht zwingend erforderlich sei, hat der Gesetzgeber doch bspw. ebenso im Zuge des § 247a I 3 StPO von einer näheren Ausgestaltung der technischen Umsetzung der Simultanübertragung abgesehen.[669] Daraus resultierten bei den Gerichten jedoch im

667 Gr. Strafrechtskommission d. Dt. Richterbundes, Gutachten (Fn. 509), S. 49.
668 Huff, LTO v. 06.03.2013 (Fn. 519).
669 Wenngleich im damaligen Gesetzesentwurf angemerkt wurde, dass eine nähere Ausgestaltung der technischen Umsetzung ggf. in den RiStBV erfolgen könnte, BT-Drucks. 13/7165, S. 10.

Hinblick auf die technische Ausstattung bereits innerhalb ein und desselben Bundeslandes enorme Unterschiede.[670] Dabei ist es doch bei der Durchführung der Vernehmung von erheblicher Bedeutung, dass die ungehemmte Ausübung prozessualer Rechte der Verfahrensbeteiligten sichergestellt[671] und durch entsprechende Kameraeinstellung das Gesicht, die Körperhaltung und Gestik des vernommenen Zeugen aufgenommen und in das Vernehmungszimmer übertragen wird[672]. Geht es um die technische Umsetzung, so mangelt es aber auch an anderer Stelle an einer entsprechenden Regelung des Gesetzgebers wie z. B. bei der Vernehmung im Wege der Bild- und Tonübertragung außerhalb der Hauptverhandlung nach § 58b StPO.[673]

Unterschiede zwischen den einzelnen Bundesländern oder gar innerhalb eines Bundeslandes würden sich wohl auch dann ergeben, wenn die genaue Ausgestaltung der Simultanübertragung im hier behandelten Sinne den jeweiligen Gerichten überlassen werden würde. Dies könnte nicht nur bei den Verfahrensbeteiligten, sondern ebenso bei den Medienvertretern zu Unsicherheiten führen. Empfehlenswert könnte es insofern sein, die technische Umsetzung von Anfang an im Genaueren festzulegen, um weitgehende Unterschiede in der späteren Durchführung einer solchen Übertragung von vornherein zu vermeiden bzw. einem allzu großen Auseinanderdriften der genaueren Handhabung entgegenzuwirken. Ähnlich lautete auch die Empfehlung des 6. Rechtsausschusses im Hinblick auf § 58a StPO: „Um den Einsatz der Videotechnologie zumindest in den vorbezeichneten Fällen bundesweit zu vereinheitlichen, bietet es sich an, die RiStBV um entsprechende Empfehlungen zu ergänzen".[674]

1. Richtlinien für das Strafverfahren und das Bußgeldverfahren

Eine Festlegung der technischen Umsetzung der Simultanübertragung könnte grundsätzlich in den Richtlinien für das Strafverfahren und das Bußgeldverfahren (RiStBV) erfolgen. Diese sollen gerade eine nach Möglichkeit bundeseinheitliche Sachbehandlung von Straf- und Bußgeldverfahren gewährleisten.[675]

670 Schöch in *FS-Meyer-Goßner*, S. 377 ff.

671 Pfeiffer, *StPO-Kom.*, § 247a StPO, Rn. 5; Meyer-Goßner in *Meyer-Goßner/Schmitt*, § 247a StPO, Rn. 10.

672 Schlothauer, StV 1999, 47, 50; zu den Anforderungen an eine Übertragung nach § 247a S. 3 StPO siehe auch Swoboda, *Videotechnik im Strafverfahren*, S. 176 ff.

673 Rogall in *SK-StPO*, § 58b StPO, Rn. 6.

674 BT-Drucks. 13/9063, S. 4.

675 Graf in *BeckOK-StPO*, RiStBV, Rn. 2.

Ihnen fehlt es hingegen an Gesetzeskraft, sie stellen vielmehr ergänzende Verwaltungsvorschriften für das Straf- und Bußgeldverfahren dar.[676] Die RiStBV richten sich zwar in erster Linie an die Staatsanwaltschaft, sie geben den Richtern jedoch auch Hinweise, wenngleich die Richter diese aufgrund ihrer richterlichen Unabhängigkeit nicht berücksichtigen müssen.[677]

Bereits diese Umstände führen hingegen zu der berechtigten Frage, ob eine entsprechende Regelung bzgl. einer Simultanübertragung in den RiStBV Beachtung finden und zu einer – zumindest annähernden – Angleichung hinsichtlich der Durchführung einer Videoübertragung in den einzelnen Bundesländern führen könnte. Seit jeher mangelt es an einer umfassenden Beachtung der RiStBV in der staatsanwaltschaftlichen oder gerichtlichen Praxis.[678] Dass trotz fehlender Gesetzeskraft der RiStBV eine entsprechende Regelung von Richtern sowie Staatsanwälten nicht vermehrt wahrgenommen werden könnte, ist gleichwohl nicht ausgeschlossen. Bereits revisionsrechtliche Gesichtspunkte, welche im Zuge der Erweiterung der Saalöffentlichkeit nicht außen vor bleiben sollten, könnten die Wahrnehmung einer solchen Regelung in den RiStBV zumindest fördern.

Ob jedoch bloße Hinweise in Bezug auf die technische Ausgestaltung zu einer verstärkten Beachtung innerhalb der Richterschaft führen könnten, bleibt weiterhin zweifelhaft; selbst dann, wenn man die Richter im Zuge der Einleitung der RiStBV für diese Thematik sensibilisieren würde. Nach *Graf* könnten die RiStBV zumindest – sofern sie zukünftig bei Zweifelsfragen eine bessere Hilfestellung leisten – bei jüngeren Staatsanwälten wieder mehr Beachtung finden.[679] Selbst dies ist natürlich nicht gewiss. Da die Staatsanwälte als die eigentlichen Adressaten dieser Vorschrift diese nicht verstärkt beachten, ist also nicht davon auszugehen, dass die Richter dies grundlegend anders handhaben würden. Des Weiteren wäre es notwendig, jene Richtlinien, welche die Simultanübertragung beträfen, anhand der in der Praxis gesammelten Erfahrungen stets zeitnah anzupassen und zu ergänzen. Bisher mangelt es jedoch an einer konsequenten und zeitnahen Aktualisierung der RiStBV.[680] Der hier behandelten Erweiterung der Saalöffentlichkeit kommt zudem eine solche Bedeutung zu, dass bloße Verwaltungsvorschriften, welche sich vornehmlich nicht an den Vorsitzenden richten,

---

676 Graf in *BeckOK-StPO*, RiStBV, Rn. 1.

677 Graf in *BeckOK-StPO*, RiStBV, Rn. 3; vgl. auch die Einführung zu den RiStBV.

678 Graf in *BeckOK-StPO*, RiStBV, Rn. 4.

679 Graf in *BeckOK-StPO*, RiStBV, Rn. 6.

680 Dazu Graf in *BeckOK-StPO*, RiStBV, Rn. 5.

ihn gerade nicht binden, sondern ihm bloße Hinweise geben, dieser nicht gerecht werden können.

Weiterhin stellt sich die Frage, inwieweit eine Ausgestaltung in den RiStBV zu einer möglichst einheitlichen Handhabung der technischen Umsetzung führen kann. Aus den unterschiedlichen Bedingungen vor Ort ergibt sich bereits, dass eine vollkommene Angleichung der technischen Ausgestaltung wohl nicht zu realisieren sein wird. Außerdem ist bereits der Einführung zu den RiStBV zu entnehmen, dass diese nur eine Anleitung für den Regelfall darstellen kann. Abweichungen davon sind nicht auszuschließen. Es ist daher nicht davon auszugehen, dass die Aufnahme einer entsprechenden Regelung zu einer gänzlich vereinheitlichten Handhabung in den unterschiedlichen Bundesländern führen wird.

2. Lösungsvorschlag

Um eine Beachtung der Gerichte gewährleisten zu können, wäre es vielmehr notwendig, dass die nähere Ausgestaltung durch Vorschriften geregelt wird, welche Gesetzeskraft innehaben. Die nähere technische Ausgestaltung der Simultanübertragung könnte daher in das GVG mit aufgenommen werden, bspw. in § 169 GVG, in Form eines neuen Absatzes. Was die nähere gesetzliche Ausgestaltung der Simultanübertragung angeht, so stellt sich hingegen die Frage, wie detailliert dies letztendlich erfolgen sollte. Geht es bspw. um die Aufzeichnung der Vernehmung auf Bild-Ton-Träger bei Zeugen unter achtzehn Jahren (Nr. 19 II 1 RiStBV), so fehlt es bei Nr. 19 II 2 RiStBV an näheren Angaben im Hinblick auf deren Durchführung. Solche Angaben wären jedoch, will man auf eine möglichst einheitliche Handhabung im Zuge der Videoübertragung hinaus, zwingend erforderlich.

Die für die Simultanübertragung erforderliche technische Ausgestaltung müsste der Sache nach (wohl wiederum aufgrund unterschiedlicher Bedingungen vor Ort) zwar nicht en détail erfolgen, sollte aber die oben besprochenen Aspekte wie z.B. die Kameraeinstellung, die Anzahl möglicher Zuhörer im Nebenraum oder die für die Verfahrensbeteiligten erforderlichen Monitore mit aufnehmen. Einzug in das GVG sollten daher solche Aspekte erhalten, die für eine ordnungsgemäße Durchführung der Simultanübertragung wesentlich sind und daher einer einheitlichen Handhabung der Gerichte bedürfen. Eine gewisse Flexibilität muss in diesem Zuge jedoch erhalten bleiben. Abseits dieser wesentlichen, die Simultanübertragung betreffenden Aspekte muss daher die weitere Ausgestaltung der Videoübertragung den jeweiligen Gerichten vor Ort überlassen werden.

XIV. Erkenntnisse der Untersuchung

Die Übertragung der Verhandlung in einen Nebenraum stellt gewiss „nur" eine quantitative Lösung dar.[681] Sie darf grundsätzlich nicht als eine Art Allerheilmittel für eine Vielzahl von Problemen im Bereich der Öffentlichkeit angesehen werden. Allein sie kann keinen wesentlichen Beitrag hinsichtlich eines besseren Verständnisses der Arbeit der Justiz in der Öffentlichkeit leisten.[682] Sie sichert jedoch in einem verantwortungsvollen begrenzten Rahmen die Teilnahmemöglichkeit für Medienvertreter an der Verhandlung, deren Ziel es letztendlich ist, über das, was im Gerichtssaal vonstattengeht, zu berichten.

Wie bereits aufgezeigt wurde, birgt die gerichtsinterne Übertragung durchaus gewisse Risiken, allerdings dürften die Vorteile hier überwiegen. Des Weiteren erscheint es sinnvoll, die Prozesse, bei denen eine Simultanübertragung zum Einsatz kommen wird, zu evaluieren, um weitere Erkenntnisse zu sammeln und künftige Abläufe für solche Verfahren optimieren zu können. Des Weiteren könnte es in diesem Kontext hilfreich sein, Erfahrungen und Erkenntnisse aus anderen Ländern einzuholen, in denen eine solche Simultanübertragung zulässig ist und zugleich praktiziert wird, wie z. B. im Falle Österreichs.

Die Anzahl der im Nebenraum befindlichen Medienvertreter sollte zahlenmäßig derart reglementiert werden, dass der Vorsitzende anhand seines Monitors ohne erhebliche Schwierigkeiten die Einhaltung der Ordnung im Rahmen seiner sitzungspolizeilichen Befugnisse überprüfen kann. Dies umfasst, dass der Nebenraum eine gewisse Größe nicht überschreiten darf; er muss ohne Weiteres zügig einsehbar sein. Daraus folgt zugleich, dass sich für eine ordnungsgemäße Durchführung der Sitzungspolizei des Vorsitzenden die Übertragung nur auf einen Nebenraum erstrecken kann. Eine gerichtsinterne Übertragung in mehrere Räumlichkeiten wäre nur dann möglich, wenn diese nicht Teil der Saalöffentlichkeit wären, mithin nicht der Sitzungspolizei des Vorsitzenden unterlägen.

Eine Ausgestaltung der technischen Umsetzung könnte zwar grundsätzlich in den RiStBV erfolgen, jedoch mangelt es dieser neben der Gesetzeskraft an einer breiten Beachtung in der Praxis. Darüber hinaus wenden sie sich vornehmlich an die Staatsanwaltschaft und vermögen dem Richter nur bloße Hinweise zu geben. Es ist daher nicht davon auszugehen, dass eine entsprechende

681 Vgl. Schumann, DRiZ 2013, 254, 255.
682 Vgl. Jung, GA 2014, 257, 264.

Regelung zu einer Beachtung und zugleich Angleichung der Handhabung der deutschen Gerichte führen wird. Im Ergebnis sollte die technische Umsetzung daher nicht in den RiStBV, sondern vielmehr im GVG erfolgen. Trotz der Bestimmung wesentlicher Aspekte für eine Verhandlungsübertragung muss den Gerichten aufgrund unterschiedlicher Bedingungen vor Ort eine gewisse Flexibilität verbleiben.

G. Tonübertragung der Verhandlung in einen anderen Gerichtsraum

Basierend auf dem Beschluss der 84. Konferenz der Justizministerinnen und Justizminister 2013 wurde eine Bund-Länder-Arbeitsgruppe mit dem Ziel eingerichtet, sich eingehend mit einer möglichen Neufassung des § 169 GVG, insbesondere über eine mögliche Zulassung einer gerichtsinternen audiovisuellen Übertragung der Verhandlung in einen Nebenraum, auseinanderzusetzen.[683] Prüfungsgegenstand sollte ferner sein, ob eine Lockerung des § 169 S. 2 GVG einen Beitrag zu einem besseren Verständnis der Justiz in der Öffentlichkeit leisten könne.[684] Zur 86. Konferenz der Justizministerinnen und Justizminister am 17./18. Juni 2015 in Stuttgart wurde letztendlich der Abschlussbericht dieser Arbeitsgruppe „Zeitgemäße Neufassung des § 169 GVG" vorgelegt.[685] Die Bund-Länder-Arbeitsgruppe empfiehlt im Ergebnis die Zulassung einer *Tonübertragung*, nicht jedoch auch eine Bildübertragung, in einen für ausschließlich Journalisten zugänglichen Medienarbeitsraum.[686] Das Bundesverfassungsgericht macht bereits seit vielen Jahren von dieser Möglichkeit der Tonübertragung in einen Medienraum Gebrauch.[687] Weiterhin sollte – so wiederum der Vorschlag der Arbeitsgruppe – im Gerichtsverfassungsgesetz klar zum Ausdruck gebracht werden, dass es sich zwar um eine gerichtsinterne Übertragung handelt, diese aber gerade *keine Erweiterung der Saalöffentlichkeit* darstellt und § 169 S. 2 GVG

683 Konferenz d. Justizministerinnen u. Justizminister 2013, Beschluss, TOP II. 18, abrufbar unter: https://www.justiz.nrw.de/JM/jumiko/beschluesse/2013/fruehjahrskonferenz13/TOP_II_18.pdf (abgerufen am 02.09.2017).

684 Konferenz d. Justizministerinnen u. Justizminister 2013, Beschluss, TOP II. 18 (Fn. 683).

685 Siehe Bund-Länder-Arbeitsgruppe „Zeitgemäße Neufassung des § 169 GVG", Abschlussbericht (Fn. 571), S. 1 ff.

686 Bund-Länder-Arbeitsgruppe „Zeitgemäße Neufassung des § 169 GVG", Abschlussbericht (Fn. 571), S. 17.

687 Bund-Länder-Arbeitsgruppe „Zeitgemäße Neufassung des § 169 GVG", Abschlussbericht (Fn. 571), S. 18; Fölster, NK 2014, 154, 155; vgl. Rath in *Handbuch BVerfG im politischen System*, S. 407; vgl. ebenso Pressemitteilung BVerfG: „Im Presseraum findet eine Tonübertragung aus dem Sitzungssaal statt.", Pressemitteilung Nr. 77/2015 vom 28. Oktober 2015 (Az.: 1 BvR 1585/13) (Fn. 558).

darüber hinaus zugleich für den besagten Medienarbeitsraum gelten solle.[688] Auch die große Strafrechtskommission des Deutschen Richterbundes befürwortet mehrheitlich eine solche Tonübertragung für Medienvertreter, ohne dass dies zu einer Erweiterung der Saalöffentlichkeit führen solle.[689]

I. Referentenentwurf des Bundesministeriums der Justiz und für Verbraucherschutz (BMJV)

Laut des Referentenentwurfes des BMJV hinsichtlich eines Gesetzes über die Erweiterung der Medienöffentlichkeit (EMöGG) soll der § 169 GVG wie folgt ergänzt werden: „*Die Tonübertragung in einen Nebenraum für Personen, die für Presse, Rundfunk, Fernsehen oder für andere Medien berichten, kann durch Anordnung des Vorsitzenden zugelassen werden. Die Entscheidung ist unanfechtbar. Im Übrigen gilt für Tonübertragungen in den Nebenraum Satz 2 entsprechend*"[690]. Nach dem Entwurf des BMJV soll – im Einklang mit der Bund-Länder-Arbeitsgruppe – der Nebenraum zwar keine Erweiterung der *allgemeinen Saalöffentlichkeit*, wohl aber eine *Erweiterung des Sitzungssaales* darstellen, sodass die §§ 175–179 GVG entsprechend ihre Anwendung finden.[691]

II. Stellungnahmen zum Referentenentwurf

Die BRAK gab zum Referentenentwurf des BMJV im Juli 2016 eine entsprechende Stellungnahme ab[692], in der sich gegen eine Tonübertragung der Verhandlung ausgesprochen wird[693]. Selbiges gilt nach dem Dafürhalten des Bund Deutscher Verwaltungsrichter und Verwaltungsrichterinnen (BDVR).[694] Anders hingegen die Stellungnahme zum Referentenentwurf der Justizpressekonferenz (JPK), in

---

688 Bund-Länder-Arbeitsgruppe „Zeitgemäße Neufassung des § 169 GVG", Abschlussbericht (Fn. 571), S. 17.

689 Gr. Strafrechtskommission d. Dt. Richterbundes, Gutachten (Fn. 509), S. 161.

690 Referentenentwurf des BMJV (EMöGG) (Fn. 609), S. 4.

691 Referentenentwurf des BMJV (EMöGG) (Fn. 609), S. 26.

692 BRAK, Stellungnahme Nr. 18/2016, abrufbar unter: http://www.brak.de/zur-rechtspolitik/stellungnahmen-pdf/stellungnahmen-deutschland/2016/juli/stellungnahme-der-brak-2016-18.pdf (abgerufen am 02.09.2017).

693 Dazu BRAK, Stellungnahme Nr. 18/2016 (Fn. 692), S. 4 ff.

694 Dazu BDVR, Stellungnahme zum EMöGG, S. 3, abrufbar unter: http://www.bdvr.de/index.php/id-20162017-131.html?file=files/bdvr-site/content/stellungnahmen/st_2016-09-12_EMoeGG.pdf (abgerufen am 02.09.2017).

der für die Möglichkeit einer Tonübertragung der Verhandlung in einen Nebenraum plädiert wird.[695] Nach dem BDZV, dem Deutschen Presserat und weiterer Verbände ist die geplante Möglichkeit einer reinen Tonübertragung hingegen nicht ausreichend.[696] Eine Anhörung von Vertretern von Fernseh- und Printmedien (ARD, Der Spiegel, TAZ, Verband der privaten Rundfunk und Telemedien e. V., Deutscher Presserat) ergab, dass die Audioübertragung in einen speziellen Medienarbeitsraum zwar sinnvoll, eine zusätzliche Bildübertragung hingegen besser sei.[697] Der Deutsche Richterbund steht, sofern durch die Justizverwaltung die erforderlichen Rahmenbedingungen geschaffen werden, einem solchen Vorhaben nicht entgegen.[698]

III. Gesetzesentwurf der Bundesregierung

Ende Oktober 2016 übergab die Bundesregierung dem Deutschen Bundestag dann den entsprechenden Gesetzesentwurf (EMöGG).[699] Laut diesem Gesetzesentwurf der Bundesregierung soll § 169 GVG[700] folgendermaßen geändert bzw. um einen weiteren Absatz (Absatz 1) ergänzt werden: *„Die Tonübertragung in einen Arbeitsraum für Personen, die für Presse, Hörfunk, Fernsehen oder für andere Medien berichten, kann von dem Gericht zugelassen werden. Die Tonübertragung kann zur Wahrung schutzwürdiger Interessen der Beteiligten oder Dritter oder zur Wahrung eines ordnungsgemäßen Ablaufs des Verfahrens teilweise untersagt werden. Im Übrigen gilt für den in den Arbeitsraum übertragenen*

---

695 JPK, Stellungnahme zur Reform des § 169 GVG durch das EMöGG, abrufbar unter: http://www.justizpressekonferenz.de/downloads/EM%C3%B6GG.pdf (abgerufen am 02.09.2017).

696 BDZV, Deutscher Journalisten-Verband (DJV), Dt. Presserat, Verband Deutscher Zeitschriftenverleger (VDZ), Deutsche Journalistinnen- und Journalisten-Union in ver.di (dju in ver.di), Gemeinsame Stellungnahme zum EMöGG, S. 5, abrufbar unter: http://www.presserat.de/fileadmin/user_upload/Stellungnahmen/Stellungnahme_Medienoeffentlichkeit_im_Gerichtsverfahren.pdf (abgerufen am 02.09.2017).

697 Bund-Länder-Arbeitsgruppe „Zeitgemäße Neufassung des § 169 GVG“, Abschlussbericht (Fn. 571), S. 12.

698 Deutscher Richterbund, Stellungnahme Nr. 12/16, abrufbar unter: http://www.drb.de/fileadmin/docs/Stellungnahmen/2016/DRB_160708_Stn_Nr_12_Medien%C3%B6ffentlichkeit_in_Gerichtsverfahren.pdf (abgerufen am 02.09.2017).

699 BT-Drucks. 18/10144.

700 Darüber hinaus soll es auch zu einer Änderung des § 17a BVerfGG kommen, siehe BT-Drucks. 18/10144, S. 8.

Ton Satz 2 entsprechend."[701] Durch die Ergänzung eines vierten Absatzes wird des Weiteren klargestellt: „*Die Beschlüsse des Gerichts nach den Absätzen 1 bis 3 sind unanfechtbar.*"[702]

Entgegen den Begründungen zum Referentenentwurf des BMJV soll nach dem Dafürhalten der Bundesregierung nun die Aufrechterhaltung der Ordnung allein durch das Hausrecht des Gerichtspräsidenten gewährleistet werden.[703] Der Medienarbeitsraum soll *keine Erweiterung des Sitzungssaales* darstellen.[704] Nach dem Dafürhalten des Bundesrates ist § 169 I 3 GVG-E noch um die Wörter „*wenn zu erwarten ist, dass die für sie im Sitzungszimmer zur Verfügung stehenden Plätze nicht ausreichen*" zu ergänzen, da der Entwurf der Bundesregierung keine Voraussetzungen für die Zulassung der Tonübertragung vorsieht, eine solche aber nicht ohne Beweggründe und nur in seltenen Fällen zugelassen werden soll.[705] Die Bundesregierung stimmt diesem Vorschlag indessen nicht zu und verweist u. a. auf die Begründung des Gesetzesentwurfs, in der zu der Thematik der Raumkapazität Stellung bezogen wird.[706]

IV. Vereinbarkeit mit § 169 S. 2 GVG

Geht es um die Vereinbarkeit der gerichtinternen Tonübertragung mit dem Verbot des § 169 S. 2 GVG, so dient diese – ebenso wie bei der zuvor erörterten audiovisuellen Übertragung – nicht der öffentlichen Vorführung oder Veröffentlichung, da es sich bei den Adressaten dieser Übertragung weiterhin um einen abgeschlossenen Personenkreis handelt. Ferner fällt die reine Tonübertragung, d. h. eine Übertragung ohne eine dauerhafte Speicherung der Tonspur, unter das Merkmal der „Tonaufnahme". Hier gilt im Ergebnis nichts anderes als es bei der zuvor behandelten Simultanübertragung der Fall war. Gleiches gilt hinsichtlich der Vereinbarkeit mit dem Sinn und Zweck der Vorschrift. Die Tonübertragung steht – genauso wie die audiovisuelle Übertragung – dem Sinn und Zweck des § 169 S. 2 GVG nicht entgegen. Dass der damalige Gesetzgeber eine solche gerichtsinterne Tonübertragung vom Verbot des § 169 S. 2 GVG explizit umfasst haben wollte, ist ebenfalls nicht ersichtlich. Die Tonübertragung aus der Verhandlung in einen Nebenraum ist daher ebenso de lege lata mit § 169 S. 2 GVG vereinbar.

701 BT-Drucks. 18/10144, S. 7.
702 BT-Drucks. 18/10144, S. 7.
703 BT-Drucks. 18/10144, S. 27.
704 BT-Drucks. 18/10144, S. 27.
705 BT-Drucks. 18/10144, S. 35.
706 BT-Drucks. 18/10144, S. 40.

V. Sitzungspolizei des Vorsitzenden für den Nebenraum?

Fraglich ist zudem, ob mit einer solchen Tonübertragung eine wesentliche Mehrbelastung für den Vorsitzenden einhergeht. Hier gilt es zwei Konstellationen näher zu betrachten: Zum einen das Szenario, in dem ausschließlich das Hausrecht des Gerichtspräsidenten in dem Nebenraum zu Geltung kommt, und zum anderen ein Solches, in dem der Vorsitzende die Sitzungspolizei auch für den Nebenraum ausübt.

1. Keine Sitzungspolizei für den Nebenraum

Ausgehend davon, dass die Tonübertragung keine Erweiterung der Saalöffentlichkeit darstellt, bringt sie mit sich, dass der Vorsitzende für diesen Raum keine sitzungspolizeilichen Maßnahmen ergreifen muss.[707] Die Aufrechterhaltung der Ordnung im Nebenraum würde demnach der Gerichtsverwaltung im Rahmen ihres Hausrechtes obliegen.[708] Hier geht es insbesondere um die Beachtung des § 169 S. 2 GVG, welcher nach der Bund-Länder-Arbeitsgruppe ebenfalls im Medienraum zur Geltung kommen soll. Sollte es daher widererwartend Medienvertreter geben, die der Ordnung im Nebenraum zuwiderhandeln, kann der Hausrechtsinhaber diesen z. B. ein Hausverbot erteilen. Nötigenfalls kann die hausrechtliche Anordnung – in Form des unmittelbaren Zwanges – vollstreckt werden.[709]

Das Ausbleiben der Erweiterung der Saalöffentlichkeit führt folglich zu einer Entlastung des Vorsitzenden, gleichwohl mehr Personen als üblich das Verfahren mitverfolgen können. Es handelt sich daher erneut um eine quantitative Lösung, welche den Vorsitzenden jedoch nicht so erheblich tangiert wie die bereits behandelte Ton- und Bildübertragung der Verhandlung. Er müsste daher weder auf einem separaten Monitor den Nebenraum im Blick haben, noch müsste er akustisch wahrnehmen können, was im Nebenraum geschieht. Die Sitzungspolizei würde sich also weiterhin auf den eigentlichen Verhandlungssaal erstrecken. Zugleich wäre es folglich ebenfalls nicht erforderlich, dass andere Verfahrensbeteiligte wie der Staatsanwalt oder Verteidiger das Geschehen im Nebenraum – gerade im Hinblick auf die sitzungspolizeilichen Befugnisse des Vorsitzenden – mitverfolgen müssten, sodass auch diese weniger belastet wären.

---

707 Bund-Länder-Arbeitsgruppe „Zeitgemäße Neufassung des § 169 GVG", Abschlussbericht (Fn. 571), S. 19.

708 Bund-Länder-Arbeitsgruppe „Zeitgemäße Neufassung des § 169 GVG", Abschlussbericht (Fn. 571), S. 19.

709 Dazu Angermaier/Kujath, DRiZ 2012, 338, 340.

2. Sitzungspolizei für den Nebenraum

Ausgehend davon, dass – wie ursprünglich im Referentenentwurf des BMJV vorgesehen – die Tonübertragung in einen Medienraum eine Erweiterung des Sitzungssaales zur Folge hat und die sitzungspolizeilichen Befugnisse des Vorsitzenden sich zusätzlich auf diesen Raum erstrecken, so stellt sich die Frage, wie sich ein solcher Umstand auf den Vorsitzenden auswirken würde. Im Referentenentwurf des BMJV wird ausgeführt, dass trotz des fehlenden unmittelbaren Zugriffs des Gerichts auf den Medienraum, die sitzungspolizeilichen Anordnungen durch den dort anwesenden Wachtmeister durchgesetzt werden können.[710] Ferner kann der Wachtmeister dem Vorsitzenden über das Geschehen im Medienraum Bericht erstatten.[711]

Im Entwurf des BMJV wird die genauere Handhabung der Sitzungspolizei für den Medienraum allerdings nicht weiter konkretisiert. Daher kann dies nur so verstanden werden, dass der Vorsitzende höchstens telefonisch oder per Funkgerät mit dem Wachtmeister im Medienraum in Verbindung treten soll. Das bedeutet, dass eine Kameraüberwachung des Medienraumes und der damit einhergehenden Überprüfung des Vorsitzenden (und anderen Verfahrensbeteiligten) anhand eines Monitors oder einer Leinwand nicht vorgesehen sein soll. Da der Vorsitzende im Verhandlungssaal für gewöhnlich auf Hinweise des Wachtmeisters oder anderer Personen angewiesen ist, um Verstöße gegen das Verbot des § 169 S. 2 GVG zu ahnden und zu maßregeln, bedarf es im Falle einer Tonübertragung nach *Altenhain* aber auch keines separaten Monitors, auf dem er das Geschehen im Nebenraum mitverfolgen müsste.[712]

Geht man von einer solchen Ausgestaltung der sitzungspolizeilichen Handhabung für den Medienraum aus, so dürfte die Kommunikation zwischen dem Vorsitzenden und dem im Medienraum anwesenden Wachtmeister allerdings keine wesentliche Mehrbelastung für den Vorsitzenden mit sich bringen. Wie bereits ausgeführt wurde, sind häufige und vor allem verfahrensbeeinträchtigende Störungen durch die im Medienraum anwesenden Medienvertreter nicht zu befürchten. Eine ständige und Zeit einnehmende Kommunikation zwischen dem Vorsitzenden und dem Wachtmeister wird daher nicht zu befürchten sein. Die Ausübung der Sitzungspolizei und der damit einhergehenden geringen Mehrbelastung (welche nochmals geringer sein dürfte als bei der zuvor behandelten Videoübertragung) steht einem solchen Vorhaben daher nicht im Wege.

---

710 Referentenentwurf des BMJV (EMöGG) (Fn. 609), S. 26.

711 Referentenentwurf des BMJV (EMöGG) (Fn. 609), S. 26.

712 Altenhain, *Öffentlichkeit im Strafverfahren*, C 97.

Diese Annahme steht auch im Einklang mit der Begründung zum Referentenentwurf des BMJV. Dort wird ausgeführt, dass die zusätzliche Überwachung des Gerichts hinsichtlich der Geschehnisse im Nebensaal, zumindest was den ausgewählten Personenkreis von Medienvertretern betrifft, als durchaus leistbar erscheint.[713]

Sollte der Vorsitzende im Laufe der Verhandlung durch den im Medienraum anwesende Wachtmeister widererwartend über ein verfahrensbeeinträchtigendes Geschehen wie einem Verstoß gegen § 169 S. 2 GVG informiert werden, so kann und sollte der Vorsitzende diese Information an die anwesenden Verfahrensbeteiligten weiterleiten, da diese gerade nicht in direkter Verbindung mit dem Wachtmeister stehen. Dass die Verfahrensbeteiligten auf den im Medienraum befindlichen Wachtmeister angewiesen sind, zeigt sich gerade darin, dass sie Verstöße gegen § 169 S. 2 GVG im Übertragungsraum nicht von sich aus ahnden können.

3. Fazit

Festzuhalten bleibt, dass die Tonübertragung zu keiner wesentlichen Mehrbelastung für den Vorsitzenden während des Ganges der Verhandlung führen wird. Dies gilt ohne Weiteres für den Fall, dass der Medienarbeitsraum ausschließlich dem Hausrecht des Gerichtspräsidenten unterstellt ist. Dies gilt aber auch dann, wenn sich die Sitzungspolizei des Vorsitzenden auf den Medienarbeitsraum erstrecken sollte.

VI. Medienarbeitsraum: Sitzungspolizei des Vorsitzenden oder Hausrecht des Gerichtspräsidenten?

Fraglich bleibt jedoch, welchem Zuständigkeitsbereich der Medienarbeitsraum *sinnvollerweise* zugeordnet werden sollte. Das BMJV geht in seinem Referentenentwurf noch davon aus, dass allein das Hausrecht des Präsidenten einen ordnungsgemäßen Ablauf des Verfahrens nicht gänzlich abzusichern vermag.[714] Wie bereits ausgeführt, wird im Rahmen der Begründung des Gesetzentwurfes der Bundesregierung jedoch beschrieben, dass die Aufrechterhaltung der Ordnung in dem Medienraum in den Zuständigkeitsbereich des Gerichtspräsidenten fällt; die Sitzungspolizei des Vorsitzenden soll sich daher nicht auf den Medienarbeitsraum erstrecken. Eine fundierte Begründung, warum gerade das Hausrecht des

713 Referentenentwurf des BMJV (EMöGG) (Fn. 609), S. 26.
714 Referentenentwurf des BMJV (EMöGG) (Fn. 609), S. 26.

Präsidenten für die Aufrechterhaltung der Ordnung geeignet sein soll, fehlt indessen. Bereits der Abschlussbericht der Bund-Länder-Arbeitsgruppe vermochte auf diese Frage nicht näher einzugehen, sondern unterstellte lediglich, dass das Hausrecht im Medienraum zur Geltung kommen würde. Mag sich hinter dieser Annahme zwar die Intention verbergen, dass dem Vorsitzenden nicht die Verantwortung für den zusätzlichen Raum aufgebürdet werden solle, so ist damit noch nicht geklärt, ob die Ausübung des Hausrechts in Bezug auf den Nebenraum ausreichend ist.

Das Hausrecht des Gerichtspräsidenten wird nicht ohne Grund von der Sitzungspolizei des Vorsitzenden verdrängt, geht es doch speziell um die Sicherstellung eines geordneten Ablaufes *der Verhandlung*. Maßnahmen, welche sich auf das Hausrecht stützen, sollen hingegen zur Aufrechterhaltung der Sicherheit und Ordnung *im Gerichtsgebäude* dienen, d. h. einen ordnungsgemäßen Dienstbetrieb gewährleisten.[715] Dass dem Präsidenten des jeweiligen Gerichts ein entsprechendes Hausrecht zusteht, ist zwar gewohnheitsrechtlich anerkannt[716], allerdings ist ein Grundrechtseingriff aufgrund dieser ungeschriebenen Rechtsgrundlage nicht unproblematisch[717]. Der Erlass von Aufnahmebeschränkungen zum Schutze von Persönlichkeitsrechten oder anderen Rechtsgütern kann daher nicht durch das Hausrecht legitimiert werden.[718]

Des Weiteren besteht in dem Medienraum durch die Tonübertragung bereits eine solche *Sachnähe zur Verhandlung*, dass nicht das Hausrecht, sondern die Erstreckung der Sitzungspolizei auf diesen geboten erscheint. Das Geschehen im Medienraum hat nämlich – ähnlich wie das Geschehen im Zeugenraum oder dem unmittelbaren Vorraum zum Sitzungssaal – *unmittelbare* Auswirkungen auf den Ablauf der Verhandlungssitzung.[719] Im Vergleich zum Zeugenraum oder dem unmittelbaren Vorraum zum Sitzungssaal besteht in dem Medienraum durch die Tonübertragung sogar die Möglichkeit, dem Geschehen der Verhandlung aktiv (und ohne weitere akustische Schwierigkeiten) zu folgen. Dies ist in einem Zeugenraum oder dem Vorraum zum Sitzungssaal gerade nicht möglich; dennoch unterliegen sie (und zwar sinnvollerweise[720]) den sitzungspolizeilichen Befugnissen des Vorsitzenden. Nicht zuletzt geht es hinsichtlich des Bereichs, in

715 BVerwG NJW 2011, 2530, 2531; OVG Münster BeckRS 2015, 51319, Rn. 32; vgl. Angermaier/Kujath, DRiZ 2012, 338; Velten in *SK-StPO*, Vor § 169 GVG, Rn. 37.

716 BVerwG NJW 2011, 2530, 2531; OVG Münster BeckRS 2015, 51319, Rn. 32.

717 v. Coelln, *Zur Medienöffentlichkeit der Dritten Gewalt*, S. 455.

718 v. Coelln, *Zur Medienöffentlichkeit der Dritten Gewalt*, S. 456.

719 Referentenentwurf des BMJV (EMöGG) (Fn. 609), S. 26.

720 So auch Wickern in *Löwe-Rosenberg*, § 176 GVG, Rn. 6; BGH NJW 1998, 1420.

dem die Zeugen auf ihre Vernehmung warten, auch um die Sicherstellung einer einheitlichen Handhabung.[721] Warum also gerade der (sinnvollerweise nicht weit vom Verhandlungssaal entfernte) Medienarbeitsraum nicht in den Zuständigkeitsbereich der Sitzungspolizei fallen soll, andere, dem Sitzungssaal angrenzende Bereiche jedoch schon, wird daher nicht ganz deutlich.

Zudem muss noch einmal verdeutlicht werden, dass sich die Sitzungspolizei des Vorsitzenden in räumlicher Hinsicht auf den gesamten Bereich der Sitzung erstreckt, das bedeutet auf *sämtliche für die Verhandlung erforderlichen Räumlichkeiten*.[722] Da dem Gericht bzw. dem Vorsitzenden die Möglichkeit zur Verfügung gestellt werden soll, im Falle des Nichtausreichens der im Verhandlungssaal zur Verfügung stehenden Sitzplätze eine Tonübertragung in einen Nebenraum zuzulassen, ist auch dieser Nebenraum für die Verhandlung *erforderlich* und muss daher den sitzungspolizeilichen Befugnissen des Vorsitzenden unterliegen.

Verstöße gegen § 169 S. 2 GVG – mögen sie zwar bei Medienvertretern Seltenheitswert haben – können zu einer Persönlichkeitsrechtsverletzung der Verfahrensbeteiligten, insbesondere des Angeklagten, führen. Die Tatsache, dass es sich lediglich um eine Tonübertragung, und nicht um eine Bild- und Tonübertragung der Verhandlung handelt, vermag daran grundsätzlich nichts zu ändern. Eine Verletzung des Rechts am eigenen Bild käme folglich nicht Betracht, wohl aber des Rechts am gesprochenen Wort. Ein solches Szenario wäre etwa dann gegeben, wenn im Medienarbeitsraum mittels eines technischen Gerätes wie einem Tonbandgerät oder einem Notebook die Tonübertragung mitgeschnitten und veröffentlicht würde. Käme in einem solchen Fall lediglich das Hausrecht zur Geltung, so wäre – anders als im Rahmen der Sitzungspolizei – die Einbehaltung bzw. Beschlagnahmung des zuvor verwendeten Gerätes bis wenigstens zum Schluss der Sitzung (nach *Altenhain* ist sogar die Vernichtung des verbotswidrig aufgenommenen Materials zulässig[723]) gerade nicht möglich.

Im Ergebnis ist festzuhalten, dass sich die sitzungspolizeilichen Befugnisse des Vorsitzenden sinnvollerweise auch auf den Medienraum erstrecken sollten. Die §§ 175–179 GVG sollten daher – wie ursprünglich in der Begründung des Referentenentwurfes des BMJV vorgesehen – auf den Nebenraum Anwendung finden. Damit wäre zugleich die Aufrechterhaltung der für die Sitzung erforderlichen Räumlichkeiten gewährleistet, ohne dass es zu einem erheblichen

721 BGH NJW 1998, 1420.
722 BGH NJW 1998, 1420.
723 Siehe Altenhain, Fn. 235.

Mehraufwand für den Vorsitzenden käme. Das grundsätzlich im Medienarbeitsraum bestehende Hausrecht des Präsidenten wäre somit während des Ganges der Sitzung verdrängt.

VII. Pro und Contra

Im Folgenden soll es um das Für und Wider hinsichtlich einer gerichtsinternen Tonübertragung gehen. Da es diesbezüglich eine gewisse Analogie zur zuvor behandelten Videoübertragung gibt, soll das Eingehen auf einzelne wesentliche Punkte genügen.

1. Pro

a) Kosten und Aufwand

Die reine Tonübertragung ist im Gegensatz zur audiovisuellen Übertragung eine kostengünstigere Alternative. Gerade im Hinblick auf die zum Teil prekäre Haushaltslage mancher Länder ist dies zu beachten. Mitunter erhebliche Kosten für zusätzliche Monitore, Kameras etc. würden daher entfallen. Der technische Aufwand wäre somit insgesamt ein deutlich Geringerer. Die Tonübertragung in einen Nebenraum macht es lediglich erforderlich, dass jeder Prozessbeteiligter im Verhandlungssaal über ein separates Mikrofon verfügen müsste, welches die Äußerungen des jeweils Sprechenden aufnimmt. Viele Gerichte dürften in dieser Hinsicht bereits entsprechend ausgestattet sein, sodass in den meisten Fällen diesbezüglich keine zusätzlichen Kosten anfallen würden.[724]

Sichergestellt werden müsste lediglich eine reibungslose Tonaufnahme aus dem Verhandlungssaal und eine ordnungsgemäße Übertragung in den besagten Nebenraum. Per Lautsprecher müsste der Vorgang aus dem Verhandlungsaal daher deutlich nachvollziehbar sein. Da die Tonübertagung der Verhandlung vom Bundesverfassungsgericht bereits seit vielen Jahren praktiziert wird, sind die damit einhergehenden gesammelten Erfahrungswerte vorhanden und könnten entsprechend genutzt werden. Um optimale Arbeitsbedingungen im Nebenraum für die Medienvertreter gewährleisten zu können, wären dort folglich neben Tischen und Stühlen noch ausreichend Steckdosen bereitzustellen. In dieser Hinsicht dürften die meisten deutschen Gerichte aber ebenso entsprechend aufgestellt sein.

Was die Kosten für die einmalige technische Ausstattung einer solchen Tonübertragung angeht (namentlich ein additionales Telefon und entsprechende

724 Ebenso auch der Referentenentwurf des BMJV (EMöGG) (Fn. 609), S. 22.

Lautsprecher im Medienraum), so wird geschätzt, dass sich diese pro Verfahren im Rahmen von **500 €** bewegen werden.[725] Darüber hinaus ist hinsichtlich laufender Kosten wohl lediglich an einen unwesentlichen Mehraufwand für die zusätzlichen Tätigkeiten der Wachtmeister, welche sich im Zuge einer solchen Tonübertragung in den Nebenraum ergeben, zu denken.[726] Dieser wird pro Verfahren – bei einer durchschnittlichen Verfahrensdauer von 25 Sitzungstagen und einem Stundensatz von **27,10 €** für einen Beamten mittleren Dienstes auf der Ebene der Länder – auf jährlich maximal **677,50 €** und bei Annahme von jährlich ungefähr 30 unter diesen Bedingungen stattfindenden Verfahren in allen Bundesländern auf **20325 €** geschätzt.[727]

Geht es um die Aufrechterhaltung der Ordnung im Nebenraum durch die Verwaltung des Gerichtes im Rahmen des Hausrechts, so muss ebenso für die reine Tonübertragung entsprechendes Personal – z. B. für die Einlasskontrolle vor dem Medienarbeitsraum – zur Verfügung gestellt werden. Des Weiteren ist es erforderlich, – obgleich der Medienraum nicht Teil der Saalöffentlichkeit sein soll – dass sichergestellt wird, dass es zu keinem Missbrauch durch anwesende Medienvertreter, wie etwa das Aufzeichnen der Tonübertragung, kommt. Genau wie bei der audiovisuellen Übertragung der Verhandlung muss daher bei der reinen Tonübertragung ebenfalls gewährleistet werden, dass es zu keinen Verstößen im Sinne des § 169 S. 2 GVG kommt. Laut des BMJV lässt sich jedoch nur schwerlich einschätzen, in welcher Häufigkeit oder zu welcher Dauer ein Wachtmeister den Nebenraum zu überprüfen oder überwachen hat, es geht jedoch von einem maximalen Richtwert von ungefähr einer Stunde pro Sitzungstag aus.[728] Wie bereits zuvor ausgeführt wurde, sind etwaige Missbräuche aufgrund des für Medienvertreter vorbehaltenen Einlasses aber nicht zu befürchten.

b) Gefahr der Beeinflussung

Die Gefahr möglicher Beeinflussungen von Prozessbeteiligten besteht folglich ebenso im Zuge einer Tonübertragung, sie dürfte – mangels aufnehmender Kamera – jedoch nicht erheblich, im direkten Vergleich zur audiovisuellen

725 Referentenentwurf des BMJV (EMöGG) (Fn. 609), S. 22; BT-Drucks. 18/10144, S. 24.

726 Referentenentwurf des BMJV (EMöGG) (Fn. 609), S. 22; BT-Drucks. 18/10144, S. 24.

727 Referentenentwurf des BMJV (EMöGG) (Fn. 609), S. 22; BT-Drucks. 18/10144, S. 24.

728 Referentenentwurf des BMJV (EMöGG) (Fn. 609), S. 22.

Übertragung wohl sogar geringer sein. Des Weiteren wird angeführt, dass die reine Tonübertragung der Verhandlung im Vergleich zu einer audiovisuellen Übertragung wesentlich weniger intensiv die Persönlichkeitsrechte der Beteiligten tangiert.[729] Da in deutschen Gerichtssälen oftmals ohnehin eine entsprechende Mikrofonierung vor Ort zur Verfügung steht, würde man im Gerichtssaal kein gänzlich anderes Bild vorfinden als es bei einer regulären Verhandlung, d. h. ohne das verstärkte Interesse der Öffentlichkeit, der Fall wäre. Die Tonübertragung der Verhandlung in einen Nebenraum würde daher das Wesen einer gegenwärtigen deutschen Gerichtsverhandlung nicht wesentlich verändern. Ansonsten ist im Hinblick auf die etwaige Gefahr der Beeinflussung von Prozessbeteiligten auf die vorigen Ausführungen zur audiovisuellen Übertragung zu verweisen.

c) Revisionsrechtliche Gesichtspunkte

Revisionsrechtliche Folgen nach § 338 Nr. 6 StPO wären dann ausgeschlossen, wenn der Medienarbeitsraum gerade nicht Teil der Saalöffentlichkeit wäre.[730] Etwaige Ausfälle oder Störungen der Tonübertragung wären zwar für die im Nebenraum anwesenden Medienvertreter (und mittelbar für die Rezipienten ihrer Berichterstattung) ein Ärgernis, diese blieben indessen ohne rechtliche Konsequenzen. Ein absoluter Revisionsgrund nach § 338 Nr. 6 StPO wäre folglich nicht gegeben. Die reine Tonübertragung würde im Falle der Nichterweiterung der Saalöffentlichkeit das Verfahren daher nicht fehleranfälliger und damit angreifbarer machen als es gegenwärtig der Fall ist. Somit wäre die Funktionsfähigkeit der Rechtspflege unter diesem Aspekt gerade nicht tangiert.

2. Contra

a) Keine Bilder

Ein mit der reinen Tonübertagung einhergehender Nachteil ist naheliegender Weise der, dass die im Nebenraum anwesenden Journalisten keine bewegten Bilder aus dem Gerichtssaal zu sehen bekommen. Daraus folgt, dass die Atmosphäre aus dem Gerichtssaal von den Journalisten nur sehr begrenzt wahrgenommen werden kann. Da – wie bereits beschrieben – selbst durch eine audiovisuelle Übertragung die Atmosphäre aus dem Verhandlungssaal letztendlich nicht 1:1

---

729 Bund-Länder-Arbeitsgruppe „Zeitgemäße Neufassung des § 169 GVG", Abschlussbericht (Fn. 571), S. 18.

730 Bund-Länder-Arbeitsgruppe „Zeitgemäße Neufassung des § 169 GVG", Abschlussbericht (Fn. 571), S. 19.

in den Nebenraum transportiert werden kann, vermag die ausschließliche Tonübertragung in dieser Hinsicht somit noch weniger beizutragen. Viele wichtige visuelle Eindrücke und Emotionen aus der Verhandlung können die dort anwesenden Medienvertreter schlichtweg nicht wahrnehmen. Diese Informationen müssen im Zuge ihrer Berichterstattung, sofern keine anderweitige Möglichkeit der Informationsbeschaffung besteht, ausgelassen werden. Sie sind dahingehend wiederum zum Teil auf ihre im Hauptsaal anwesenden Kollegen angewiesen. Im Vergleich zu diesen erhalten sie also durch eine reine Tonübertragung ein deutliches „Weniger".

Dennoch: Durch die Tonübertragung erhalten die Journalisten streng genommen den Informationsgehalt, den sie für ihren nachfolgenden Bericht letztendlich benötigen. Auf die Notwendigkeit, dass diese Informationen für die spätere Berichterstattung sorgfältig aufgearbeitet werden müssen, wurde bereits im Vorfeld hingewiesen. Gleichfalls wurde aber darauf hingewiesen, dass die Gerichtsberichterstattung neben dem reinen Informationsgehalt zugleich eine „lebendige" Komponente aufweisen muss, mithin nicht „blutleer" sein darf, da sie sonst nur bedingt rezipiert werden würde.[731] Ob dieser wichtige Aspekt dann erfüllt werden kann, wenn die Erkenntnisse aus der Verhandlung allein auf einer reinen Tonübertragung fußen, darf hingegen stark bezweifelt werden. Details aus der Verhandlung, die zur Wahrnehmung eines visuellen Eindrucks bedürfen, können dadurch erst einmal nicht registriert werden. Allein die Stimmen und Geräusche aus dem Verhandlungssaal können als Grundlage für die Berichterstattung dienlich sein. Die Beschränkung auf die reine Tonübertragung des im Verhandlungssaal Gesprochenen birgt daher die Gefahr der Entstehung eines gänzlich falschen Eindruckes.[732] Im Vergleich zur audiovisuellen Simultanübertragung vermag die Tonübertragung keine vollkommen authentische Gerichtsverhandlung vermitteln.

Durch die fehlenden Bilder aus dem Verhandlungssaal wird von den Medienvertretern des Weiteren eine gesteigerte Aufmerksamkeit abverlangt, müssen sie doch bereits unterscheiden können, welche Verfahrensbeteiligten gerade das Wort haben. In diesem Kontext könnte ein Blick auf die Erfahrungen der Mitglieder der Justizpressekonferenz lohnen, da diese seit langem Nutznießer der Tonübertragungspraxis beim BVerfG sind.[733] So wird berichtet, dass bereits beim bloßen Zuhören der Stimme, diese nicht immer dem entsprechenden

731 Siehe Arenhövel, Fn. 427.

732 BRAK, Stellungnahme Nr. 18/2016 (Fn. 692), S. 5.

733 JPK, Stellungnahme zur Reform des § 169 GVG durch das EMöGG (Fn. 695).

Verfahrensbeteiligten zugeordnet werden kann.[734] Erschwerend kommt dann die Konzentration auf die eigene Arbeit des Journalisten und die Geräuschkulisse der anderen Journalisten hinzu.[735] Im Zuge mündlicher Verhandlungen des BVerfG wird die Frage, welcher Verfahrensbeteiligte gerade spricht, dutzendfach gestellt.[736] Insofern wird von der JPK darauf hingewiesen, dass es bereits im Interesse der Justiz sein dürfte, dass Fehler in der Berichterstattung nicht bereits durch die falsche Zuordnung eines Zitates entstehen.[737] Gerade Berufsanfänger werden es schwer haben, dem Verfahrensstoff anhand einer Tonübertragung folgen zu können.

Die Tatsache, dass es sich ausschließlich um eine Tonübertragung handelt, könnte darüber hinaus dazu führen, dass die Attraktivität dieser Teilnahmemöglichkeit bei den Journalisten als gering eingeschätzt wird. Die naheliegende Folge könnte also sein, dass die Medienvertreter weiterhin in den eigentlichen Verhandlungssaal gelangen wollen.[738] Dies wäre zwar auch im Falle der audiovisuellen Verhandlungsübertragung nicht auszuschließen bzw. wohl ebenfalls wahrscheinlich, dennoch erhielten sie im Falle der audiovisuellen Übertragung ein deutliches „Mehr", als es bei der reinen Tonübertragung der Fall wäre. Die qualitativen Unterschiede zur audiovisuellen Simultanübertragung sind daher nicht zu verachten. Wären bspw. die weitgehend positiven Erfahrungen, die beim Breivik-Prozess in Norwegen gemacht wurden, ebenso mit einer hier diskutierten Tonübertragung der Verhandlung möglich gewesen? Wäre das Denken rund um den NSU-Prozess ein anderes, wenn zumindest eine Tonübertragung angeordnet worden wäre? Gewiss, beide Fragestellungen sind dem Beweis nicht zugänglich, in beiden Fällen darf dies aber aufgrund des bereits Ausgeführten stark bezweifelt werden.

---

734 JPK, Stellungnahme zur Reform des § 169 GVG durch das EMöGG (Fn. 695).

735 JPK, Stellungnahme zur Reform des § 169 GVG durch das EMöGG (Fn. 695).

736 JPK, Stellungnahme zur Reform des § 169 GVG durch das EMöGG (Fn. 695); Bräutigam, Die Reform von § 169 GVG – Stellungnahme, S. 15, abrufbar unter: http://www.bundestag.de/blob/500952/64abf594f94065e13490f9eb57e411f0/braeutigam-data.pdf (abgerufen am 02.09.2017).

737 JPK, Stellungnahme zur Reform des § 169 GVG durch das EMöGG (Fn. 695).

738 Vgl. Bock, jM 2014, 123, 129; Rittig, NJ 2016, 265, 268; v. Coelln, AfP 2016, 491, 493; Kreicker, ZIS 2017, 85, 103; vgl. auch die Vertreter der juristischen Berufsverbände (Bundesrechtsanwaltskammer, Dt. Richterbund, Dt. Anwaltsverein, Neue Richtervereinigung), Bund-Länder-Arbeitsgruppe „Zeitgemäße Neufassung des § 169 GVG", Abschlussbericht (Fn. 571), S. 14.

b) Verfahrensverzögerung und Rechtsschutz

Mag zwar die Entscheidung des Vorsitzenden hinsichtlich einer Tonübertragung der Verhandlung in einen dazu eingerichteten Medienraum der Anfechtbarkeit entzogen sein, so steht im Falle der Nichtanordnung jedoch aufgrund der regelmäßig tangierten Pressefreiheit aus Art. 5 I 2 GG der Rechtsweg zum Bundesverfassungsgericht offen.[739] Eine derartige zusätzliche Belastung der Justiz (gewissermaßen auf anderem Wege) ist daher nicht auszuschließen. Sofern in einem solchen Fall keine einstweilige Anordnung durch das Bundesverfassungsgericht ergehen sollte, bleiben etwaige Verfahrensverzögerungen hingegen aus.

VIII. Fazit

Die Tonübertragung in einen für Journalisten vorbehaltenen Medienarbeitsraum ist sicherlich eine gewisse Öffnung der Justiz gegenüber den Medien. Sie ist im Ergebnis aber eine sehr restriktive und vorsichtige Erweiterung. Sollte die Option der Tonübertragung zukünftig von Gesetzes wegen bestehen, so würde letzten Endes das ermöglicht werden, was das Bundesverfassungsgericht seit Jahren praktiziert. Das Potenzial, welches die audiovisuelle Übertragung innehat, wird allerdings nicht genutzt. Die Medienvertreter würden in dem besagten Medienraum gewissermaßen außen vor bleiben, da die Tonübertragung nicht im Stande ist, eine ausreichend authentische Gerichtsverhandlung wiederzugeben. Die Türen des Verhandlungssaales bleiben für die Medienvertreter also – abstrakt formuliert – verschlossen, sie dürfen lediglich an diesen mithören und darauf basierend ihrer Berichte verfassen.

Ob die reine Tonübertragung als solides Fundament für die spätere Gerichtsberichterstattung dienlich ist, bleibt daher fraglich. Darüber hinaus ist ohnehin fraglich, ob die Schaffung einer solchen gesetzlichen Grundlage nicht bereits vor einigen Jahren hätte erfolgen können, erscheint sie nun vor dem Hintergrund der gegenwärtig bestehenden technischen Möglichkeiten als wenig „zeitgemäß“.[740] Die Tonübertragung könnte aber zumindest einen ersten restriktiven Schritt, hin zu einer internen audiovisuellen Verhandlungsübertragung, darstellen. Dies ist vor allem dann der Fall, wenn mit diesem Modell in der Gerichtspraxis zukünftig positive Erfahrungen gesammelt werden.

---

739 BRAK, Stellungnahme Nr. 18/2016 (Fn. 692), S. 6.

740 Vgl. auch Franke, NJW 2016, 2618, 2620.

H. „Twittern“/Live-Blogging aus dem Gerichtssaal

Das Smartphone hat sich bereits seit Längerem fest in der Gesellschaft etabliert. Der Gebrauch eines Smartphones ist für viele Menschen tagtäglich von Bedeutung; zum Teil ist es sogar omnipräsent. Neben diesen sind es aber auch Tablets, welche heutzutage vermehrt zum Einsatz kommen und für viele eine Alternative zum Notebook oder dem klassischen Heimcomputer darstellen. Vorliegend soll es – wenngleich dies ein ebenso interessantes Themenfeld darstellt – nicht um die juristische Betrachtung von Twitter/Blogging im Allgemeinen gehen. Der Fokus soll vielmehr – entsprechend der Thematik dieser Abhandlung – auf die Hauptverhandlung in Strafsachen gelegt werden. Behandelt werden soll im Folgenden die Berichterstattung aus der laufenden Hauptverhandlung heraus in Form des sog. „Live-Bloggings“. Im Speziellen soll die Plattform „Twitter“ herausgegriffen und näher behandelt werden. Zwar wurde diese Form der Berichterstattung zuvor bereits in der Rechtswissenschaft thematisiert, erschöpfend geschah dies allerdings nicht. Gerade die Thematik des Live-Bloggings aus dem Gerichtssaal drängt sich, wenn es um die gewandelten Verhältnisse der Gerichtsöffentlichkeit geht, auf und verdient daher eine genauere Untersuchung.

I. Erläuterung

1. Twitter

Zuerst soll es vorliegend um die Plattform „Twitter“[741] gehen. Die Funktionsweise dieses sozialen Netzwerkes soll nachfolgend in seinen Grundzügen dargestellt werden.[742] Das englische Wort „twitter“ bedeutet übersetzt „Gezwitscher“.[743] Das Netzwerk setzt dabei auf das Verfassen von kurzen Nachrichten. Insgesamt 140 Zeichen stehen dem Benutzer für das Verfassen einer einzelnen Nachricht (einem sog. „tweet“) zur Verfügung. Die Plattform Twitter ist also ein sog. „Mikroblog-System“.[744] Sobald eine entsprechende Mitteilung abgeschickt wurde, erscheint sie – vergleichbar wie bei einem Newsticker – auf der Twitter-Startseite der

741 Erreichbar unter: www.twitter.com (abgerufen am 02.09.2017).

742 Für eine weitergehende Erläuterung des Netzwerkes siehe etwa Primbs, *Social Media für Journalisten*, S. 30 ff.

743 Fischer/Hofer, *Lexikon der Informatik*, S. 928.

744 Primbs, *Social Media für Journalisten*, S. 16; Lent, ZUM 2013, 914, 919.

jeweiligen Abonnenten (auch „Follower" genannt) des Verfassers.[745] Die Plattform Twitter arbeitet also nach dem Abo-Prinzip, d.h. das einseitige Mitverfolgen der Nachrichten anderer.[746] Das Netzwerk lässt sich nicht nur von dem heimischen Computer aus, sondern – und darin liegt im Wesentlichen der entscheidende und zugleich interessante Punkt – auch von unterwegs, mithilfe eines internetfähigen mobilen Gerätes wie ein Smartphone oder Tablet nutzen, sodass man relativ zeitnah seine Gedanken, Nachrichten, Bilder und Weiteres per Twitter im Internet verbreiten kann.

2. Live-Blogging

Zunächst einmal soll erläutert werden, was unter einem „ganz normalen" Weblog[747] zu verstehen ist. Die Begrifflichkeit „Weblog" ist ein Kunstwort aus den Wörtern „Web" und „Logbuch" und wird oft als „Blog" abgekürzt.[748] Es handelt sich um eine Internetseite, welche regelmäßig aktualisiert wird und gewisse Inhalte (Texte, Bilder, Videos etc.) in umgedrehter chronologischer Reihenfolge darstellt.[749] Man bezeichnet die Gesamtheit der Blogs, ihre dazugehörigen Autoren (auch „Blogger" genannt) sowie ihre Rezipienten auch als sog. „Blogosphäre".[750] Eine stets fortlaufende Aktualisierung des Blogs, die lange Dauer des Bestehens, sowie eine hohe Anzahl von Blogeinträgen und Kommentaren können bei einer wertenden Gesamtbetrachtung für ein journalistisches Angebot sprechen.[751] In einem Live-Blog wird über ein bestimmtes Ereignis in Echtzeit anhand von Sachstandsmitteilungen berichtet, wobei die aktuellste Mitteilung ganz oben aufzufinden ist.[752] Von der Aktualisierung des Live-Blogs her, also der Häufigkeit des Verfassens neuer Inhalte, ist ein Live-Blog grundsätzlich zwischen einem normalen Blog und einem klassischen Sport-Ticker einzuordnen.[753] Als Beispiel dafür wären die Live-Blogs zu nennen, welche aus den Geheimdienst-Untersuchungssauschüssen zur NSA-Affäre berichteten.[754]

---

745 Primbs, *Social Media für Journalisten*, S. 30.
746 Primbs, *Social Media für Journalisten*, S. 30.
747 Zur Entwicklung von Weblogs siehe Schmidt, *Weblogs*, S. 13 ff.
748 Gundlach in *Gabler Lexikon Medienwirtschaft*, S. 648.
749 Schmidt, *Weblogs*, S. 13.
750 Fischer/Hofer, *Lexikon der Informatik*, S. 119.
751 Lent, ZUM 2013, 914, 918 f.
752 Primbs, *Social Media für Journalisten*, S. 17.
753 Primbs, *Social Media für Journalisten*, S. 17.
754 Diese sind abrufbar unter: https://netzpolitik.org/tag/nsaua-liveblog/ (abgerufen am 02.08.2017).

3. Bedeutsamkeit

Soziale Netzwerke wie Twitter[755] oder Facebook haben nicht nur für Privatpersonen, sondern auch für viele Unternehmen über die Jahre hinweg immer mehr an Bedeutung gewonnen. Für Journalisten, und gerade für Reporter, stellt sich Twitter als ein äußert wichtiges Instrument dar.[756] Die Begrenzung auf 140 Zeichen pro Beitrag ist zudem kein zwingendes Ausschlusskriterium für die Veröffentlichung juristischer Texte über diese Plattform.[757] Längst sind es aber nicht mehr nur Privatpersonen oder Unternehmen, welche sich solche Plattformen für ihre Zwecke zunutze machen. So gibt es zum Beispiel viele deutsche Behörden, die ein Benutzerkonto bei Twitter besitzen und dort regelmäßig Inhalte publizieren.[758] So hat z. B. auch die Polizei Frankfurt am Main einen Account bei Twitter.[759] Insgesamt waren es 3,38 Millionen Menschen, welche in Deutschland allein im September 2013 die Plattform „Twitter" besuchten.[760] Twitter kommt zudem bei politischen Aktivitäten in Ländern, in denen die Meinungsfreiheit eingeschränkt ist, eine erhebliche Bedeutung zu.[761] Die Plattform stand 2009 in Deutschland im Fokus, weil über diese das Resultat der Wahl zum Bundespräsidenten vor der regulären Bekanntgabe des Auszählungsergebnisses veröffentlicht wurde.[762] Nicht zuletzt wurde Twitter von US-Präsident *Donald Trump* genutzt, insbesondere im Rahmen der Präsidentschaftswahl 2016, und dadurch die Aufmerksamkeit der Medien auf dieses Netzwerk gezogen. Auch das Betreiben von Blogs ist heutzutage für viele Unternehmen, insbesondere Zeitungen, zu einer Selbstverständlichkeit geworden.[763] Weblogs sind dazu im Stande mit den klassischen Medien Synergieeffekte zu generieren: Durch das redaktionelle Betreiben von Weblogs

755 Zur Reichweite und Wirkung von Twitter bereits Krieg, K u. R 2009, 673, 674.

756 Vgl. Primbs, *Social Media für Journalisten*, S. 34; Krieg, K u. R 2009, 673.

757 M. w. n. Knauer, NJOZ 2009, 3004, 3012.

758 Zur Frage, ob der Staat Plattformen wie Facebook oder Twitter nutzen darf, siehe Wewer, ZRP 2016, 23.

759 Abrufbar unter: https://twitter.com/polizei_ffm (abgerufen am 02.08.2017).

760 Statista, Top 10 Soziale Netzwerke nach der Anzahl der Besucher im September 2013 (in Millionen), abrufbar unter: http://de.statista.com/statistik/daten/studie/170467/umfrage/besucherzahlen-sozialer-netzwerke-in-deutschland/ (abgerufen am 02.09.2017).

761 Fischer/Hofer, *Lexikon der Informatik*, S. 929.

762 Sjurts, *Gabler Lexikon Medienwirtschaft*, S. 610.

763 Siehe z. B. die Blogs der FAZ, abrufbar unter: http://blogs.faz.net (abgerufen am 02.08.2017).

von Printmedien etwa kann die Kontaktaufnahme zum Rezipienten, als auch die Kontaktaufnahme von diesem zur Redaktion, verbessert werden.[764]

Beispiele für Liveblogs, welche sich in den letzten Jahren ausschließlich auf bestimmte medienintensive Strafverfahren konzentrierten, gibt es viele. Liveblogs oder Liveticker wurden bspw. eingerichtet in den Strafprozessen gegen *Uli Hoeneß*[765] oder *Jörg Kachelmann*[766]. Es verwundert nicht, dass auch im Zuge des NSU-Prozesses von der Möglichkeit des Bloggings zahlreich Gebrauch gemacht wurde. Via Twitter und andere Blogging Plattformen wurde der Prozess stets begleitet und kommentiert. Fernsehsender wie „n-tv" etwa berichteten in Form eines Liveticker über den Verlauf der Verhandlung.[767] Die „ZEIT ONLINE" richtete eigens für den NSU-Prozess einen Blog ein, welcher täglich interessierte Leser mit aktuellen Informationen rund um den Prozess versorgt.[768] Ebenso richtete z. B. die Nachrichtensendung der ARD „Tagesschau" am 09.12.2015, also am Tage der ersten Aussage *Beate Zschäpes* vor dem Münchener Gericht, einen Live-Blog ein, in dem ausführlich über den mit Spannung erwarteten Prozessverlauf berichtet wurde.[769] Die Berichterstattung zum NSU-Prozess allein durch das Twittern oder Bloggen verdeutlicht die weiterhin bestehende Relevanz dieser Kommunikationsform. Die gegenwärtige Berichterstattung vollzieht sich daher längst nicht mehr auf klassische Art und Weise. Will man sein journalistisches Produkt an den Rezipienten heranbringen, so müssen heutzutage zum Teil andere Kanäle genutzt werden.

II. Vor- und Nachteile des Live-Bloggings

In den nachfolgenden Ausführungen soll es um die Vor- und Nachteile des Live-Bloggings gehen.

---

764 Gundlach in *Gabler Lexikon Medienwirtschaft*, S. 648.

765 Siehe Live-Blog (Spiegel Online) vom 10.03.2014, abrufbar unter: http://www.spiegel.de/wirtschaft/hoeness-prozess-fc-bayern-praesident-vor-gericht-der-live blog-a-957789.html (abgerufen am 02.08.2017).

766 Siehe Live-Ticker (B. Z.) vom 31.05.2011, abrufbar unter: http://www.bz-berlin.de/artikel-archiv/live-ticker-freispruch-fuer-kachelmann (abgerufen am 02.08.2017).

767 Siehe Liveticker zum NSU-Prozess (n-tv) vom 09.12.2015, abrufbar unter: http://www.n-tv.de/politik/13-50-Goetzl-beendet-Prozesstag-article16529591.html (abgerufen am 02.08.2017).

768 Siehe ZEIT ONLINE, NSU-Prozess-Blog, abrufbar unter: http://blog.zeit.de/nsu-prozess-blog/ (abgerufen am 02.08.2017).

769 Siehe Live-Blog der Tagesschau, abrufbar unter: https://www.tagesschau.de/news ticker/liveblog-nsu-prozess-103.html (abgerufen am 02.08.2017).

1. Vorteile

a) Schnelle Übermittlung von Informationen

Wie eingangs bereits erwähnt, bietet die Berichterstattung aus dem Gerichtssaal heraus die Möglichkeit, die sich für das Verfahren interessierende Bevölkerung zeitnah, d.h. ohne erhebliche zeitliche Zäsur, über den gegenwärtigen Stand der Verhandlung zu informieren. Gerade Informationen, die über Blogs oder Twitter übermittelt werden, sind dazu im Stande, sich rasant zu verbreiten und eine Vielzahl von Menschen – unmittelbar oder auch mittelbar – zu informieren. Ein während der Verhandlung eintretendes Ereignis kann somit binnen Sekunden im Internet veröffentlicht werden. Diese Form der Berichterstattung steht daher ganz im Zeichen des heutzutage bestehenden gesteigerten Informationsbedürfnisses der Öffentlichkeit.

Medienvertreter, welche während der laufenden Verhandlung mithilfe eines Smartphones, Tablets oder Notebooks berichten können, müssen folglich nicht (zwingend) die Verhandlungspausen für das Verfassen ihrer Berichte nutzen oder gar während der Verhandlung den Saal verlassen und somit Gefahr laufen, ihren begehrten Sitzplatz zu verlieren. Durch die Möglichkeit der Nutzung von Smartphones und Ähnlichem während des Ganges der Verhandlung wird zudem die Kommunikation zwischen dem Berichterstatter vor Ort und der Redaktion verbessert. Die Medienvertreter vor Ort können ihren Rezipienten die Möglichkeit eröffnen, die laufende Verhandlung – zumindest in Textform und in gewissen Zeitabständen – mitzuverfolgen. Ferner ermöglicht die Berichterstattung aus der Verhandlung heraus nicht nur die zeitnahe Informationsvermittlung, sondern beschränkt sich oftmals auf die wesentlichen, für den durchschnittlichen Rezipienten interessanten Details der Verhandlung wie z.B. bedeutsame Aussagen des Angeklagten. Gerade dieses Fokussieren auf das Wesentliche, was sicherlich der Art dieser Berichterstattung geschuldet ist, könnte die Berichterstattung für viele Menschen deutlich interessanter machen als diverse andere „klassische“ Formen der Berichterstattung und dadurch zugleich mehr Personen informieren. Denkbar ist zudem, dass der Rezipient durch diese Art der Berichterstattung gewisse Informationen aus der Verhandlung erhält, welche er im Zuge der regulären Berichterstattung nicht erhalten würde. Dies können u.a. Informationen sein, welche z.B. aus Zeit- oder Platzgründen nicht mehr in die „klassischen“ Formate wie TV und Print passen.

b) Förderung des Diskurses

Meldungen via Twitter, sowie bei vielen anderen Blogs, lassen sich zudem in der Regel durch den Nutzer kommentieren.[770] Dadurch ist es ohne Weiteres möglich, über das Geschriebene einen Meinungsaustausch zu führen. Diese Form der Berichterstattung, ob sie nun in Form eines Liveblogs oder über die Plattform Twitter erfolgt, bietet dem Rezipienten daher die direkte Möglichkeit, seine eigene Meinung kundzutun, auf evtl. Unzulänglichkeiten des Verfahrens oder der zugrunde liegenden Berichterstattung hinzuweisen, und fördert dadurch zugleich den Diskurs über das Recht an sich. Dieser wird längst nicht mehr ausschließlich auf traditionelle Art und Weise, sondern oftmals über das Internet geführt.

Auf der anderen Seite dürfen Erwartungen, welche man in diesem Kontext an solche Blogs stellen könnte, nicht allzu hoch gesetzt werden. Vielen im Internet stattfindenden Diskussionen – sei es in Foren, Blogs oder anderswo – mangelt es an einem echten Mehrwert. Gewiss ließe sich argumentieren, dass ein richtiger Diskurs in vielen solcher Fälle erst gar nicht stattfindet. Gerade wenn es um eine komplexe Thematik im Bereich der Rechtswissenschaft geht, stellt sich ohnehin die Frage, inwieweit ein ertragreicher Diskurs im Rahmen solcher Blogs möglich ist. Dies wird wohl vielmehr im Rahmen von Fachblogs, also solchen, die sich ausschließlich mit juristischen Themen beschäftigen, möglich sein. Diesbezüglich gab es in der Vergangenheit bereits das ein oder andere positive Beispiel.[771] Gerade wenn es aber um einen Meinungsaustausch geht, so herrscht im Internet im Allgemeinen oftmals eine gänzlich andere Form des kommunikativen Umgangs miteinander; viele Nutzer sehen das Internet fälschlicherweise noch als rechtsfreien Raum an. Dies spiegelt sich des Öfteren im Umgangston mit anderen Diskussionsteilnehmern wieder. So verwundert es nicht, dass ebenso viele Blogs existieren, bei denen die Kommentarfunktion von vornherein deaktiviert ist.

c) Mehr Transparenz und Vertrauen

Die Berichterstattung aus der laufenden Verhandlung heraus könnte einen Beitrag dazu leisten, die Arbeit der Justiz ein Stück weit transparenter zu machen. Zu welchem Grade dies möglich ist, ist wiederum stark abhängig von dem vor Ort Berichtenden und der Bekanntheit des Blogs. Die von Leitmedien betriebenen Blogs haben oftmals deutlich höhere Abrufzahlen als es bei Blogs kleinerer

770 Vgl. Fischer/Hofer, *Lexikon der Informatik*, S. 119; Gundlach in *Gabler Lexikon Medienwirtschaft*, S. 648; Lent, ZUM 2013, 914, 918.

771 M. w. n. Knauer, NJOZ 2009, 3004, 3008.

Medienvertreter oder Privatpersonen der Fall ist. Unabhängig davon wären sie aber dazu im Stande, die Arbeit der Justiz auf diesem Wege transparenter zu machen. Gemessen an dem, wozu eine Verhandlungs- oder Urteilsübertragung hinsichtlich einer Transparenzmachung justizieller Arbeit im Stande wäre, stößt das Bloggen aus der laufenden Verhandlung hingegen an seine natürlichen Grenzen.

Fraglich ist jedoch, ob die durch das Bloggen geschaffene Transparenz ebenso das Vertrauen der Allgemeinheit in die Arbeit der Justiz stärken kann. Gerade der Umstand, dass aus der laufenden Verhandlung berichtet wird, verdeutlicht, dass die Gerichtsöffentlichkeit nicht bloß aus der (naturgemäß äußerst begrenzten) unmittelbaren Saalöffentlichkeit, sondern ebenso aus der mittelbaren Öffentlichkeit besteht. Diese Form der Berichterstattung steht daher ganz im Dienste der mittelbaren Öffentlichkeit und kann – ähnlich wie bei anderen Formen der Berichterstattung – vertrauensfördernd wirken. Auf der anderen Seite gibt es natürlich Befürworter, welche der Berichterstattung über Gerichtsverfahren anhand von Blogs und Ähnlichem – gerade was die Seriosität betrifft – besonders skeptisch gegenüberstehen. Klassische Presseerzeugnisse suggerieren hier oftmals ein größeres Maß an Seriosität. Gerade bei Personen, denen Dienste wie Twitter und Co. vollkommen fremd sind, könnte die Tatsache, dass während des Verhandlungsganges Informationen über das Internet der Öffentlichkeit preisgegeben werden, zu einem gewissen Vertrauensbruch führen. Internetblogs und Ähnliches sind mittlerweile aber keine Randerscheinungen mehr, sondern stellen einen Teil des Internets und somit zugleich einen Teil der heutigen Informationskultur dar. Diese Etablierung kann als wichtige Bedingung dafür gesehen werden, dass Weblogs und Co. durchaus einen Beitrag zur Transparenzmachung justizieller Arbeit leisten können.

d) Keine (erhebliche) Beeinflussung der Prozessbeteiligten

Das Live-Blogging aus der Verhandlung heraus hat einen entscheidenden Vorteil: es handelt sich zu weiten Teilen um eine sehr diskrete Art der Berichterstattung. Die Verwendung von aktuellen Smartphones oder Tablets dürfte keinerlei nennenswerte Geräuschentwicklung mit sich bringen und die Verhandlung akustisch nicht stören (vorausgesetzt natürlich, dass etwaige Töne durch Smartphones etc. unterbunden werden). Einzig Geräte wie Notebooks, welche mit einer haptischen Tastatur ausgestattet sind, dürften im Hinblick auf etwaige Tastaturgeräusche eine etwas „lautere“ Geräuschkulisse bieten. Diese ist im direkten Vergleich zu Betriebsgeräuschen altertümlicher Schreibmaschinen jedoch um ein Wesentliches geringer. Sollte es dennoch durch diese oder andere Geräte zu einer wesentlichen Geräuschkulisse kommen, so kann deren

Verwendung durch eine sitzungspolizeiliche Maßnahme des Vorsitzenden nach § 176 GVG unterbunden werden. An dieser Stelle wird wiederum der Vorzug der bereits behandelten gerichtsinternen Verhandlungsübertragung deutlich: Da im Falle ihrer Anordnung ein gewisser Teil von Medienvertretern nicht selbst im eigentlichen Verhandlungssaal anwesend wäre, könnten diese ebenso aus der laufenden Verhandlung heraus berichten, ohne dass dies von der Geräuschentwicklung her Auswirkungen auf den Verhandlungssaal hätte.

Aber auch wenn sich die berichtenden Personen im Verhandlungssaal befänden, so dürften die Verfahrensbeteiligten diese Art der Berichterstattung mitunter gar nicht wahrnehmen.[772] Dies ergibt sich bereits aus dem Umstand, dass Medienvertreter sich ohnehin (sofern etwaige Geräte zugelassen sind) anhand von Notebooks oder Ähnlichem – ggf. handschriftlich – Notizen über die laufende Verhandlung machen, welche als Basis für die spätere Berichterstattung dienen sollen. Ob sich die anwesenden Medienvertreter nun mithilfe dieser Geräte lediglich Notizen machen und diese erst in der Verhandlungspause oder nach dem Schluss der Verhandlung weitergeben bzw. veröffentlichen oder sie bereits während der Verhandlung etwas publizieren, lässt sich im Verhandlungssaal nicht näher unterscheiden. Etwaige Befürchtungen, dass es zu einer Beeinflussung der Verfahrensbeteiligten kommen kann, insbesondere des Angeklagten, sind im Zuge dieser Berichterstattung nicht begründet bzw. nicht wahrscheinlicher, als es ohnehin durch die anwesende Saalöffentlichkeit der Fall wäre.

2. Nachteile

a) Erhöhte Gefahr für die Persönlichkeitsrechte?

Fraglich ist, ob die Berichterstattung via Twitter und Co. aus der laufenden Verhandlung heraus eine erhöhte Gefahr für die Persönlichkeitsrechte der Verfahrensbeteiligten begründet. *Krieg* argumentiert, dass sich aus dieser unmittelbar zeitlichen Nähe der Berichterstattung keine ersichtlich gesteigerte Gefahr für die Persönlichkeitsrechte der Verfahrensbeteiligten – mitunter nicht mehr als die „traditionelle" Berichterstattung in Form der Wort- oder Bildberichterstattung – ergeben.[773] Dies muss jedoch kritisch beleuchtet werden. Gerade die Berichterstattung in Form eines Livetickers bringt einher, dass kurze Inhalte zügig verfasst und zur Verfügung gestellt werden „müssen". Für den berichtenden Journalisten

772 Vgl. Krieg, K u. R 2009, 673, 676.
773 Krieg, K u. R 2009, 673, 676.

besteht daher ein gewisser Leistungsdruck; eine Beeinträchtigung der Persönlichkeitsrechte der Verfahrensbeteiligten wäre in diesem Kontext daher möglich.

Das Erfordernis des schnellen Publizierens zeigt sich z. B. bei der Plattformen Twitter. Da Twitter ein Echtzeitmedium ist, sollte eine Mitteilung zügig veröffentlicht werden, um die nötige Aufmerksamkeit zu erlangen.[774] Tweets, welche älter als drei Stunden sind, sind alte Tweets und laufen daher Gefahr, nicht mehr wahrgenommen zu werden.[775] Auch wenn bestimmte Informationen natürlich über andere Kanäle den Weg in das Internet finden sollten, so macht doch gerade die Aktualität dieser Berichterstattung den Reiz für den Rezipienten aus. Inhalte eines Liveblogs, welche bereits nicht mehr aktuell sind, werden daher seltener von den Internetnutzern wahrgenommen. Besonders lukrativ sind Informationen aus der Verhandlung etwa dann, wenn sie nicht nur aktuell sind, sondern von keinem anderen – zumindest zeitnah – zur Verfügung gestellt werden können. Es geht insgesamt also auch ein Stück weit um Exklusivität.

Darüber hinaus fehlt im Zuge der Berichterstattung aus der laufenden Verhandlung heraus gerade der zeitliche Abstand zur Verhandlung. Eine solche Art der Berichterstattung (also das Berichten aus der laufenden Verhandlung heraus) könnte daher zu einer zu unreflektierten Wiedergabe der Gerichtsverhandlung führen.[776] Der Gedanke der Aktualität könnte folglich andere Aspekte wie die Berücksichtigung der Persönlichkeitsrechte in den Hintergrund drängen. Anderseits muss, wenn von einem zeitlichen Druck die Rede ist, zugleich die Situation betrachtet werden, die nicht selten den Alltag von Medienvertretern in deutschen Gerichten prägt. Wenn die Verhandlungspausen für die Verarbeitung und/oder Weitergabe von Informationen genutzt werden, so kann in vielen Fällen ebenfalls von keinem wesentlichen Abstand zur Verhandlung ausgegangen werden. Der zeitliche Druck und die Gefahr der Beeinträchtigung von Persönlichkeitsrechten von Verfahrensbeteiligten bestehen ebenfalls in dieser Konstellation. Gleiches gilt, wenn unmittelbar nach Beendigung der Verhandlung bestimmte Informationen aus der Verhandlung verarbeitet bzw. veröffentlicht werden.

Das Verfassen von Nachrichten über das Medium Internet bringt ebenfalls etwas Verbindliches mit sich. Zwar lassen sich die Meldungen des Livetickers im Nachhinein wieder löschen oder anpassen (z. B. aufgrund inhaltlich falscher oder reißerischer Informationen), aber ist eine Schlagzeile erst einmal im Netz (zum Beispiel via Twitter), so besteht die Gefahr, dass jene Nachricht sich

---

774 Primbs, *Social Media für Journalisten*, S. 35.

775 Primbs, *Social Media für Journalisten*, S. 30.

776 Vgl. Knauer, NJOZ 2009, 3004, 3011.

sogleich über diese Plattform in Form des Weiterleitens (im Falle von Twitter anhand von „Re-Tweets“) verbreitet[777] oder von ihr – noch vor ihrer Löschung oder Veränderung – ein Screenshot zur weiteren Verbreitung angefertigt wird. Die Verbindlichkeit publizierter Nachrichten besteht aber ebenso bei den „klassischen“ Formen der Berichterstattung (Tageszeitungen, Fernsehen, Radio). Dies verdeutlicht nur umso mehr, welche Verantwortung die Medien im Rahmen ihrer Gerichtsberichterstattung zu tragen haben.

Festzuhalten bleibt, dass durch die Berichterstattung aus der laufenden Verhandlung heraus keine im Vergleich zu den traditionellen Berichterstattungsformen höhere Gefahr der Verletzung von Persönlichkeitsrechten der Verfahrensbeteiligten einhergeht. Selbst wenn man von einer (wenn auch nur leicht erhöhten) Gefahrensteigerung ausgeht, etwa bei einem Liveticker mit sehr kurzen Meldungsintervallen, so kann allein dieser Umstand kein Verbot für eine solche Berichterstattung legitimieren. Unabhängig davon, ob während des Verhandlungsganges oder außerhalb davon berichtet wird, bleibt es Aufgabe des berichtenden Medienvertreters auf die Persönlichkeitsrechte der Verfahrensbeteiligten Rücksicht zu nehmen. Dies umfasst, dass bestimmte Informationen nicht sogleich öffentlich zu publizieren sind, sofern es zweifelhaft ist, ob dadurch nicht in erheblichen Maße Persönlichkeitsrechte tangiert werden könnten.

b) Qualität der Berichterstattung aus der Verhandlung heraus

Problematisch könnte hingegen die allgemeine Qualität dieser Berichterstattung sein. Bei einem erst nach Beendigung der Verhandlung verfassten Text können diesem – neben der verkürzten Wiedergabe des Verhandlungsgeschehens – noch weitere wichtige Details hinzugefügt werden kann, wie z. B. die Erläuterung juristischer Begriffe oder komplexer Zusammenhänge. Wenngleich oftmals ein zeitlicher Druck für die Gerichtsreporter besteht, so besteht dennoch die Möglichkeit der gründlichen Aufarbeitung des Verhandlungsinhaltes. Die Berichterstattung aus der laufenden Verhandlung, zumindest von einer einzigen Person, könnte in dieser Hinsicht zum Teil an ihre Grenzen stoßen. Dies vor allem dann, wenn per Twitter (mit der Begrenzung auf 140 Zeichen pro Nachricht) berichtet wird. Sehr wohl kann die Berichterstattung via Twitter aber als Ergänzung zur regulären Berichterstattung fungieren.

Ein weiterer kritischer Aspekt ist sicherlich, dass sich die Aufmerksamkeit des Berichtenden nicht nur auf den zu publizierenden Text, sondern ebenso auf die

---

777 Krieg, K u. R 2009, 673, 676.

parallel stattfindende Verhandlung richten muss. Ein Liveblog kann hingegen ohne Weiteres von mehreren Personen sowie von unterschiedlichen Orten aus – also nicht nur aus dem Gerichtssaal selbst – betrieben werden.[778] Diejenigen Blogbetreiber, die also nicht an der Verhandlung vor Ort teilnehmen, könnten daher die zuvor angesprochenen Aspekte in der Berichterstattung mit aufgreifen und die Berichterstattung damit qualitativ ergänzen. Inwieweit dies von den Medien tatsächlich umgesetzt wird, bleibt angesichts der bestehenden Sparpolitik indessen fraglich. Als positives Beispiel kann aber der besagte Blog zum NSU-Prozess von „ZEIT ONLINE“ genannt werden. Er wird von gleich vier Autoren betrieben[779] und mit zahlreichen zusätzlichen Inhalten wie z. B. Interviews, Gastbeiträgen oder prozessbezogenen Medienberichten angereichert[780]. Eine inhaltlich fundierte Gerichtsberichterstattung ist durch eine solche Berichterstattung also durchaus möglich.

c) Beeinflussung von Zeugen

Diese Form der Berichterstattung könnte allerdings die Funktionstüchtigkeit der Rechtspflege tangieren. Denkbar wäre, dass – sofern internetfähige Geräte wie Smartphones oder Tablets im Gerichtssaal zugelassen werden – Zeugen von im Hauptsaal anwesenden Personen gezielt über den Stand der Verhandlung informiert werden und dies womöglich Einfluss auf ihre spätere Aussage haben könnte.[781] Sofern die Unterrichtung nicht vorsätzlich durch eine im Verhandlungssaal anwesende Person vonstattengeht, wäre es aber keinesfalls ausgeschlossen, dass ein noch zu verhörender Zeuge von sich aus bspw. einem Liveticker folgt oder Mitteilungen auf Twitter liest und dadurch über den aktuellen Stand der Verhandlung im Bilde ist.

Zeugenaussagen stellen, wenngleich der Zeugenbeweis als Mittel der Wahrheitsfindung nicht selten der Kritik unterworfen ist[782], ein oft genutztes Beweismittel vor Gericht dar. Gem. § 58 I StPO sind die Zeugen einzeln und in

---

778 Vgl. Primbs, *Social Media für Journalisten*, S. 17.

779 ZEIT ONLINE, NSU-Prozess-Blog, abrufbar unter: http://blog.zeit.de/nsu-prozess-blog/uber-die-autoren/ (abgerufen am 02.08.2017).

780 ZEIT ONLINE, NSU-Prozess-Blog, abrufbar unter: http://blog.zeit.de/nsu-prozess-blog/uber-dieses-blog/ (abgerufen am 02.08.2017).

781 Vgl. Krieg, K u. R 2009, 673, 676 f.; v. Coelln im Rahmen seines Vortrages auf der 115. Tagung des Studienkreises für Presserecht und Pressefreiheit, Libor, AfP 2014, 224, 225.

782 So Schünemann in *FS-Meyer-Goßner*, S. 385 ff.

Abwesenheit der später zu hörenden Zeugen zu vernehmen. Dies hat zur Folge, dass Zeugen bis zu ihrer Vernehmung dem Verhandlungssaal fern bleiben müssen, damit ihre Aussage unbefangen bleibt und nicht durch etwaige Angaben der Angeklagten oder anderer Zeugen beeinflusst wird.[783] § 58 I StPO findet in allen Verfahrensabschnitten Anwendung.[784] Ergänzend zu § 58 I StPO stellt § 243 II 1 StPO für die Hauptverhandlung klar, dass die Zeugen den Sitzungssaal (nach Feststellung ihrer Anwesenheit) bis zum Zeitpunkt ihrer Vernehmung verlassen müssen.[785] Die Würdigung der getätigten Zeugenaussage richtet sich dann nach dem Grundsatz des § 261 StPO, also nach der freien, aus dem Inbegriff der Verhandlung geschöpften Überzeugung des Gerichtes.

Etwaige Bedenken im Hinblick auf eine Informierung des noch nicht vernommenen Zeugen müssen grundsätzlich ernst genommen werden. Fraglich ist jedoch, ob vorliegend eine derart große Gefahr für die Funktionstüchtigkeit der Rechtspflege droht, dass bereits aus diesem Grund ein Verbot für die Berichterstattung aus der Verhandlung gerechtfertigt erscheint. Die Überreichung von in der Verhandlung angefertigten Notizen eines Zuhörers an einen noch nicht vernommenen Zeugen kann durch einen Wachtmeister entsprechend vereitelt werden, das Verfolgen von Twitter-Nachrichten hingegen kann nur sehr eingeschränkt, wohl aber überhaupt nicht kontrolliert werden.[786] Sofern jedoch Ersteres nicht in einer offensichtlichen Art und Weise geschieht, so ist auch diese Form der Zeugeninformierung durch entsprechendes Wachpersonal nur schwerlich zu unterbinden. Die Gefahr der Vorabinformierung eines Zeugens kann, sei es gezielt oder ungewollt, nicht nur von berichtenden Journalisten, sondern ebenso von anderen Zuhörer ausgehen.[787] Der Zeuge befindet sich gerade nicht in einem „Elfenbeinturm", sondern ist, wie alle anderen Verfahrensbeteiligten, in den Alltag des gesellschaftlichen Lebens eingebettet, sodass stets die potenzielle Möglichkeit der vorzeitigen Zeugeninformierung besteht.

Ferner kann nicht zwangsläufig darauf geschlossen werden, dass eine in Kenntnissetzung eines noch zu vernehmenden Zeugen ihn in seiner später zu tätigenden Aussage in irgendeiner Art und Weise beeinflussen wird. Zudem muss bedacht werden, dass selbst ein Zuhörer, welcher bei der Verhandlung

783 BGHSt 3, 386, 388.

784 Senge in *Karlsruher Kommentar StPO*, § 58 StPO, Rn. 1; Pfeiffer, *StPO-Kom.*, § 58 StPO, Rn. 1.

785 Frister in *SK-StPO*, § 243 StPO, Rn. 14.

786 Krieg, K u. R 2009, 673, 677.

787 Vgl. v. Coelln, *Zur Medienöffentlichkeit der Dritten Gewalt*, S. 227.

einschließlich Zeugenvernehmungen präsent war, als Zeuge vernommen werden kann.[788] Sollte es konkrete Hinweise geben, dass sich ein Zeuge im Vorfeld gezielt über den Verlauf der Verhandlung informiert hat oder er von anderen Personen unterrichtet wurde, so ist dies vom Gericht im Rahmen der Beweiswürdigung nach § 261 I StPO mit zu berücksichtigen.[789]

Außerdem wird dem Zeugen vor seiner Vernehmung durch die Belehrung gem. § 57 StPO die Notwendigkeit seiner wahrheitsgemäßen Aussage verdeutlicht und ihm die Bedeutung und Tragweite seiner Aussage vor Augen geführt.[790] Gem. § 57 S. 1 StPO werden die Zeugen vor der Vernehmung zur Wahrheit ermahnt (sie beinhaltet ebenso den Hinweis darauf, dass die Aussage des Zeugen vollständig sein muss[791]) und über die strafrechtlichen Folgen einer unrichtigen oder unvollständigen Aussage belehrt. Gem. § 57 S. 2 StPO werden die Zeugen auf die Möglichkeit der Vereidigung hingewiesen. Die Belehrung nach § 57 StPO kann während der eigentlichen Vernehmung bei Zweifeln hinsichtlich des Wahrheitsgehalts der Zeugenaussage auch wiederholt werden.[792]

Die Liveberichterstattung im hier behandelten Sinne wird zudem regelmäßig nur vereinzelte Informationen aus der Verhandlung zum Gegenstand haben; um den gesamten Verhandlungsinhalt geht es somit nicht. Bereits deshalb ist es mitunter fraglich, ob der Inhalt der Liveberichterstattung für den wartenden Zeugen überhaupt von Relevanz ist. Andererseits sind es gerade Aussagen von Zeugen, die von größerem Interesse sein dürften und daher für die Berichterstattung aus dem Gerichtssaal via Twitter und Co. geeigneter erscheinen, als mitunter an Komplexität gesteigerte juristische Äußerungen des Gerichts.[793] Es fehlt allerdings an einschlägigen Vorkommnissen, die eine etwaige Besorgnis bzgl. möglicher Beeinflussungen von Zeugen de facto rechtfertigen würde. Noch nicht vernommene Zeugen können sich ohnehin spätestens ab dem zweiten Tag der Verhandlung aus den klassischen Medien über Inhalte aus der Verhandlung informieren.[794] Durch die Liveberichterstattung aus dem Gerichtssaal via

---

788 RGSt 1, 366, 367; 2, 53, 54.

789 Vgl. RGSt 1, 366, 367.

790 Aus Nr. 130 S. 1 RiStBV ergibt sich, dass die Belehrung der Zeugen „in angemessener und wirkungsvoller Form“ erfolgen soll.

791 Rogall in *SK-StPO*, § 57 StPO, Rn. 4.

792 Rogall in *SK-StPO*, § 57 StPO, Rn. 12.

793 Krieg, K u. R 2009, 673, 676.

794 v. Coelln im Rahmen seines Vortrages auf der 115. Tagung des Studienkreises für Presserecht und Pressefreiheit, Libor, AfP 2014, 224, 225; vgl. auch Pfeifle, ZG 2010, 283, 296 f.

Twitter und Co. wird die grundsätzlich bestehende Gefahr der Zeugenbeeinflussung nicht wesentlich erhöht, sodass die Rechtspflege in diesem Kontext nicht tangiert wäre.

III. Vereinbarkeit mit § 169 S. 2 GVG

Des Weiteren soll der Frage nachgegangen werden, ob das Twittern bzw. das Live-Blogging (ausgehend davon, dass es hierbei ausschließlich um das Verfassen eines Textes geht) aus einer öffentlichen Hauptverhandlung heraus mit dem Verbot des § 169 S. 2 GVG vereinbar ist. Dies wird in der Rechtswissenschaft unterschiedlich bewertet.[795]

1. Wortlaut der Norm

Dem reinen Wortlaut der Vorschrift nach könnte es sich beim Live-Blogging zumindest um eine Tätigkeit „zum Zwecke der Veröffentlichung" handeln. Durch das Liveblogging werden Informationen aus der Verhandlung im Internet einem meist unbegrenzten Kreis von Rezipienten zu Verfügung gestellt, mithin veröffentlicht. Das für diese Veröffentlichung notwenige Verfassen von entsprechenden Texten mithilfe technischer Geräte wie z. B. Smartphones oder Tablets stellen jedoch zweifelsohne keine Ton- und Fernseh-Rundfunkaufnahmen oder Ton- und Filmaufnahmen dar. Allein dem Wortlaut nach lässt sich daher ein Verstoß gegen § 169 S. 2 GVG nicht feststellen.

2. Historische Auslegung

Im Zuge der Einführung der Vorschrift des § 169 S. 2 GVG im Jahre 1964 war die genauere Idee einer solchen Berichterstattung freilich noch nicht geboren. Allein das Medium „Internet" sollte erst Anfang der 90er Jahre für eine breite Öffentlichkeit zugänglich sein.[796] Es sollte darüber hinaus deutlich später erst die Möglichkeit einer mobilen Internetnutzung anhand eines Handys möglich sein. Der damalige Gesetzgeber konnte folglich diesen Fall der Berichterstattung noch nicht erfassen. Bis heute ist der Gesetzgeber – jetzt wo er die Umstände zweifelsohne erkennen kann – jedoch bzgl. einer Änderung des § 169 S. 2 GVG im Hinblick auf die Möglichkeit des Liveboggings nicht tätig geworden. Dies

795 Von der Zulässigkeit ausgehend etwa Kissel/Mayer, *GVG-Kom.*, § 169 GVG, Rn. 67; v. Coelln in *Maunz/Schmidt-Bleibtreu/Klein/Bethge*, § 17a BVerfGG, Rn. 11; die Unzulässigkeit befürwortend etwa Zimmermann in *MüKo-ZPO*, § 169 GVG, Rn. 44.

796 Bleicher, *Internet*, S. 25.

könnte mehrere Gründe haben: Man könnte zum einen daraus schließen, dass der Gesetzgeber diesbezüglich keine erheblichen Bedenken hegt und eine solche Form der Berichterstattung als zulässig erachtet. Dass von dem Gesetzgeber kein Handlungsbedarf gesehen wird, könnte aber ebenso darin begründet sein, dass die Gerichte das Mitbringen und Benutzen von Notebooks, Smartphones etc. zum Teil von sich aus untersagen. Im Ergebnis lässt sich jedoch feststellen, dass eine historische Auslegung keine gewichtigen Aussagen im Hinblick auf die Zulässigkeit des Live-Bloggings zu treffen vermag.

3. Systematische Auslegung

Systematische Gesichtspunkte können abermals keine Auskünfte darüber geben, ob das Live-Blogging mit der Vorschrift des § 169 S. 2 GVG vereinbar ist.

4. Teleologische Auslegung

Die vorangegangene Vor- und Nachteil-Begutachtung[797] hat insbesondere ergeben, dass das Live-Blogging der Wahrheitsfindung grundsätzlich nicht entgegensteht. Darüber hinaus besteht im Vergleich zur regulären Berichterstattung keine (bzw. keine wesentlich) erhöhte Gefahr für die Verletzung der Persönlichkeitsrechte der Verfahrensbeteiligten. Das Live-Blogging ist mit dem Sinn und Zweck des § 169 S. 2 GVG vereinbar.

5. Ergebnis

Das Live-Blogging/Twittern aus einer öffentlichen Hauptverhandlung heraus ist demnach mit § 169 S. 2 GVG vereinbar.

IV. Das Twittern/Live-Blogging und die sitzungspolizeiliche Maßnahme nach § 176 GVG

Wie bereits festgestellt wurde, verstößt das Twittern/Live-Bloggen während der laufenden Verhandlung nicht gegen das Verbot des § 169 S. 2 GVG. Ein ausdrückliches Verbot hinsichtlich der Benutzung von Handys im Gerichtsgebäude oder im jeweiligen Sitzungssaal findet sich (wohl) ebenfalls in keiner Hausordnung der Gerichte wieder.[798] Das Twittern/Live-Blogging aus der Verhandlung

797 Siehe S. 150 ff.

798 So Fromm, MMR 2016, 233.

heraus wirft hingegen Fragen bezüglich der sitzungspolizeilichen Befugnisse des Vorsitzenden nach § 176 GVG auf.

1. Grundsätzliches zur Verwendung von Notebooks, Smartphones etc.

Den Verfahrensbeteiligten sowie den Zuhörern einer Verhandlung ist es im Hinblick auf § 176 GVG grundsätzlich gestattet, über den konkreten Verlauf der Verhandlung entsprechende Notizen oder auch Zeichnungen anzufertigen.[799] Nichts Anderes ergibt sich, wenn z. B. ein Angestellter für den Verteidiger Aufzeichnungen über die Vorgänge der Hauptverhandlung anfertigt.[800] Der Umstand, dass das Mitschreiben den Richter nervös machen könnte, rechtfertigt ebenfalls keine Untersagung des Mitschreibens oder gar die Verweisung aus dem Verhandlungssaal.[801] Anderes gilt jedoch, wenn die begründete Gefahr besteht, dass das Mitschreiben dazu dienen soll, noch nicht vernommene Zeugen zu unterrichteten.[802] In einem solchen Fall können die Aufzeichnungen ggf. zwangsweise abgenommen, und bis zur Beendigung des gesamten Verfahrens einbehalten werden.[803]

Wurden früher Notizen noch handschriftlich oder mithilfe einer Schreibmaschine angefertigt, so ist heutzutage das computerbasierte Arbeiten eine deutlich einfachere und effektivere Form des Arbeitens geworden. Es sind gerade Geräte wie Notebooks, Tablets oder Smartphones, die für Medienvertreter wichtige und zum Teil unverzichtbare Arbeitsgeräte darstellen. Das Verlangen, diese Arbeitsmittel während einer Gerichtsverhandlung gebrauchen zu dürfen, ist daher durchaus nachvollziehbar. Grundsätzlich können solche Geräte während der Verhandlung auch verwendet werden.[804] Die Benutzung von Notebooktastaturen oder deutlich hörbare Gerätelüfter können hingegen eine gesteigerte Geräuschkulisse im Verhandlungssaal hervorrufen. Sofern durch den Einsatz

---

799 Schmitt in *Meyer-Goßner/Schmitt*, § 169 GVG, Rn. 15; Walther in *BeckOK-StPO*, § 176 GVG, Rn. 14; Wickern in *Löwe-Rosenberg*, § 176 GVG, Rn. 19; BGH NStZ 1982, 389.

800 BGHSt 18, 179, 181.

801 BGH NStZ 1982, 389.

802 BGH NStZ 1982, 389; vgl. auch v. Coelln, *Zur Medienöffentlichkeit der Dritten Gewalt*, S. 227; Kern, Anm. zu BGH, Urteil v. 10.04.1962 – 1 StR 22/62 (BGHSt 17, 201), JZ 1962, 564; a. A. Velten in *SK-StPO*, § 176 GVG, Rn. 8.

803 Kissel/Mayer, *GVG-Kom.*, § 176 GVG, Rn. 25.

804 Vgl. Velten in *SK-StPO*, § 169 GVG, Rn. 12.

solcher Geräte allerdings nicht der ordnungsgemäße Gang der Verhandlung beeinträchtigt wird, d. h. die äußere Ordnung nicht gefährdet ist, ist auch dies nicht zu beanstanden.[805] Die Geräuschentwicklung moderner Notebooks ist im Vergleich zu früheren Modellen aber geringer und kann im Bedarfsfall ggf. noch weiter eingedämmt werden. Die Betriebsgeräusche von Tablets sind demgegenüber sogar noch deutlich geringer und dürften daher in der Verhandlung kaum wahrnehmbar sein.

Problematisch ist jedoch, dass aktuelle Geräte (aber auch bereits deutlich ältere Modelle) wie Notebooks, Tablets oder Smartphones sehr häufig über fest verbaute Kameras und Mikrofone verfügen. Anhand dessen wäre es während der Verhandlung ohne Weiteres möglich, in unzulässiger Weise Bild- und/oder Tonaufnahmen anzufertigen. Ein Verstoß gegen § 169 S. 2 GVG wäre daher durch den Einsatz solcher Geräte denkbar. Dies führt zu der Frage, ob der Einsatz von Geräten wie Notebooks oder Smartphones untersagt werden muss bzw. untersagt werden kann.

2. Die Untersagung von Notebooks etc. durch § 176 GVG im Vorfeld

Um Missbräuche im Sinne des § 169 S. 2 GVG vorzubeugen und zugleich die Aufrechterhaltung der Ordnung zu gewährleisten, wäre es daher möglich, im Rahmen der Sitzungspolizei nach § 176 GVG bereits im Vorfeld die Benutzung von Notebooks, Smartphones und ähnlichen Geräten während der Verhandlung zu untersagen. In den vergangenen Jahren musste auch das Bundesverfassungsgericht zu dieser Thematik Stellung nehmen.

a) Stellungnahmen des Bundesverfassungsgerichts

Im Verfahren zum sog. „Holzklotz-Fall“[806] bspw., welchem – nicht zuletzt durch die Begehungsweise der Tat – ein gewichtiges Informationsinteresse der Öffentlichkeit zu Grunde lag[807], ordnete der Vorsitzende der 5. Strafkammer des LG Oldenburgs die Unzulässigkeit der Verwendung von Notebooks im Sitzungssaal an.[808] Dem Begehren, diese während der Verhandlung zuzulassen mit Hilfe des Erlasses einer einstweiligen Anordnung gem. § 32 I BVerfGG, kam das Bundesverfassungsgericht nicht nach.[809] Mit kurzen Worten gab das

---

805 vgl. v. Coelln, *Zur Medienöffentlichkeit der Dritten Gewalt*, S. 261 f.
806 LG Oldenburg, Urteil v. 20.05.2009 – 5 Ks 8/08; BeckRS 2010, 06220.
807 BVerfG NJW 2009, 350.
808 BVerfG NJW 2009, 352, 353.
809 BVerfG NJW 2009, 352.

Bundesverfassungsgericht wieder, dass die Zulässigkeit der besagten Anordnung des Vorsitzenden sich zumindest aus dem Umstand ergebe, dass Verstöße gegen § 169 S. 2 GVG, d. h. die unzulässige Verwendung von Kameras und Mikrofonen, welche häufig in modernen Laptops verbaut sind, sich kaum kontrollieren ließe.[810] Zwar räumte das Bundesverfassungsgericht durchaus ein, dass eine solche Anordnung keine bloß marginale Einschränkung für die Medienvertreter darstelle, eine erhebliche Beeinträchtigung der Pressefreiheit wäre dadurch aber nicht zu befürchten, da weder der Zugang zur Verhandlung verhindert, noch die Berichterstattung die Benutzung eines Laptops erforderlich machen und das Verbot des Weiteren alle vor Ort berichtenden Journalisten gleichermaßen treffen würde.[811]

In einem Verfahren[812] vor der Großen Strafkammer 1 des Landgerichts Hamburg gegen Eltern eines im Dezember 2013 an inneren Verletzungen verstorbenen dreijährigen Mädchens erließ der Vorsitzende im Vorfeld ebenfalls eine Medienverfügung.[813] In dieser Anordnung gem. § 176 GVG hieß es u. a. in Ziffer 8, S. 2: *„Aufnahmegeräte, Mobiltelefone und Laptops sind während der Verhandlung auszustellen.“*[814] Die Beschwerdeführerin (Springer-Verlag) richtete sich in ihrem Antrag auf Erlass einer einstweiligen Anordnung nach § 32 I BVerfGG u. a. auch gegen diesen Teil der Anordnung des Vorsitzenden.[815] Trotz Zulässigkeit und überwiegender Begründetheit des Antrags ging das Bundesverfassungsgericht hinsichtlich der Ziffer 8, S. 2 von einer offensichtlichen Unbegründetheit der Verfassungsbeschwerde aus.[816] In dem Verbot von Aufnahmegeräten, Mobiltelefonen und Laptops während der Verhandlung sei eine typisierte Regelung zur allgemeinen Gewährleistung eines geordneten Sitzungsablaufs zu erblicken.[817] Wiederum wird vom Bundesverfassungsgericht klargestellt, dass durch die Gestattung solcher Geräte eine Kontrolle im Hinblick auf Verstöße gegen § 169 S. 2 GVG kaum möglich und durch eine solche Anordnung die Pressefreiheit nicht erheblich tangiert sei.[818]

---

810 BVerfG NJW 2009, 352, 353.
811 BVerfG NJW 2009, 352, 353.
812 LG Hamburg, Urteil v. 25.11.2014 – 601 Ks 3/14.
813 BVerfG StV 2015, 201.
814 BVerfG StV 2015, 201.
815 BVerfG StV 2015, 201, 202.
816 BVerfG StV 2015, 201, 203.
817 BVerfG StV 2015, 201, 203.
818 BVerfG StV 2015, 201, 203.

b) Verfassungsrechtliche Rechtfertigung eines solchen Verbotes

Richtig ist, dass eine Anordnung i. S. d. § 176 GVG, welche die Benutzung von Smartphones, Notebooks und Vergleichbarem während der laufenden Verhandlung verbietet, sicherlich nicht das „Ob“ der Presseberichterstattung betrifft. Die Anordnung des Vorsitzenden stellt jedoch einen Eingriff in den Schutzbereich der Pressefreiheit gem. Art. 5 I 2 GG dar, betrifft also das „Wie“ der Berichterstattung. Gem. Art. 5 II GG kann in die Pressefreiheit aus Art. 5 I 2 GG durch ein allgemeines Gesetz – vorliegend die sitzungspolizeiliche Anordnung nach § 176 GVG – eingegriffen werden. Dazu bedarf es folglich der verfassungsrechtlichen Rechtfertigung. Der Eingriff in das Grundrecht muss insbesondere dem Verhältnismäßigkeitsgrundsatz entsprechen.[819]

aa) Verhältnismäßigkeit des Eingriffs

aaa) Legitimer Zweck und geeignetes Mittel

Ton- und/oder Bildaufnahmen, welche im Rahmen einer gerichtlichen Verhandlung durch entsprechende Geräte angefertigt werden, können die Persönlichkeitsrechte der Verfahrensbeteiligten tangieren. Eine Anordnung gem. § 176 GVG, welche das Mitbringen und Benutzen von Smartphones, Notebooks und Ähnlichem vor Beginn der Verhandlung untersagt, soll daher zum einen die Persönlichkeitsrechte der Verfahrensbeteiligten schützen. Des Weiteren geht es um die Sicherstellung eines fairen und ordnungsgemäßen Verfahrens. Eine solche Anordnung verfolgt somit grundsätzlich einen bzw. mehrere *legitime Zwecke*. Sie stellt sich des Weiteren als ein *geeignetes Mittel* dar, um jene Zwecke erreichen zu können.

bbb) Erforderlichkeit

Der Eingriff in die Pressefreiheit müsste zudem *erforderlich* sein. Fraglich ist demnach, ob es eine mildere Maßnahme gibt, welche denselben Erfolg, vorliegend den Schutz der besagten Rechtsgüter, erzielen kann. Eine mildere Maßnahme könnte bspw. darin gesehen werden, dass Arbeitsgeräte wie Notebooks von den Medienvertretern mit in den Verhandlungssaal gebracht und für die Verrichtung ihrer Tätigkeit benutzt werden dürfen, ihre Benutzung jedoch ausschließlich nur im Offlinebetrieb gestattet ist. Weiterhin wäre zumindest denkbar,

---

819 Da die weiteren Voraussetzungen einer verfassungsrechtlichen Prüfung ohne Weiteres gegeben sind, soll im Folgenden lediglich auf die Verhältnismäßigkeit eingegangen werden.

dass fest eingebaute Kameras und Mikrofone für den Zeitraum der Verhandlung abgeklebt werden müssen, um die Gefahr von unzulässigen Bild- und Tonaufnahmen zu verringern. Eine mildere Maßnahme könnte ebenfalls eine Anordnung darstellen, welche nur kleinere, d. h. unauffälligere elektronische Geräte wie Smartphones untersagt. Letztendlich könnte eine mildere Maßnahme auch darin erblickt werden, dass der Vorsitzende im Bedarfsfall lediglich gegen den einzelnen, sich rechtsmissbräuchlich verhaltenden Medienvertreter vorgeht.[820]

Fraglich bleibt jedoch, ob durch solche milderen Maßnahmen der gleiche Erfolg erzielt werden könnte, der bei einem generellen Mitnahmeverbot von technischen Hilfsmitteln für Medienvertreter bestände. Richtigerweise wird der wahrscheinlichere Grund der Mitnahme und Nutzung von Notebooks der sein, als Schreibwerkzeug dienlich zu sein.[821] Darüber hinaus ist die Kamera eines Notebooks typischerweise auf den jeweiligen Benutzer gerichtet, sodass zumindest Aufnahmen von der Verhandlung damit wohl kaum im Verborgenen angefertigt werden können.[822] Etwas anderes gilt sicherlich für viele Smartphones und Tablets, welche heutzutage oftmals über zwei Kameras (jeweils eine auf der Vorder- und Rückseite des Gerätes) verfügen, sodass diese Argumentation nicht durchgehend überzeugen kann. Mithilfe von Smartphones, Tablets oder mittlerweile auch Smartwatches lassen sich – unabhängig davon, ob sie sich im On- oder Offlinebetrieb befinden – zudem ohne größere Anstrengungen unauffällig Ton- und Bildaufnahmen anfertigen. Ob der Vorsitzende davon Kenntnis erlangt, bleibt daher ungewiss. Ein Klebeband, welches etwa unzulässige Kameraaufnahmen für die Verhandlungen unterbinden soll, kann zudem leicht entfernt oder beschädigt werden. Das Argument, dass nicht alle Geräte wie Notebooks und Handys zwangsläufig über eine Kamera und/oder ein Mikrofon verfügen[823] mag heutzutage nur noch sehr eingeschränkt gelten; die Realität zeigt, was die technische Ausstattung solcher Geräte betrifft, mittlerweile ein gänzlich anderes Bild[824].

---

820 Altenhain, *Öffentlichkeit im Strafverfahren*, C 102.

821 Velten in *SK-StPO*, § 176 GVG, Rn. 12.

822 v. Coelln, Anm. zu BVerfG, Einstweilige Anordnung v. 03.12.2008, 1 BvQ 47/08, jurisPR-ITR 12/2009, Anm. 5; diesbezüglich kritisch hingegen Kujath, *Der Laienjournalismus im Internet*, S. 202.

823 Vgl. Pfeifle, ZG 2010, 283, 291.

824 Sollte ein Notebook aber tatsächlich über keine Kamera und Mikrofon verfügen, so kann nach Burhoff seine Verwendung grundsätzlich nicht untersagt werden, *Handbuch strafrechtl. Hauptverhandlung*, Abschnitt M, Rn. 1863.

Letztendlich haben all die zuvor angesprochenen milderen Maßnahmen gemein, dass sie den besagten Erfolg nicht gleichermaßen erzielen können, da Verstöße gegen § 169 S. 2 GVG weiterhin, bzw. mehr noch als bei einem generellen Verbot, möglich wären. Ein generelles Verbot hinsichtlich der Mitnahme und Benutzung solcher Geräte kann der Erreichung der besagten Ziele somit am ehesten gerecht werden, sodass es vertretbar erscheint, dass es an der Erforderlichkeit einer solchen Maßnahme nicht scheitert.[825]

ccc) Angemessenheit

Des Weiteren müsste das Mittel bzw. eine solche Anordnung *angemessen* sein. Die durch die Anordnung verfolgten Zwecke dürfen daher nicht außer Verhältnis zur Schwere des Eingriffs in das Grundrecht stehen. Hinsichtlich der Schwere des Eingriffs könnte es bereits fraglich sein, ob es zutreffend ist, dass – wovon das Bundesverfassungsgericht ausgeht – die Pressefreiheit nach Art. 5 I 2 GG durch die sitzungspolizeiliche Anordnung in einem solchen Fall *nicht erheblich* tangiert ist. Für die Beantwortung dieser Frage bedarf es einer umfassenden Überprüfung der für die Medien gegebenen gegenwärtigen Situation.

Auf den grundsätzlich bestehenden Zeitdruck, welcher das journalistische Betätigungsfeld – insbesondere die Berichterstattung über Gerichtsverfahren – prägt, wurde bereits näher eingegangen.[826] Das Verbot der Benutzung technischer Hilfsmittel während der Verhandlung verstärkt diesen Zeitdruck umso mehr. Vom Antragssteller der einstweiligen Anordnung (betreffend des Verfahrens zum „Holzklotz-Fall") wurde vorgebracht, dass aufgrund der strengen Sicherheitsvorkehrungen vor Ort in den Verhandlungspausen die Zeit kaum ausreichen würde, um entsprechende Berichte anfertigen zu können und es ihm in Folge dessen nicht möglich sei, Tageszeitungen mit einem frühen Redaktionsschluss zu beliefern.[827] Dass ein solcher Zeitdruck ebenfalls negative Auswirkungen auf die Qualität der späteren Berichterstattung haben könnte, ist dabei nicht von der Hand zu weisen.

Durch ein solches Verbot wird ferner die Kommunikation zwischen einem vor Ort anwesenden Journalisten und einer auswärtigen Redaktion erschwert, obgleich die Kommunikation zwischen beiden Parteien (z. B. durch den Austausch von E-Mails oder mittels eines Instant-Messengers) während der

825 Anders hingegen Altenhain, *Öffentlichkeit im Strafverfahren*, C 102 ff.

826 Siehe S. 64 f.

827 BVerfG NJW 2009, 352, 353.

Verhandlung und ohne eine Beeinträchtigung des Verfahrens möglich wäre. Ein solches Verbot begünstigt vielmehr den Umstand, dass Medienvertreter während einer Verhandlung den Saal verlassen wollen, um wichtige Informationen zeitnah an die entsprechenden Stellen weiterzureichen.[828] Die Zulassung von Kommunikationsmitteln kann daher durchaus dazu beitragen, dass entsprechende Unruhen erst gar nicht aufkommen und daher für einen ordnungsgemäßen Verhandlungsgang förderlich sein. Dies gilt nicht nur im Hinblick auf die Medienvertreter, sondern zugleich auch auf die Verfahrensbeteiligten. Das Verschicken einer geräuschlosen Nachricht eines Anwalts während der laufenden Sitzung, in der er seinem Sekretariat Mitteilung über die sich noch länger hinausgehende Sitzung und den dementsprechend notwendigen Terminverschiebungen macht, stellt bspw. ein dezenteres Verhalten dar, als wenn er für diese Zwecke um eine Unterbrechung der Sitzung bitten und sodann den Gerichtssaal zum Telefonieren verlassen müsste.[829]

Im Zuge der heutigen journalistischen Tätigkeit ist die Benutzung technischer Hilfsmitteln nicht mehr wegzudenken. Ein solches Verbot hat heutzutage daher weitreichendere Konsequenzen für die im Verhandlungssaal anwesenden Medienvertreter, als es noch vor 20 Jahren der Fall gewesen wäre. Was die Schwere des Eingriffs in die Pressefreiheit durch eine solche Anordnung betrifft, so muss die stetige Entwicklung der technischen Arbeitsmittel von Journalisten stets Beachtung finden. Die Argumentation, dass ein solches Verbot alle Medienvertreter gleichermaßen treffen würde, stellt zwar klar, dass es keine Bevorzugung einzelner Medienvertreter gibt – dies wäre hinsichtlich des Gleichheitssatzes nach Art. 3 I GG höchst bedenklich -, jedoch vermag ein solcher Umstand keine fundierte Auskunft darüber geben, wie schwer letztendlich ein solcher Eingriff in die Pressefreiheit aus Art. 5 I 2 GG wiegt.

Insgesamt lässt sich feststellen, dass ein solches ausnahmsloses Verbot vor dem Hintergrund des heutzutage bestehenden hohen Informationsinteresses der Öffentlichkeit und der damit einhergehenden gesteigerten Bedeutung der Aufgabenwahrnehmung der Medien grundsätzlich eine *erhebliche Beeinträchtigung* der Pressefreiheit darstellt. Die (damalige) vom Bundesverfassungsgericht zugrunde gelegte Bewertung hinsichtlich des Grades der Schwere des Grundrechtseingriffs in die Pressefreiheit verdient vor dem Hintergrund der für die Medien heutzutage bestehenden Situation keine Zustimmung mehr. Anders als bei einem geringfügigeren Eingriff in die Pressefreiheit, steht dieser erhebliche

828 Vgl. Pfeifle, ZG 2010, 283, 290 f.
829 Fromm, MMR 2016, 233, 234.

Grundrechtseingriff auch außer Verhältnis zu den verfolgten Zwecken. Mithin entspricht er nicht der Angemessenheit.

bb) Ergebnis

Im Ergebnis kann somit festgehalten werden, dass eine sitzungspolizeiliche Anordnung, die bereits im Vorfeld die Benutzung von Notebooks, Smartphones und ähnlichen Geräten während der Verhandlung untersagt, kein angemessenes Mittel darstellt. Ein solche Maßnahme verstößt daher gegen den Verhältnismäßigkeitsgrundsatz.[830] Der Eingriff in das Grundrecht der Pressefreiheit aus Art. 5 I 2 GG ist demnach nicht zu rechtfertigen. Eine an die Medienvertreter gerichtete sitzungspolizeiliche Anordnung, welche bereits im Vorfeld die Mitnahme und Benutzung von Notebooks und Ähnlichem untersagt, ist daher nicht zulässig.[831]

c) Erlaubnis der Benutzung elektronischer Geräte für Verfahrensbeteiligte und Medienvertreter

Um Zuwiderhandlungen gegen das Verbot des § 169 S. 2 GVG vorzubeugen, könnte es jedoch vorzugswürdig sein, die Benutzung von Geräten wie Notebooks oder Smartphones während der Verhandlung ausschließlich für Verfahrensbeteiligte und Medienvertreter zuzulassen. Eine dahingehende sitzungspolizeiliche Anordnung würde daher lediglich dem „normalen“ Zuhörer die Mitnahme und Benutzung solcher Geräte untersagen. So verfuhr bspw. der Vorsitzende des Landgerichts Regensburg im Strafverfahren gegen u. a. den NPD-Funktionär *Roßmüller*. In der sitzungspolizeilichen Verfügung nach § 176 GVG heißt es u. a. in Ziffer 2.: *„Zuhörer und Zeugen haben vor Betreten des Sitzungssaales Fotoapparate, Handys, Tablets und Laptops sowie andere Geräte, die der Ton- und Bildaufnahme bzw. Wiedergabe dienen, zu hinterlegen. Über Ausnahmen entscheidet der Vorsitzende im Einzelfall. Verteidiger, Sachverständige und Pressevertreter dürfen Mobiltelefone, Computer, Laptops, Foto- und Filmapparate sowie Geräte, die der Ton- und Bildaufnahme dienen, in den Sitzungssaal mitbringen.“*[832]

---

830 Vgl. auch Altenhain, *Öffentlichkeit im Strafverfahren*, C 104.

831 Vgl. Velten in *SK-StPO*, § 169 GVG, Rn. 12; a. A. Kujath, *Der Laienjournalismus im Internet*, S. 202.

832 Sitzungspolizeiliche Verfügung d. LG Regensburg v. 30.06.2015, Az.: 5 KLs 131 Js 95879/10, abrufbar unter: https://www.justiz.bayern.de/imperia/md/content/stmj_internet/gerichte/landgerichte/regensburg/pressemitteilung2015-3/sitzungspolizeiliche_verf_gung.pdf (abgerufen am 04.08.2017).

Die Verfügung des Vorsitzenden Richters des OLG München im NSU-Prozess vom 04. März 2013 sah unter anderem Folgendes vor: *„Akkreditierte Pressevertreter dürfen ihre Mobiltelefone und Laptops in den Sitzungssaal mitbringen. Telefonieren ist im Sitzungssaal nicht gestattet. Die Mobiltelefone sind im Sitzungssaal auszuschalten. Die Benutzung der Laptops im Sitzungssaal ist nur im Offline-Betrieb gestattet; Ton-, Bild- und Filmaufnahmen dürfen mit diesen Geräten nicht durchgeführt werden."*[833] Regulären Zuhörern wurde es hingegen untersagt, Geräte wie Mobiltelefone oder Laptops in den Sitzungssaal mit hineinzunehmen.[834]

Von den Verfahrensbeteiligten und den Pressevertretern kann grundsätzlich erwartet werden, dass sie im Zuge der Nutzung von Smartphones, Notebooks und Ähnlichem die Wichtigkeit und Bedeutung des § 169 S. 2 GVG berücksichtigen. Sollte dies einmal nicht der Fall sein und es zu einem Verstoß gegen § 169 S. 2 GVG kommen, so kann der Vorsitzende von seinen sitzungspolizeilichen Befugnissen Gebrauch machen. Gerade Journalisten würden durch einen Verstoß gegen § 169 S. 2 GVG die Möglichkeit der Teilhabe an der Verhandlung und somit die Gewinnung wichtiger Informationen gefährden, sodass die Wahrscheinlichkeit eines Verstoßes ohnehin geringer als bei regulären Zuhörern ist.

Darüber hinaus wird ein für alle (einschließlich der Verfahrensbeteiligten) im Verhandlungssaal geltendes Verbot für die Nutzung von Notebooks und Ähnlichem der wachsenden Bedeutung der Verwendung digitaler Akten nicht gerecht.[835] In der Verwendung eines Smartphones durch einen Rechtsanwalt kann ferner eine verfahrensfördernde Nutzung erblickt werden, wenn etwa eine überschaubare Akte im Vorfeld eingescannt wurde und sodann in der laufenden Verhandlung über das Smartphone abgerufen werden kann.[836] Das Smartphone stellt sich ebenso als nützlich heraus, wenn es etwa um das Aufrufen von nicht mitgeführten Gesetzestexten geht.[837]

d) Benachteiligung der anderen Zuhörer?

Durch die Anordnung, dass nur Medienvertreter (und Prozessbeteiligte) in den Genuss der Möglichkeit zur Benutzung von Geräten wie Notebooks, Smartphones und Ähnlichem gelangen, werden folglich diejenigen Zuhörer, die ohne

833 Sitzungspolizeiliche Verfügung d. OLG München v. 04.03.2013, Az.: 6 St 3/12 (Fn. 481), S. 3.

834 Sitzungspolizeiliche Verfügung d. OLG München v. 04.03.2013, Az.: 6 St 3/12 (Fn. 481), S. 2 f.

835 Vgl. Pfeifle, ZG 2010, 283, 291.

836 Fromm, MMR 2016, 233, 234.

837 Fromm, MMR 2016, 233, 234.

ein berufliches Interesse live aus dem Gerichtsaal (z. B. via Twitter) berichten oder sich ansonsten mit technischen Hilfsmitteln Notizen zur Verhandlung machen wollen, benachteiligt. Die Tatsache, dass den Medienvertretern die Mitnahme und Benutzung elektronischer Geräte während der Verhandlung gestattet, allen anderen Zuhörern dies jedoch untersagt wird, stellt hingegen keine Ungleichbehandlung von wesentlich Gleichem i. S. d. Art. 3 I GG dar. Auch wenn man hier von einer Ungleichbehandlung von wesentlich Gleichem ausgehen würde, so wäre die Rechtfertigung dieser Ungleichbehandlung wiederum darauf zurückzuführen, dass der Berichterstattung über Gerichtsverfahren ein hoher Stellenwert beigemessen werden muss und den Medien insofern eine wichtige Aufgabenwahrnehmung zugeschrieben werden kann. Hinsichtlich der Nutzung von Notebooks und Ähnlichem als Arbeitsmittel können sich die Medienvertreter auf Art. 5 I 2 GG berufen. Eine sitzungspolizeiliche Verfügung des Vorsitzenden, in der ausnahmsweise für Medienvertreter die Möglichkeit der Benutzung von Notebooks etc. während der Verhandlung eröffnet wird, ist daher zulässig.[838] Nichts anderes kann insofern für die Beteiligten des Verfahrens gelten.

3. Bestehende Unsicherheiten hinsichtlich der Möglichkeit des Bloggens

Letztendlich besteht für diejenigen, die von der Möglichkeit des Bloggens und Ähnlichem während der Verhandlung Gebrauch machen wollen, de lege lata eine gewisse Abhängigkeit von dem jeweiligen Vorsitzenden bzw. (sofern der Vorsitzende sich daran orientiert) den Gepflogenheiten des jeweiligen Gerichts. Was also die Berichterstattung aus der laufenden Verhandlung im hier behandelten Sinne betrifft, so ist diese in Deutschland mit Unsicherheiten geprägt. Trotz ihrer rechtlichen Zulässigkeit ist in vielen Fällen ungewiss, ob eine solche Form der Berichterstattung nicht durch eine sitzungspolizeiliche Maßnahme des Vorsitzenden vor oder während der Verhandlung unterbunden wird. Der Vorsitzende Richter des Landgerichts Koblenz untersagte bspw. im Strafprozess gegen ein Mitglied der Hells Angels im Jahre 2010 – nachdem er darüber in Kenntnis gesetzt wurde – kurz nach Beginn der Verhandlung das Live-Tickern eines Journalisten.[839] In der sitzungspolizeilichen Anordnung des Vorsitzenden

---

838 Vgl. Quentin in *SSW-StPO*, § 176 GVG, Rn. 11.

839 Rhein-Zeitung v. 14.09.2010, abrufbar unter: http://www.rhein-zeitung.de/region_artikel,-Live-Ticker-vom-Richter-zur-Aufgabe-verurteilt-_arid,136896.html (abgerufen am 05.08.2017).

des Amtsgerichts Dresden vom 09.03.2016 in dem Strafverfahren wegen Volksverhetzung gegen Pegida-Gründer *Lutz Bachmann* wurde z. B. explizit das Twittern untersagt.[840]

4. Fazit

Dass Medienvertreter im Gerichtssaal mithilfe technischer Geräte nicht nur ihre Berichterstattung vorbereiten, sondern bereits aus der laufenden Verhandlung heraus berichten wollen, entspricht einer dem heutigen Zeitgeist angepassten Form der Gerichtsöffentlichkeit. Die rechtlich zulässige Berichterstattung aus der laufenden Verhandlung heraus in Form des Live-Bloggings wird allerdings oftmals durch eine sitzungspolizeiliche Anordnung des Vorsitzenden vereitelt. Schon *Sarstedt* wies in Bezug zur Ermessenfreiheit des Vorsitzenden im Rahmen des § 176 GVG darauf hin, dass diese nicht bedeute, „dass er hier ein Feld vorfände, auf dem er seine persönliche Neigung oder Abneigung gegenüber dem „technischen Fortschritt" betätigen kann".[841] Ein Verbot der Mitnahme und Benutzung von Notebooks, Smartphones etc. erscheint hinsichtlich der zu schützenden Persönlichkeitsrechte der Verfahrensbeteiligten sowie der Wahrung eines ordnungsgemäßen Sitzungsablaufs nur für reguläre Zuhörer angemessen. Verfahrensbeteiligte und Medienvertreter sollten während der Verhandlung hingegen die Möglichkeit erhalten, solche Geräte – und dies nicht nur im Offlinebetrieb – als Arbeitsmittel nutzen zu können. Dadurch wird zugleich die Berichterstattung aus der laufenden Verhandlung via Twitter und Co. ermöglicht.

---

840 Sitzungspolizeiliche Verfügung d. AG Dresden, Az.: 201 Ds 201 Js 3262/15, abrufbar unter: https://www.justiz.sachsen.de/agdd/download/sitzungspolizeiliche_AnO.pdf (abgerufen am 05.08.2017).

841 Sarstedt, JR 1956, 121, 125.

I. Medienübertragung des Urteils

Die zuvor behandelte gerichtsinterne Videoübertragung der Verhandlung, die bloße Tonübertragung sowie die Berichterstattung aus der Verhandlung heraus via Twitter und Co. stellen insgesamt Stellschrauben dar, mit welchen die Gerichtsöffentlichkeit noch weiter ausgebaut bzw. modifiziert werden kann. In diesem Zuge ist es nur konsequent, sich darüber hinaus mit der Medienübertragung der Urteilsverkündung auseinanderzusetzen. Der Fokus soll – nicht zuletzt, weil eine solche Medienübertragung in der Vergangenheit bereits des Öfteren thematisiert wurde – hier wiederum verstärkt auf das Strafverfahren gerichtet werden. Die Übertragung der Urteilsverkündung im Fernsehen oder Rundfunk wäre de lege lata nicht mit dem Verbot des § 169 S. 2 GVG vereinbar. Wie bereits beschrieben wurde, ist eine Urteilsübertragung de lege lata nur bei Verfahren des Bundesverfassungsgerichtes gem. § 17a I Nr. 2 BVerfGG möglich.

Die Bund-Länder-Arbeitsgruppe „Zeitgemäße Neufassung des § 169 GVG" kam in ihrem Abschlussbericht ebenso zu dem Ergebnis, dass Ton- und Fernsehaufzeichnungen sowie Ton- und Filmaufnahmen zum Zwecke der öffentlichen Vorführung oder Veröffentlichung ihres Inhalts zumindest bei öffentlichen Verkündungen von Entscheidungen oberster Bundesgerichte[842] gestattet werden sollten.[843] Dies entspricht zugleich den Vorstellungen der angehörten Medienvertreter.[844] Nach Ansicht der Arbeitsgruppe wäre daher eine Regelung nach dem Vorbild des § 17a BVerfGG (im Genaueren § 17a I Nr. 2 und II BVerfGG) möglich.[845] Die Arbeitsgruppe führt in ihrem Bericht ebenso aus, dass eine Abgrenzung der Medienübertragung hinsichtlich der Verfahrensarten nicht (bzw. noch nicht) vorgenommen werden soll, da nicht nur Urteilsverkündungen von Strafverfahren für die Medien von Interesse sein könnten, sondern darüber

842 Für die Ausweitung einer solchen Urteilsübertragung auf alle Gerichte etwa Altenhain, NJW-Beil. 2016, 37, 40.

843 Bund-Länder-Arbeitsgruppe „Zeitgemäße Neufassung des § 169 GVG", Abschlussbericht (Fn. 571), S. 14.

844 Bund-Länder-Arbeitsgruppe „Zeitgemäße Neufassung des § 169 GVG", Abschlussbericht (Fn. 571), S. 12.

845 Bund-Länder-Arbeitsgruppe „Zeitgemäße Neufassung des § 169 GVG", Abschlussbericht (Fn. 571), S. 16.

hinaus auch von Zivil- oder Verwaltungsverfahren, ggf. von Arbeits- und Sozialgerichtsprozessen.[846]

I. Referentenentwurf des BMJV

Des Weiteren sprach sich Bundesjustizminister *Heiko Maas* für die Übertragung von Urteilen aus. Aus diesem Grund wurde im April 2016 ein entsprechender Gesetzesentwurf, welcher zumindest die Übertragung von Urteilen der fünf Bundesgerichte (namentlich der Bundesgerichtshof, das Bundesverwaltungsgericht, der Bundesfinanzhof, das Bundessozialgericht und das Bundesarbeitsgericht) ermöglichen sollte, in die Ressortabstimmung gegeben.[847] Der im Juni 2016 veröffentlichte Referentenentwurf des BMJV wollte sodann u. a. die Medienübertragung von Gerichtsurteilen ermöglichen.[848] Darnach sollte der § 169 GVG durch einen weiteren (dritten[849]) Absatz ergänzt werden: „*Abweichend von Absatz 1 Satz 2 können Ton- und Fernseh-Rundfunkaufnahmen sowie Ton- und Filmaufnahmen zum Zweck der öffentlichen Vorführung oder der Veröffentlichung ihres Inhalts bei der Verkündung von Entscheidungen des Bundesgerichtshofs durch Anordnung des Vorsitzenden zugelassen werden. Zur Wahrung schutzwürdiger Interessen der Beteiligten oder Dritter sowie eines ordnungsgemäßen Ablaufs des Verfahrens können die Aufnahmen oder deren Übertragung von der Einhaltung von Auflagen abhängig gemacht werden. Die Entscheidung ist unanfechtbar.*“[850]

II. Stellungnahmen zum Referentenentwurf

Die BRAK[851] und der BDVR[852] lehnen eine solche Ausnahmeregelung, wie sie der Referentenentwurf des BMJV vorsieht, im Ergebnis jedoch ab. Sofern es durch die Urteilsübertragung nicht zu einer unangemessenen Beeinträchtigung

---

846 Bund-Länder-Arbeitsgruppe „Zeitgemäße Neufassung des § 169 GVG“, Abschlussbericht (Fn. 571), S. 15.

847 Roßmann, SZ v. 29.04.2016, abrufbar unter: http://www.sueddeutsche.de/politik/gesetzentwurf-kamera-laeuft-1.2971443 (abgerufen am 24.08.2017).

848 Referentenentwurf des BMJV (EMöGG) (Fn. 609), S. 4 f.

849 Dem BMJV nach soll dem § 169 GVG ein **zweiter** Absatz angefügt werden, welcher Ton- und Filmaufnahmen der Verhandlung zu wissenschaftlichen u. historischen Zwecken durch eine Anordnung des Vorsitzenden ermöglichen soll, Referentenentwurf des BMJV (EMöGG) (Fn. 609), S. 4.

850 Referentenentwurf des BMJV (EMöGG) (Fn. 609), S. 4 f.

851 Dazu BRAK, Stellungnahme Nr. 18/2016 (Fn. 692), S. 8.

852 Dazu BDVR, Stellungnahme zum EMöGG (Fn. 694), S. 2.

des Gerichtsverfahrens komme, steht der deutsche Richterbund dem Gesetzesvorhaben allerdings nicht entgegen.[853] Die JPK begrüßt indessen die durch den Entwurf geplante Möglichkeit der Urteilsübertragung.[854] Die JPK empfiehlt allerdings, den § 169 III 1 GVG-E als Soll-Vorschrift zu gestalten, da nach ihrem Dafürhalten davon ausgegangen werden kann, dass bei den meisten Urteilsübertragungen, an denen überhaupt ein solches Übertragungsinteresse bestehen sollte, keine gewichtigen Gründe entgegenstehen dürften.[855] Geht es nach den Verbänden wie dem BDZV oder dem Deutschen Presserat, so sollte darüber hinaus aber ebenso eine behutsame Verfahrensöffnung für Verhandlungen bei Instanzgerichten in Betracht gezogen werden.[856]

III. Gesetzesentwurf der Bundesregierung

Am 31.08.2016 wurde sodann der Gesetzesentwurf des BMJV vom Bundeskabinett beschlossen.[857] Der Gesetzesentwurf (BT-Drucks. 18/10144) der Bundesregierung sieht vor, den § 169 GVG durch einen dritten Absatz zu ergänzen: *„Abweichend von Absatz 1 Satz 2 kann das Gericht für die Verkündung von Entscheidungen des Bundesgerichtshofs in besonderen Fällen Ton- und Fernseh-Rundfunkaufnahmen sowie Ton- und Filmaufnahmen zum Zweck der öffentlichen Vorführung oder der Veröffentlichung ihres Inhalts zulassen. Zur Wahrung schutzwürdiger Interessen der Beteiligten oder Dritter sowie eines ordnungsgemäßen Ablaufs des Verfahrens können die Aufnahmen oder deren Übertragung teilweise untersagt oder von der Einhaltung von Auflagen abhängig gemacht werden.“*[858] Durch einen vierten Absatz soll wiederum klargestellt werden: *„Die Beschlüsse des Gerichts nach Absatz 1 bis 3 sind unanfechtbar.“*[859]

IV. Pro und Contra

Im Folgenden soll untersucht werden, welche Gesichtspunkte für eine Urteilsübertragung in Strafsachen sprechen und welche einer Solchen entgegenstehen.

853 Deutscher Richterbund, Stellungnahme Nr. 12/16 (Fn. 698).
854 JPK, Stellungnahme zur Reform des § 169 GVG durch das EMöGG (Fn. 695).
855 JPK, Stellungnahme zur Reform des § 169 GVG durch das EMöGG (Fn. 695).
856 BDZV, DJV, Dt. Presserat, VDZ, dju in ver.di, Gemeinsame Stellungnahme zum EMöGG (Fn. 696), S. 4 f.
857 Lorenz, LTO v. 31.08.2016, abrufbar unter: http://www.lto.de/persistent/a_id/20431/ (abgerufen am 24.08.2017).
858 BT-Drucks. 18/10144, S. 7.
859 BT-Drucks. 18/10144, S. 7.

1. Pro

a) *Die Wirkungskraft des Urteils*

An der Verkündung eines Urteils besteht ein wesentliches öffentliches Interesse.[860] Nach dem Dafürhalten von Medienvertretern kommt der medialen Verbreitung von gerichtlichen Urteilen aber eine noch größere Bedeutung zu, wenn der Richter die getroffene Entscheidung selbst erläutert.[861] Hierdurch könnten unter Umständen im Hinblick auf die Erreichung positiver sowie negativer generalpräventiver Strafzwecke noch bessere Effekte erreicht werden. So wäre bspw. die Medienübertragung der Urteilsverkündung im Prozess gegen *Uli Hoeneß*[862] – welcher hier exemplarisch für diverse medienintensive Steuerhinterziehungsprozesse stehen soll – gewiss auf ein erhebliches öffentliches Interesse gestoßen. Die vom Urteil ausgehende Wirkungskraft hätte mithilfe einer Medienübertragung des Urteils durchaus noch weiter verstärkt werden können. Das hier genannte Beispiel zeigt jedoch ebenfalls, dass das Urteil bereits ohne eine solche Medienübertragung eine wesentliche Wirkung hinterlassen hat. Eine Umfrage der *Süddeutschen Zeitung* in den Landes-Finanzministerien ergab bspw., dass im ersten Quartal 2014 im Freistaat Bayern die Summe der Selbstanzeigen knapp viermal so hoch, in Nordrhein-Westfalen sogar fünfmal so hoch waren als im Jahr zuvor.[863] Dies sind Zahlen, die wohl ohne eine ausführliche Medienberichterstattung nicht möglich gewesen wären.

Die Übertragung einer Urteilsverkündung könnte dem Adressaten des Weiteren das Gefühl vermitteln, bei einer bedeutenden gerichtlichen Entscheidung präsent gewesen zu sein[864], ohne dass dies eine persönliche Anwesenheit im Verhandlungssaal erforderlich machen würde. Ferner könnte die Übertragung in einem gewissen Rahmen dazu geeignet sein, diverse Fehlvorstellungen über eine

860 Kaulbach, ZRP 2009, 236, 238.

861 Bund-Länder-Arbeitsgruppe „Zeitgemäße Neufassung des § 169 GVG", Abschlussbericht (Fn. 571), S. 15.

862 Siehe Urteil d. OLG München, abrufbar unter: http://www.justiz.bayern.de/imperia/md/content/stmj_internet/gerichte/oberlandesgerichte/muenchen/presse/urteil_ulrich_h._30_10_2014.pdf (abgerufen am 06.08.2017).

863 Bohsem, SZ v. 16.04.2014, abrufbar unter: http://www.sueddeutsche.de/geld/steuerhinterziehung-zahl-der-selbstanzeigen-steigt-rasant-1.1937758 (abgerufen am 24.08.2017).

864 Friedrichsen/Gerhardt, ZRP 2015, 187, 188.

Gerichtsverhandlung zu beseitigen[865], wenngleich die Übertragung der gesamten mündlichen Verhandlung dafür grundsätzlich besser geeignet wäre.

Bedenken könnten hingegen bei denjenigen Richtern bestehen, welche zwar aus juristischer Sicht überzeugen, jedoch in Sachen Diktion und Rhetorik Schwächen aufweisen, was letztlich dem Rezipienten missfallen und zu einem Ansehensverlust der Justiz führen könnte.[866] Allerdings ist nicht wirklich davon auszugehen, dass dies für den Rezipienten einer solchen Urteilsübertragung maßgebend sein wird und damit etwaigen positiven Wirkungen einer Medienübertragung erheblich entgegenstehen würde. Eine Justiz, welche es sich zur Aufgabe gemacht hat, sich durch mehr Transparenz der Öffentlichkeit weiter annähern zu wollen, muss einen solchen Umstand in Kauf nehmen. Des Weiteren darf nicht außer Acht gelassen werden, dass Richter in Deutschland einen recht positiven Ruf genießen; sie gelten weitgehend als integer[867]. Es ist nicht ersichtlich, dass dieses Ansehen aufgrund möglicher rhetorischer Schwächen von Vorsitzenden durch eine Urteilsübertragung ernsthaft erschüttert werden könnte. Defizite in Sachen Diktion und Rhetorik dürften zudem vielmehr bei Politikern negativ ins Gewicht fallen. Richter sind jedoch unabhängig und für die Ausübung ihrer Tätigkeit nicht an Wählerstimmen gebunden.

Gerade Urteilsverkündungen größerer Gerichte stoßen des Öfteren auf ein ausgeprägtes Interesse innerhalb der Bevölkerung. Die Übertragungen der Urteilsverkündungen des Bundesverfassungsgerichts im Fernsehen werden medial verstärkt wahrgenommen und stellen möglicherweise einen Grund dafür dar, warum das Bundesverfassungsgericht bei der Bevölkerung ein solch hohes Ansehen genießt.[868] Dabei dürfte eine wesentliche Rolle spielen, dass Übertragungen der Urteilsverkündungen des Bundesverfassungsgerichts im Fernsehen bereits seit 1998 erfolgen und diese daher seit vielen Jahren eine entsprechende Wirkung entfalten konnten. In diesem Kontext dürfen jedoch die zum Teil wesentlichen Unterschiede des Bundesverfassungsgerichts zu anderen Gerichten nicht außen vor bleiben. Werden bspw. beim BGH im Jahr ungefähr 800 Urteile öffentlich verkündet, so werden beim Bundesverfassungsgericht die meisten

865 Vgl. Gerichtsshows im deutschen Fernsehen, S. 58 f.

866 Fölster, NK 2014, 154, 160.

867 Hirsch, ZRP 2000, 536.

868 Bund-Länder-Arbeitsgruppe „Zeitgemäße Neufassung des § 169 GVG", Abschlussbericht (Fn. 571), S. 15; vgl. Referentenentwurf des BMJV (EMöGG) (Fn. 609), S. 14; nach Limperg ist dies jedoch zweifelhaft, Limperg/Gerhardt, ZRP 2016, 124, 125.

Fälle im schriftlichen Verfahren entschieden und lediglich acht bis zehn Urteile im Jahr öffentlich verkündet.[869]

b) Mehr Material für die Medien

Die Möglichkeit der Urteilsübertragung würde den Medien folglich mehr Material für ihre Berichterstattung zur Verfügung stellen. Das BMJV geht davon aus, dass jährlich etwa 50 Urteilsverkündungen oberster Bundesgerichte für eine Medienübertragung in Frage kommen würden.[870] Fernsehsender könnten die Urteilsverkündung im Ganzen ausstrahlen oder bestimmte Ausschnitte davon für ihre Berichterstattung verwenden.[871] Printmedien könnten ihre Berichterstattung verstärkt mit Original-Ton-Zitaten anreichern[872] und/oder ihre Onlineartikel mit Videoausschnitten aus der Urteilsverkündung ergänzen und damit ihren Artikel mit „noch mehr Leben" füllen. Auch Radiosender könnten die Urteilsverkündung ohne Weiteres im O-Ton ausstrahlen. Jene Beispiele verdeutlichen die zahlreichen Verwertungsmöglichkeiten von Urteilsverkündungen. Für die Medien wäre die Möglichkeit der Urteilsübertragung folglich ein potenzieller Zugewinn für ihre Berichterstattung. Das Informationsbedürfnis der Öffentlichkeit könnte in dieser Hinsicht besser als zuvor befriedigt werden.

c) Kosten und Aufwand

Geht es um die Medienübertragung von Gerichtsurteilen, so stellen sich in diesem Zusammenhang natürlich Fragen hinsichtlich des entstehenden Aufwandes und der damit einhergehenden Kosten. Was den technischen Aspekt anbelangt, so bedarf es für die Urteilsübertragung – ohne an dieser Stelle zu sehr ins Detail zu gehen – natürlich an Kameras, Mikrofonen und weiterem Equipment. Für eine reibungslose Aufnahme/Übertragung der Urteilsverkündung hält sich der dafür notwenige technische Aufwand insgesamt aber in Grenzen.[873] Obere

869 Limperg/Gerhardt, ZRP 2016, 124, 125.

870 Referentenentwurf des BMJV (EMöGG) (Fn. 609), S. 23.

871 Siehe auch die Beispiele für die Eingliederung der Urteilsübertragung in eine Fernsehsendung bei Bräutigam, Die Reform von § 169 GVG – Stellungnahme (Fn. 736), S. 4, 6, 12.

872 Bund-Länder-Arbeitsgruppe „Zeitgemäße Neufassung des § 169 GVG", Abschlussbericht (Fn. 571), S. 15; Referentenentwurf des BMJV (EMöGG) (Fn. 609), S. 14.

873 Bereits in dem Schreiben des Senders n-tv vom 16. November 1995 an den damaligen Vorsitzenden des Politbüro-Prozesses wurde zugesichert, dass die Fernsehaufnahmen ohne jegliche Geräusche und ohne den Einsatz zusätzlicher Lichtquellen erfolgen könne, BVerfGE 103, 44, 47.

Bundesgerichte sind zudem wegen ihrer personellen, technischen und zugleich auch sachlichen Ausstattung gut geeignet dafür, eine Urteilsübertragung schnell ermöglichen zu können.[874] Anders als bspw. im Falle der Verhandlungsübertragung in einen Nebenraum könnte die Bereitstellung der erforderlichen Technik jedoch nicht in den Pflichtenkreis der Justiz fallen. Sie könnte vielmehr durch diejenigen Medien bereitgestellt werden, welche Interesse an der jeweiligen Urteilsübertragung angemeldet haben. Von diesem Umstand (in Übereinstimmung mit der Praxis bei Presseterminen) geht auch die Bundesregierung in ihrer Gesetzesbegründung zum EMöGG aus.[875]

Was den Mehraufwand für die Justiz anbelangt, so würde sich dieser auf die Überprüfung der für eine Übertragung erforderlichen Technik sowie die Überwachung des Aufbaus der Technik beschränken.[876] Das BMJV geht davon aus, dass sich die Kosten für die Justiz pro Verfahren auf ca. **87,70€** und insgesamt – ausgehend von 50 Urteilsverkündungen oberster Bundesgerichte – auf jährlich **4385€** belaufen werden.[877] Dabei wird davon ausgegangen, dass für jeden Aufbau der Medientechnik ungefähr zwei Stunden einzukalkulieren sind und für die Sicherheitsüberprüfung **32,90€**, sowie die Überwachung durch einen Justizwachtmeister für weitere zwei Stunden **54,80€** veranschlagt werden können.[878] Allein von den Kosten her käme es also nicht zu einer gravierenden Belastung des Justizhaushaltes.

2. Contra

a) Mögliche Einflüsse auf den Richter

Die Tatsache, dass der Vorsitzende Richter während der Urteilsverkündung – mehr noch als ohnehin – im Zentrum der Öffentlichkeit stände, könnte wiederum Auswirkungen auf die Urteilsfindung haben. Richtigerweise ist diese aber bereits zuvor, d.h. ohne jegliche Kameraaufnahmen oder Ähnliches, sorgsam getroffen worden, sodass die spätere Medienübertragung eigentlich keine

874 Bund-Länder-Arbeitsgruppe „Zeitgemäße Neufassung des § 169 GVG“, Abschlussbericht (Fn. 571), S. 17.

875 BT-Drucks. 18/10144, S. 25; vgl. bereits Referentenentwurf des BMJV (EMöGG) (Fn. 609), S. 23.

876 Referentenentwurf des BMJV (EMöGG) (Fn. 609), S. 24.

877 Referentenentwurf des BMJV (EMöGG) (Fn. 609), S. 24; ebenso BT-Drucks. 18/10144, S. 25.

878 Referentenentwurf des BMJV (EMöGG) (Fn. 609), S. 24; so auch BT-Drucks. 18/10144, S. 25.

Einflüsse auf die Entscheidung des Richters haben dürfte.[879] Da die Ergebnisse des Eingangsgerichts immer den Gegenstand weiterer Instanzen bilden und vorab jeweils noch einmal verlesen werden, ist wohl ebenfalls nicht von einer unrechtmäßigen Beeinflussung der Revisionsrichter auszugehen.[880]

Die Medienübertragung der Urteilsverkündung könnte den Richter jedoch bereits vor der Entscheidungsfindung derart beeinflussen, dass er mit Blick auf die deutlich über die Saalöffentlichkeit hinausgehende Erweiterung des Empfängerkreises sein Urteil entsprechend anpasst.[881] Dies muss nicht zwangsläufig bewusst geschehen, sondern kann durchaus unterbewusst stattfinden und somit Bestandteil der richterlichen Entscheidungsfindung werden. Dagegen spricht allerdings, dass nicht nur bei einem medienintensiven Prozess das Urteil des Richters stets über die bestehende Saalöffentlichkeit hinaus Wirkung entfaltet. Dagegen spricht ebenfalls, dass bereits ohne eine Urteilsübertragung viele Richter bei der Entscheidungsfindung oftmals an die Reaktionen der Öffentlichkeit denken.[882] Dieser Umstand muss aber nicht zwingend eine negative Wirkung hinsichtlich der Urteilsfindung haben. Der Richter soll im Hinblick auf sein Urteil den Blick auf die Gesellschaft nicht verlieren. Ihm soll durchaus bewusst sein, dass sein Urteil von der Gesellschaft wahrgenommen wird.

Denkbar wäre hingegen, dass der Vorsitzende Richter seine Urteilsbegründung gezielt auf die Bedürfnisse des Fernsehzuschauers anpasst und nicht mehr adäquat auf die Verhältnisse des Betroffenen eingeht.[883] Eine Anpassung des Gerichts an die Erwartungen der Rezipienten der Medienübertragung könnte zur Folge haben, dass anspruchsvolle juristische Thematiken allein für die Urteilsübertragung simplifiziert werden, obwohl dies seit jeher in den Aufgabenbereich der Medien fällt.[884] Es sollte insofern weiterhin dabei bleiben, dass vielmehr den Pressesprechern der jeweiligen Gerichte eine vermittelnde Position zwischen dem Spruchkörper und den Medien zukommt.[885] Auf der anderen Seite wird kritisiert, dass es durch die Urteilsübertragung der Bundesgerichte

879 Vgl. BT-Drucks. IV/178, S. 46.

880 Kuß, *Öffentlichkeitsmaxime der Judikative*, S. 234.

881 Vgl. Kaulbach, ZRP 2009, 236, 238.

882 Siehe Kepplinger, Fn. 471.

883 Deutscher Richterbund, DRiZ 1996, 246, 249; vgl. Limperg/Gerhardt, ZRP 2016, 124; Ernst, ZUM 1996, 187, 193; BRAK, Stellungnahme Nr. 18/2016 (Fn. 692), S. 8; Gr. Strafrechtskommission d. Dt. Richterbundes, Gutachten (Fn. 509), S. 138.

884 Rittig, NJ 2016, 265, 268.

885 Rittig, NJ 2016, 265, 268.

zu einer verfahrensrechtlich nicht beabsichtigten Gewichtsverlagerung komme, d. h. der mündlichen Urteilsbegründung eine gesteigerte Bedeutung zukommt, obgleich der Schwerpunkt weiterhin auf der schriftlichen Urteilsbegründung liegen sollte.[886]

Des Weiteren besteht im Zuge der Urteilsverkündung für die Verfahrensbeteiligten noch die Option, den Vorsitzenden um das Wort zu bitten, und im Falle einer positiven (im Ermessen des Vorsitzenden stehenden) Entscheidung sodann weitere Anträge zu stellen.[887] Denkbar wäre daher, dass Verfahrensbeteiligte sich unbewusst oder gar bewusst von der stattfindenden Medienübertragung in ihrer Entscheidung, den Vorsitzenden um das Wort zu bitten, lenken lassen könnten.[888] Dies wäre ebenfalls auf Seiten des – über die Zulassung einer solchen Wortmeldung zu entscheidenden – Vorsitzenden möglich, vor allem, weil es dann ggf. notwendig sein wird, eine Unterbrechung der Medienübertragung anzuordnen.[889] Mögen diese Bedenken zwar durchaus ihre Berechtigung haben, so muss auf der anderen Seite wiederum betont werden, dass die Bitte hinsichtlich einer Wortmeldung für die Stellung weiterer Anträge im Rahmen der Urteilsverkündung (also zu einem relativ späten Zeitpunkt) die Ausnahme darstellt.

Allein die Frage nach möglichen Einflüssen auf den Richter stellen letzten Endes wiederum nur Mutmaßungen dar, welche dem Beweis bisher nicht zugänglich sind. Geht es um die Medienübertragung des Urteils, so zeigt sich wiederum die grundsätzlich erforderliche Notwendigkeit einer gefestigten und sich stets selbst reflektierenden Richterpersönlichkeit umso deutlicher. Nach dem Dafürhalten der Bund-Länder-Arbeitsgruppe, sowie nun ebenfalls der Bundesregierung, sollen vorliegend aber erst einmal nur die Urteile oberer Bundesgerichte bzgl. einer Urteilsübertragung in Frage kommen. Dies hätte zugleich den positiven Nebeneffekt, dass Richter an oberen Bundesgerichten ohnehin eine gewisse Berufserfahrung vorzuweisen[890] und mitunter bereits Erfahrungen in medienintensiven Prozessen gesammelt haben. Eine Urteilsübertragung, welche sich ausschließlich auf obere Bundesgerichte erstreckt, würde daher wohl keinen gänzlich unerfahrenen Richter betreffen.

886 Franke, NJW 2016, 2618, 2620.
887 Gr. Strafrechtskommission d. Dt. Richterbundes, Gutachten (Fn. 509), S. 138.
888 Gr. Strafrechtskommission d. Dt. Richterbundes, Gutachten (Fn. 509), S. 138.
889 Gr. Strafrechtskommission d. Dt. Richterbundes, Gutachten (Fn. 509), S. 138.
890 Siehe etwa § 3 I BVerfGG (Qualifikation für das Richteramt): „Die Richter müssen das 40. Lebensjahr vollendet haben […]“.

b) Verfahrensverzögerung und Rechtsschutz

Da für eine solche Medienübertragung sinnvollerweise eine Pool-Bildung vorgenommen werden sollte[891] (im Zuge einer Fernsehübertragung wäre daher nur ein Kamerateam für die Urteilsverkündung verantwortlich), dürfte es grundsätzlich zu keinen erheblichen Verzögerungen kommen, sodass der ordnungsgemäße Gang des Verfahrens nicht tangiert wäre. Die BRAK befürchtet hingegen, dass für eine Medienübertragung wohl gesonderte Verkündigungstermine angesetzt werden müssen, da bei oberen Bundesgerichten im Zeitpunkt der Entscheidungsverkündung regelmäßig noch keine ausformulierten Urteilsgründe vorliegen.[892] Dadurch würde es zu einer Verlängerung des Verfahrens und somit auch der Inanspruchnahme der Verfahrensbeteiligten kommen.[893] Des Weiteren ist für Rechtsanwälte ein solcher gesonderter Verkündigungstermin bereits aus finanzieller Sicht nicht rentabel, da der Aufwand für die Wahrnehmung dieses zusätzlichen Termins gebührenrechtlich nicht angerechnet wird.[894]

Der Beschluss des Gerichts für oder gegen eine Urteilsübertragung soll nach § 169 IV GVG-E der Anfechtbarkeit entzogen sein. Auf die Zulassung der Urteilsübertragung nach § 169 III GVG-E besteht kein Anspruch.[895] Im Falle der Ablehnung einer Urteilsübertragung durch den Vorsitzenden muss allerdings davon ausgegangen werden, dass die an der Urteilsübertragung interessierten Medien vermehrt einen Antrag auf einstweilige Anordnung beim Bundesverfassungsgericht stellen werden.[896] Sollte hingegen eine Urteilsübertragung durch den Vorsitzenden angeordnet werden, so ist andererseits nicht fernliegend, dass ebenso die Prozessbeteiligten regelmäßig Verfassungsbeschwerde erheben werden.[897]

c) Selektion durch die Medien

Geht es um die Medienübertragung der Urteilsverkündung, so könnte grundsätzlich die Besorgnis bestehen, dass die Medien (vor allem die Fernsehsender) diese nicht in Gänze zeigen, sondern nach ihrem Ermessen selektieren. Dies kann aber ohnehin durch die Presse geschehen[898], das Selektieren von Inhalten

---

891 Vgl. BT-Drucks. 18/10144, S. 25.
892 BRAK, Stellungnahme Nr. 18/2016 (Fn. 692), S. 8.
893 BRAK, Stellungnahme Nr. 18/2016 (Fn. 692), S. 8.
894 BRAK, Stellungnahme Nr. 18/2016 (Fn. 692), S. 8.
895 BT-Drucks. 18/10144, S. 29.
896 Mosbacher, DRiZ 2016, 299; vgl. v. Coelln, AfP 2016, 491, 494.
897 Huff, ZAP 2016, 763, 764.
898 Vgl. Kaulbach, ZRP 2009, 236, 238.

stellt insofern einen für die Medien typischen Vorgang dar[899]. Allerdings entfalten bewegte Bilder inkl. O-Ton eine gänzlich andere Wirkung, als es ein Text vermag.[900] Es ist daher nicht auszuschließen, dass durch ein Selektieren der Medien der Informationswert des Urteils beeinträchtigt werden könnte.[901] Sofern in diesem Kontext auf den Pressekodex und die Sanktionsmöglichkeiten des Presserats verwiesen wird[902], so wurde bereits festgestellt[903], dass diese gerade keine effektiven und durchgreifenden Mittel gegen Verstöße darstellen.

Die Verwertung des Materials der Urteilsübertragung fällt zweifelsohne in den Verantwortungsbereich der berichtenden Medien. Dass die Medien dieser Verantwortung bei Urteilsverkündungen des Bundesverfassungsgerichts bisher nicht gerecht geworden sind, ist nicht ersichtlich. Dies zeigt sich unter anderem daran, dass vom Bundesverfassungsgericht noch immer Gebrauch von der Vorschrift des § 17a I Nr. 2 BVerfGG gemacht wird und insofern Urteile im Fernsehen übertragen werden. Bestimmte Medien (wie der Fernsehsender „Phoenix") konnten zudem durch die Möglichkeit der Übertragung von Urteilen des Bundesverfassungsgerichts viele Erfahrungswerte sammeln, sodass die Ausweitung der Urteilsübertragung auf andere Gerichtsbarkeiten nichts vollkommen Neues darstellt.

Es ist ohnehin davon auszugehen, dass viele Rezipienten eher eine kompakte Urteilsverkündung (d. h. eine durch die Medien selektierte Urteilsverkündung) bevorzugen werden. Wahrscheinlich ist aber, dass vollständige Urteilsverkündungen zumindest Bestandteil des Online-Portfolios berichtender Medien werden, sodass Personen, welche Interesse an einer vollständigen Urteilsverkündung haben, nicht außen vor bleiben. Nicht zuletzt werden Videoportale wie „YouTube" dafür Sorge tragen, dass komplette Aufzeichnungen von Urteilsverkündungen stets verfügbar bleiben werden.

d) Rechte der Verfahrensbeteiligten

Gerade wenn es um das Strafverfahren geht, so bestehen Bedenken hinsichtlich der Rechte des Angeklagten. Diesen müssten bei einer Medienübertragung der Urteilsverkündung entsprechend Rechnung getragen werden. Der Schutz der Persönlichkeit, die Sicherheit und das Resozialisierungsinteresse des

---

899 Vgl. BVerfGE 103, 44, 67.
900 Schlothauer, StV 2015, 665, 668.
901 Vgl. Ernst, ZUM 1996, 187, 193.
902 So JPK, Stellungnahme zur Reform des § 169 GVG durch das EMöGG (Fn. 695).
903 Siehe S. 43 ff.

Angeklagten sind dabei die maßgebenden Kriterien.[904] Sollte es durch die Urteilsübertragung zu einer unangemessenen Verfahrensverzögerung kommen, so steht dies insbesondere einer Medienübertragung in Haftsachen entgegen.[905] Aufnahmen, welche den Angeklagten während der Urteilsverkündung – mitunter sogar in Nahaufnahme – zeigen, stehen seinem Resozialisierungsinteresse erheblich entgegen; das Persönlichkeitsrecht des Angeklagten wäre dadurch erheblich beeinträchtigt. Andererseits stellt die persönliche Anwesenheit des Angeklagten bei einem Urteil des BGH die Ausnahme dar[906], sodass solche Beeinträchtigungen seines Persönlichkeitsrechtes zwar nicht häufig vorkommen mögen, gleichwohl nicht ausgeschlossen sind. Um eine tiefergehende Stigmatisierung des Angeklagten zu verhindern, ist es daher geboten, solche Aufnahmen generell zu unterlassen.

Zwar wäre es durchaus denkbar Aufnahmen vom Angeklagten zuzulassen, diese jedoch zu anonymisieren (Verpixelung des Gesichtes).[907] Dagegen spricht hingegen, dass sich der Angeklagte im Moment der Urteilsverkündung in einer Extremsituation befindet.[908] Die zusätzliche Belastung durch die Ablichtung seiner Person während der Urteilsübertragung sollte ihm daher nicht noch zusätzlich aufgebürdet werden. Darüber hinaus ist anzumerken, dass vor und nach dem Schluss der Verhandlung oftmals viele Pressevertreter den Angeklagten (ggf. Verurteilten) ohnehin ablichten wollen und somit die bereits bestehenden Beeinträchtigungen nicht zu unterschätzen sind.[909] Der NSU-Prozess verdeutlicht wiederum sehr anschaulich, welche Belastungen im Rahmen eines Verfahrens unter Umständen auf den Angeklagten zukommen können. Jeder Verhandlungstag beginnt damit – als eine Art Ritus -, dass die Angeklagte *B. Zschäpe* im Verhandlungssaal erscheint, sich an ihrem Platz alsbald umdreht und sie von ihren Anwälten vor dem fortwährend stattfindenden Blitzlichtgewitter abschirmt wird.[910]

Der Fokus der Aufnahmen sollte daher bei der Urteilsverkündung auf die Richterbank, im Speziellen auf den das Urteil verkündenden Vorsitzenden

---

904 BT-Drucks. 18/10144, S. 29.

905 BT-Drucks. 18/10144, S. 29 f.

906 Bräutigam, Die Reform von § 169 GVG – Stellungnahme (Fn. 736), S. 5; Kreicker, ZIS 2017, 85, 92.

907 Vgl. Bund-Länder-Arbeitsgruppe „Zeitgemäße Neufassung des § 169 GVG“, Abschlussbericht (Fn. 571), S. 16.

908 Vgl. Grimm, ZRP 2011, 61, 62; Eb. Schmidt, *Die Sache der Justiz*, S. 28.

909 Vgl. Deutscher Richterbund, DRiZ 1996, 246, 247.

910 Alwart, JZ 2014, 1091, 1092.

gerichtet werden. Dies entspricht weitgehend der Praxis bei der Übertragung von Urteilsverkündungen des Bundesverfassungsgerichts. Gleichwohl wird eine verstärkt auf „Personifizierung" angelegte Rechtsprechung zwangsläufig zu einer Veränderung der hiesigen Rechtskultur führen.[911] Was den Vorsitzenden anbelangt, so ist sein Persönlichkeitsrecht ob seiner hervorgehobenen Stellung bereits weniger tangiert als beim Angeklagten. Als professioneller Verfahrensbeteiligter sind ihm ohnehin grundsätzlich mehr Belastungen hinsichtlich der bestehenden Öffentlichkeit zuzumuten.[912] Die Tätigkeit als Richter bringt es gerade mit sich, dass in diesem Beruf das Element der Öffentlichkeit bestimmend ist.[913] Fraglich ist also durchaus, ob ein Richter es nicht gerade hinnehmen muss, bei einer seiner Kern-Tätigkeiten wie der Urteilsverkündung gefilmt zu werden, als bei einer – bestenfalls mittelbar dienenden – Tätigkeit wie dem Gang zur Richterbank und das Hinsetzen hinter dieser.[914] Aufgrund der besonderen Bedeutung des Öffentlichkeitsgrundsatzes besteht für Richter sowie für Schöffen ohnehin grundsätzlich kein berechtigtes Interesse daran, in ihrer Person lediglich von den Zuhörern im Gerichtssaal wahrgenommen zu werden.[915]

Die Persönlichkeitsrechte aller Verfahrensbeteiligten dürften aber – da nur bei den obersten Bundesgerichten eine Urteilsübertragung in Frage kommen soll – insbesondere in Revisionsverfahren grundsätzlich weniger beeinträchtigt sein als bei Verfahren vor den Instanzgerichten, da sich hier strukturelle Unterschiede ergeben.[916] Die Kritik, dass Auflagenverstöße, welche sich erst auf die Übertragung der Urteilsaufzeichnung beziehen, nur mittelbar sanktioniert werden können (etwa durch die Ablehnung von Aufzeichnungen des betroffenen Senders in zukünftigen Gerichtsverfahren) und es daher einer normativen Nachbesserung des § 169 III GVG-E bedürfe[917], scheint gerade im Hinblick möglicher Verletzungen von Rechten der Verfahrensbeteiligten nicht ganz unberechtigt. Die mit der Urteilsübertragung des Bundesverfassungsgerichts gemachten Erfahrungen lassen indessen nicht auf die Notwendigkeit einer solchen Ergänzung des § 169 III GVG-E schließen.

---

911 Limperg/Gerhardt, ZRP 2016, 124, 125.
912 Vgl. Britz, jM 2015, 127, 130.
913 Vogel, *Fernsehübertragungen von Strafverfahren*, S. 83.
914 JPK, Stellungnahme zur Reform des § 169 GVG durch das EMöGG (Fn. 695).
915 BVerfG NJW 2000, 2890, 2891.
916 Bund-Länder-Arbeitsgruppe „Zeitgemäße Neufassung des § 169 GVG", Abschlussbericht (Fn. 571), S. 17.
917 So v. Coelln, AfP 2016, 491, 494.

e) *Beitrag zum Verständnis?*

Die Frage bleibt im Raum, ob die bloße Übertragung eines Gerichtsurteils und die damit einhergehende Lockerung des § 169 S. 2 GVG einen positiven Beitrag leisten kann, um das Verständnis für die Arbeit der Justiz in der Bevölkerung verbessern zu können.

Urteilsübertragungen sind grundsätzlich dazu im Stande, dem juristischen Laien ohne das Erfordernis seiner persönlichen Anwesenheit im Gerichtssaal einen kurzen Einblick in die Arbeit der Justiz zu gewähren. Urteilsübertragungen würden zugleich einen Ausbau mittelbarer Öffentlichkeit darstellen und das Signal vermitteln, dass die Verfahrensbeteiligten und Zuhörer im Gerichtssaal nicht unter sich bleiben. Geht es um den konsequenten Transparenzausbau justizieller Arbeit, so würde die Medienübertragung von Urteilsverkündungen oberer Bundesgerichte hingegen nicht genügen, sondern müsste zugleich auf Instanzgerichte ausgeweitet werden.

Geht es hingegen um eine Steigerung des Verständnisses für die Arbeit der Justiz in der Öffentlichkeit, so ist es zweifelhaft, ob die reine Urteilsübertragung hierfür einen wesentlichen Beitrag leisten kann. Der Vorsitzende verliest zwar das Urteil (einschließlich der Urteilsbegründung), jedoch bleibt es weiterhin größtenteils den Medien vorbehalten, dem juristischen Laien die Entscheidung, welche nur Resultat eines oftmals langwierigen und höchst anspruchsvollen Prozesses ist, verständlich zu machen. Allein die Tatsache, dass Urteile oberer Bundesgerichten zukünftig durch die Medien übertragen werden können, führt daher nicht ohne Weiteres zu einem besseren Verständnis für die Arbeit der Justiz. Die mögliche Einbeziehung der Plädoyers von Staatsanwaltschaft und Verteidigung in die Medienübertragung[918] vermag an diesem Umstand ebenfalls nichts Wesentliches zu verändern. Was einem besseren Verständnis für die Justiz in der Öffentlichkeit entgegensteht, und somit durch eine Öffnung des § 169 S. 2 GVG kaum zu erreichen sein wird, ist die juristische Fachsprache und die Denkweise von Juristen.[919]

Ferner ist zu befürchten, dass für viele Rezipienten der Urteilsübertragung vielmehr die eigentliche Entscheidung im Vordergrund steht, als deren ausgiebige und detaillierte Begründung. Da Letztere ggf. mehr Zeit in Anspruch nehmen könnte, ist zu befürchten, dass der Rezipient relativ zügig wieder ab- oder umschaltet. Bei Urteilsverkündungen in Strafsachen werden es vor allem Informationen über das „Ob" der Strafbarkeit sein, welche für den wesentlichen Teil der

918 Diesbezüglich offen Britz, jM 2015, 127, 130.
919 Bock, jM 2014, 123, 129.

Rezipienten von Interesse sein dürften. Die Frage nach dem „Warum" der Entscheidung könnte daher schnell in den Hintergrund geraten. Dazu kommt, dass Entscheidungen oberer Gerichte den Großteil der Bürger persönlich überhaupt nicht betreffen.[920] So wird an § 169 III 1 GVG-E auch kritisiert, dass an Urteilsübertragungen von Instanzgerichten – zumindest in Strafsachen – oftmals ein größeres Interesse besteht.[921] Die Einschaltquoten könnten daher nach relativ kurzer Zeit im unteren Bereich liegen.[922]

V. Fazit

Die Schaffung einer gesetzlichen Grundlage für die Übertragung von Urteilen der Bundesgerichte im Sinne des § 169 III GVG-E führt nicht dazu, dass die Arbeit der Justiz im Wesentlichen verständlicher gemacht wird. Von einer signifikanten Steigerung der allgemeinen Rechtskenntnis der Bürger ist ebenfalls nicht auszugehen. Die Möglichkeiten einer solchen Medienübertragung sind in diesen Belangen daher begrenzt. Die Urteilsübertragung ist jedoch dazu im Stande, den Rezipienten einen begrenzten Einblick in ein Gerichtsverfahren zu ermöglichen, sich also ein Bild von der Arbeit der Justiz zu machen. Eine Urteilsübertragung kommt vor allem aber den Medien zu Gute. Durch § 169 III GVG-E eröffnen sich für sie mehr Möglichkeiten, ihre Berichterstattung mit den Aufnahmen der Urteilsverkündung anzureichern und damit attraktiver zu machen. Zwingende bzw. durchschlagende Gründe, welche gegen eine Urteilsübertragung i. S. d. § 169 III GVG-E sprechen, bestehen nicht.

---

920 Vgl. Friedrichsen/Gerhardt, ZRP 2015, 187, 188.

921 So Altenhain, DRiZ 2016, 304, 305; vgl. ders., *Öffentlichkeit im Strafverfahren*, C 95.

922 So Friedrichsen/Gerhardt, ZRP 2015, 187, 188.

J. Die Übertragung der gesamten Gerichtsverhandlung

Eine zusätzliche Steigerung der (mittelbaren) Gerichtsöffentlichkeit wäre die vollständige Medienübertragung (Fernsehen, Internet oder Radio) der Hauptverhandlung. An dieser Stelle soll zwar eine Auseinandersetzung mit dieser Thematik erfolgen, da sie jedoch in der Vergangenheit bereits Gegenstand zahlreicher juristischer Abhandlungen war, wird von einer umfangreichen Auseinandersetzung abgesehen.

Was die vollständige Übertragung der Gerichtsverhandlung anbelangt, so ist diese in anderen Ländern von Rechts wegen durchaus zulässig und wird dementsprechend auch praktiziert. Der Strafprozess gegen *O. J. Simpson* in den USA wird in diesem Zusammenhang oft noch als mahnendes Beispiel genannt.[923] In den letzten Jahren ist sicherlich der Prozess gegen den ehemaligen Leichtathleten *Oscar Pistorius* in Südafrika, welcher live im Fernsehen und im Internet übertragen wurde, von großem internationalem Interesse gewesen. Eine solche Medienübertragung der Verhandlung wäre nach der hiesigen Rechtsordnung de lege lata ein eindeutiger Verstoß gegen das Verbot des § 169 S. 2 GVG.

Es würden sich nämlich um Aufnahmen i. S. d. § 169 S. 2 GVG handeln, die der Veröffentlichung ihres Inhalts dienen und sich somit an einen unbegrenzten Empfängerkreis richten. Dass es in absehbarer Zeit zu einer vollständigen Aufhebung des § 169 S. 2 GVG kommen wird, ist weder absehbar, noch scheint dies auf der politischen Agenda des Gesetzgebers zu stehen.[924]

I. Vor- und Nachteile

Im Folgenden sollen die wesentlichen Vor- und Nachteile einer solchen Übertragung gebündelt werden.

923 Vgl. BVerfGE 103, 44, 77; Pfeifle, ZG 2010, 283, 304; v. Coelln in *Maunz/Schmidt-Bleibtreu/Klein/Bethge*, § 17a BVerfGG, Rn. 7; Hain, DÖV 2001, 589, 590; Burbulla, *Die Fernsehöffentlichkeit*, S. 145.

924 Vgl. BT-Drucks. 18/10144, S. 14.

1. Vorteile

a) Befriedigung des Informationsbedürfnisses

Die Übertragung der gesamten Verhandlung im Fernsehen, Internet oder Rundfunk würde in Deutschland gewiss eine neue Stufe der mittelbaren Gerichtsöffentlichkeit erreichen, wenngleich Ton- und Filmaufnahmen von mündlichen Verhandlungen in der Geschichte der deutschen Justiz durchaus vorgekommen sind. Im 21. Jahrhundert würde eine dahingehende Öffnung des § 169 S. 2 GVG aber eine ganz andere Qualität erreichen, als es noch vor vielen Jahrzehnten der Fall gewesen wäre. Dem Informationsbedürfnis der Bevölkerung würde durch eine vollständige Verhandlungsübertragung deutlich mehr Raum gegeben werden als zuvor. Mit Blick auf diverse andere Länder, in denen bereits seit Längerem die Möglichkeit der Verhandlungsübertragung besteht, könnte man die hiesige Gerichtsöffentlichkeit dann aber keinesfalls als „Avantgarde der (mittelbaren) Öffentlichkeit" bezeichnen.

b) Besseres Verständnis

Geht es um die bereits angesprochene Frage nach einem besseren Verständnis der Öffentlichkeit für die Arbeit der Justiz durch eine Öffnung des § 169 S. 2 GVG, so wäre die Übertragung der gesamten Verhandlung – mehr noch als die bloße Urteilsverkündung – sicherlich am besten geeignet, um diverse Fehlvorstellungen der Bevölkerung hinsichtlich einer deutschen Gerichtsverhandlung zu beseitigen. Der Rezipient könnte sich ein authentisches Bild von der Arbeit der Justiz machen und sich von der Sachlichkeit und Gründlichkeit justizieller Arbeit überzeugen. Gerade zeitaufwendige und mühsame Auseinandersetzungen mit unterschiedlichen Sachverhalten sowie deren rechtliche Einordnung sind es, die das Vertrauen des Rezipienten in die Rechtsordnung noch weiter stärken könnten. Mehr noch als es die Übertragung der Urteilsverkündung könnte, wäre die Übertragung der gesamten Verhandlung dazu im Stande, dem interessierten Bürger das Gefühl zu vermitteln, bei einer wichtigen Entscheidung der hiesigen Rechtsgemeinschaft präsent gewesen zu sein. All diese Aspekte könnten zugleich der Erreichung straftheoretischer Zwecke dienlich sein: Durch die im Rahmen einer breiteren mittelbaren Gerichtsöffentlichkeit ausgesprochenen Strafe könnten verstärkt positive, sowie negative[925] generalpräventive Gesichtspunkte verwirklicht werden.

---

925 Siehe dazu auch Hübner-Raddatz, *Fernsehöffentlichkeit im Gerichtssaal*, S. 76 f.

c) Ausreichende Saalkapazität?

Sofern für die Medien die Möglichkeit bestehen würde, die gesamte Verhandlung live zu übertragen, könnten damit mitunter Engpässe hinsichtlich der Saalöffentlichkeit aufgelöst werden. Die personelle Anwesenheit im Verhandlungssaal wäre insofern nicht zwingend erforderlich, man könnte die notwendigen Informationen aus den die Verhandlung übertragenden Kanälen wie dem Fernsehen oder Internet schöpfen. Dies gilt vorwiegend für diejenigen Zuhörer, welche ohne professionellen Hintergrund, also aus eigenem Interesse, der Gerichtsverhandlung beiwohnen möchten. Es ist aber nicht davon auszugehen, dass (vor allem größere) Vertreter der Medienbranche in Fällen der vollständigen Verhandlungsübertragung keinen Sitzplatz im Sitzungssaal begehren würden. Die bedeutsame Frage, welche Fernsehsender die Verhandlung letztendlich aufzeichnen und übertragen, stellen sich natürlich weiterhin (Stichwort: Pool-Lösung). Geht es aber um kleinere Vertreter der Medienbranche, bspw. Journalisten von kleineren regionalen Tageszeitungen oder journalistische Laien, so wäre es durchaus denkbar, dass nicht zuletzt aus Kostengründen eine Akkreditierung bei einem solchen Prozess ausbleiben würde, wenngleich sie dank der Übertragung an der Verhandlung partizipieren und darüber berichten könnten.

Auf der anderen Seite ist indessen auf die Qualität der persönlichen Anwesenheit im Verhandlungssaal hinzuweisen; sie verschafft dem Zuhörer immer noch den besten Eindruck von der Verhandlung. Zudem werden die Medienvertreter weiterhin daran interessiert sein, zeitnahe Interviews und andere wichtige Informationen von den Prozessbeteiligten vor Ort erhalten zu können. Zur Illustration ihrer Prozessberichterstattung benötigen Medienvertreter der Zeitung oder des Fernsehens zudem oftmals Kulissen wie das Gerichtsgebäude, Gerichtsflure oder Verhandlungssäle. Kapazitätsprobleme in Gerichtssälen werden durch eine Übertragung der Verhandlung daher wohl nur bedingt gelöst.

2. Nachteile

a) Selektivität

Diverse Aspekte, welche bereits gegen die Möglichkeit der Übertragung des Urteils eine Rolle spielen, können zugleich auf eine Übertragung der gesamten Gerichtsverhandlungen übertragen werden. So liegt bspw. die Vermutung nahe, dass viele Medien den Inhalt der Verhandlung stark selektieren werden, da der Großteil der Rezipienten an einer vollständigen Verhandlungswiedergabe wohl kaum Interesse hat und vielmehr eine kompakte Zusammenfassung bevorzugt. Eine stark verkürzte Wiedergabe der Verhandlung könnte allerdings dem

Rezipienten einen falschen Eindruck von der justiziellen Arbeit vermitteln. Aber auch wenn die einzelnen Verhandlungen eines Prozesses im Ganzen ausgestrahlt würden, so ist wiederum davon auszugehen, dass sich das Interesse potenzieller Zuschauer auf bestimmte Verhandlungen konzentrieren wird. Zu denken wäre z. B. an die erste zu übertragende Verhandlung oder solche Verhandlungen, in denen eine wichtige Zeugenaussage vorgenommen wird. Das zu erwartende selektive Interesse der Rezipienten an der Mitverfolgung einer (strafrechtlichen) Hauptverhandlung spricht vermehrt dafür, dass ein wesentlicher Beitrag zum besseren Verständnis für die Arbeit der Justiz in der Öffentlichkeit kaum geleistet werden kann.

b) Interesse an der Übertragung

Was bereits bei der Übertragung der Urteilsverkündung zu befürchten wäre, könnte des Weiteren bei der gesamten Verhandlungsübertragung Gewissheit werden: Das Interesse der potenziellen Rezipienten, die gesamte Verhandlung in Rundfunk, Fernsehen oder Internet mitzuerleben, dürfte gering sein.[926] Die streng reglementierte Kameraführung in den Ländern, in denen eine solche Übertragung von Gesetzes wegen her möglich ist, verdeutlicht, dass damit den niveauvollen Sehgewohnheiten des heutigen Zuschauers nicht entsprochen werden kann.[927] Vor allem aber bei Verfahren, welche sich über Monate, gar Jahre hinziehen (vgl. NSU-Prozess), dürfte aufgrund mangelnden (breiten) Interesses eine durchgehende Übertragung der Verhandlung alsbald als obsolet erscheinen lassen.

c) Exkurs: Früher Court TV, heute truTV

Geht es um die Frage, ob ein Teil oder gar die gesamte Gerichtsverhandlung im Fernsehen übertragen werden sollte, so fällt in vielen (zumindest deutschsprachigen) juristischen Abhandlungen, die sich in der Vergangenheit und Gegenwart dieser Thematik angenommen haben, das Schlagwort „Court TV“. Am 01. Juli 1991 ging der Fernsehsender mit dem Namen „Court TV“ in den USA erstmals auf Sendung.[928] Die ursprüngliche Idee war es, einen Fernsehsender zu kreieren, welcher sich allein mit dem Rechtssystem auseinandersetzt.[929] So wurden

926 Vgl. bereits Sarstedt, JR 1956, 121, 124.

927 Danziger, *Die Medialisierung des Strafprozesses*, S. 431.

928 Zur Entstehung von Court TV siehe Vogel, *Fernsehübertragungen von Strafverfahren*, S. 123 ff.

929 Vogel, *Fernsehübertragungen von Strafverfahren*, S. 123.

dann auch US-amerikanische Gerichtsverhandlungen durch den Fernsehsender übertragen. Ein vergleichbares Angebot existierte vor Einführung von Court TV kaum.[930] Der Sender übertrug für gewöhnlich mindestens fünf rechtliche Verfahrensvorgänge am Tag[931]; außerhalb dieser Zeiten bot der Sender viele – allerdings auf Unterhaltung ausgelegte – Sendungen an, welche dem Rezipienten das amerikanische Strafrechtssystems näher bringen sollten[932].

Zwar konnte Court TV über die Jahre hinweg durchaus Erfolge für sich verbuchen[933], wie z. B. hohe Einschaltquoten durch die Übertragung spektakulärer Prozesse wie dem Mordprozess gegen *O. J. Simpson* oder den Vergewaltigungsprozess gegen *William Kennedy Smith*[934], das Interesse der Fernsehzuschauer nahm jedoch vermehrt ab und der Unterhaltungs- und Sensationswert des Programms wurde ausgebaut[935]. Im Jahre 2008 erfolgte dann die Umbenennung des Senders in den Namen „truTV".[936] Heutzutage wird der Fokus des Fernsehsenders im Wesentlichen auf die beiden Komponenten „Reality TV" und „Comedy" gelegt[937] und hat sich somit wesentlich von seinen Ursprüngen entfernt. Der Werdegang des Senders zeigt daher anschaulich, wie schwer es ist, ein breites Fernsehpublikum für juristische Inhalte, vor allem was die Übertragung von Gerichtsverhandlungen anbelangt, dauerhaft zu finden.

d) Vermittlung von juristischen Inhalten?

Desto weiter das Stadium des Prozessverlaufs vorangeschritten ist, desto schwieriger kann es für den Rezipienten mitunter sein, den Verfahrensinhalt genauer zu erfassen. Die Frage, inwieweit der Rezipient dem Verlauf des Verfahrens inhaltlich folgen kann, stellt sich ohnehin. Dies gilt vor allem dann, wenn es sich

930 Nasheri, *Crime and Justice in the Age of Court TV*, S. 32.

931 Vogel, *Fernsehübertragungen von Strafverfahren*, S. 125.

932 Vogel, *Fernsehübertragungen von Strafverfahren*, S. 130.

933 M. w. N. Vogel, *Fernsehübertragungen von Strafverfahren*, S. 132 ff.; Hübner-Raddatz, *Fernsehöffentlichkeit im Gerichtssaal*, S. 58 ff.; Nasheri, *Crime and Justice in the Age of Court TV*, S. 32.

934 Nasheri, *Crime and Justice in the Age of Court TV*, S. 32.

935 Vogel, *Fernsehübertragungen von Strafverfahren*, S. 132 f.

936 Becker, The Huffington Post v. 28.03.2008, abrufbar unter: http://www.huffingtonpost.com/2007/07/11/court-tv-unveils-news-nam_n_55769.html (abgerufen am 24.08.2017).

937 So zumindest der Eindruck, welcher sich nach dem Besuchen der Homepage des Senders (http://www.trutv.com/index.html (abgerufen am 02.09.2017)), einschließlich des dazugehörigen Programmes, ergibt.

um einen juristischen Laien handelt. Dem könnte dadurch abgeholfen werden, dass – wie bereits durch einige amerikanische Fernsehsender geschehen[938] – die übertragenden Medien während der Verhandlungen durch Rechtsexperten das Ereignis entsprechend kommentieren und es dadurch dem Rezipienten ermöglicht wird, den Verfahrensstoff nachvollziehen zu können. Kommentierungen während der Verhandlungen haben jedoch ebenso eine meinungsbildende Wirkung und beeinflussen möglicherweise den Rezipienten.[939] Meinungsbildende Einwirkungen auf die Rezipienten finden auf der anderen Seite allerdings bereits durch die „klassische" Gerichtsberichterstattung statt.

e) Beeinflussung der Verfahrensbeteiligten

Beeinträchtigungen des ordnungsgemäßen Ablaufs des Verfahrens durch die im Verhandlungssaal befindlichen Kameras und die dazugehörigen Teams könnten sicherlich durch eine ausgereifte Pool-Lösung und entsprechende Technik vermieden werden.[940] Größere Bedenken ergeben sich allerdings im Hinblick möglicher Beeinflussungen der Verfahrensbeteiligten durch die Fernsehkameras. Durch die Gewissheit, dass eine Vielzahl von Personen der Verhandlung andernorts folgen können, sind negative Einflüsse wie z. B. ein angepasstes Aussageverhalten des Angeklagten oder der Zeugen nicht auszuschließen. Richter – insbesondere Laienrichter – könnten durch den nun zusätzlich bestehenden Druck in ihren Entscheidungen beeinflusst werden.[941] Des Weiteren ist nicht auszuschließen, dass Verfahrensbeteiligte sich an dem Verfahren nicht mehr beteiligen, sobald eine Kamera das Geschehen vor Gericht aufnimmt.[942]

f) Rechte der Verfahrensbeteiligten

Von wesentlicher Bedeutung sind natürlich die Rechte der Verfahrensbeteiligten, insbesondere die des Angeklagten. Mit der Übertragung der gesamten Verhandlung würden Details über die ihm vorgeworfene Straftat oder Informationen aus seinem Leben einer breiten mittelbaren Öffentlichkeit preisgeben. Die Bilder aus der Verhandlung könnten ohne Weiteres noch jahrelang im Internet aufzufinden sein und ihn mit dem damaligen Gerichtsverfahren in Verbindung bringen. Letzten Endes würden all diese Umstände seinem Resozialisierungsinteresse

938 Hübner-Raddatz, *Fernsehöffentlichkeit im Gerichtssaal*, S. 71.
939 Vgl. Vogel, *Fernsehübertragungen von Strafverfahren*, S. 134, Fn. 640.
940 Anders Kaulbach, ZRP 2009, 236, 238.
941 Deutscher Richterbund, DRiZ 1996, 246, 248.
942 Burbulla, *Die Fernsehöffentlichkeit*, S. 132.

erheblich entgegenstehen. Der Übertragung der gesamten Gerichtsverhandlung gefährdet zudem – mehr als es bereits bei der gegenwärtigen mittelbaren Berichterstattung der Fall sein kann – die Gewährleistung der Unschuldsvermutung.[943] Mögliche durch eine solche Übertragung entstehende erzieherische Effekte[944] auf die allgemeine Bevölkerung dürfen in diesem Kontext nicht als alleiniges Argument für eine solche Übertragung dienen.

Gerade im Zuge der Übertragung einer strafrechtlichen Verhandlung wäre es geboten, das Gesicht des Angeklagten unkenntlich zu machen, sodass der Rezipient ihn nicht genauer erkennen kann. Dadurch wird der Tatsache jedoch nicht aus dem Weg gegangen, dass genauere Details zur Tat und zur Person des Angeklagten weiterhin Gegenstand der Übertragung werden würden. Bestimmte Details müssten daher mit einem Ton zensiert werden; ggf. müsste der Ton teilweise gänzlich ausgeblendet werden. Sofern dies sorgfältig erfolgen soll, schließt dies eine zeitgleiche Übertragung der Verhandlung allerdings aus. Darüber hinaus würden jene Einschränkungen nicht nur zur Wahrung der Rechte des Angeklagten, sondern auch anderer Verfahrensbeteiligter, einer authentischen Wiedergabe einer strafrechtlichen Hauptverhandlung massiv entgegenstehen.

g) Auswirkungen auf die Zeugen

Weiterhin steht einer Liveübertragung der gesamten Verhandlung dem Bestreben des § 243 II StPO (die Abwesenheit der Zeugen während der Vernehmung des Angeklagten) entgegen und bietet eine Möglichkeit der Vorabinformierung später zu vernehmender Zeugen.[945] Zeitversetzte Übertragungen oder eine archivarische Lösung können diesen Bedenken zwar entgegenwirken, damit sind jedoch Bedenken, welche sich hinsichtlich möglicher Beeinflussungen durch die aufnehmenden Kameras ergeben, noch nicht beseitigt worden. Bei äußerst medienintensiven Verfahren würde für Zeugen zudem die Gefahr bestehen, durch ihre Aussage Adressat von Vergeltungen fanatischer Personen zu werden.[946]

Des Weiteren könnte die Wahrheitsfindung dadurch erschwert werden, dass sich potenzielle Zeugen vor der Scheu einer medialen Verhandlungsübertragung bei den jeweiligen Behörden nicht melden und somit keinen Beitrag zur

943 Deutscher Richterbund, DRiZ 1996, 246, 248.

944 Zur erzieherischen Wirkung einer Fernsehberichterstattung Braun, *Medienberichterstattung über Strafverfahren*, S. 277 ff.

945 BT-Drucks. IV/178, S. 45; vgl. Deutscher Richterbund, DRiZ 1996, 246, 248.

946 Ernst, ZUM 1996, 187, 192.

Aufklärung leisten.[947] Möglich wäre zwar, dass Menschen anlässlich einer Übertragung der gesamten Verhandlung im Fernsehen erst darauf aufmerksam gemacht werden, als potenzielle Zeugen einen Beitrag zur Wahrheitsermittlung zu leisten.[948] Allerdings kann dies bereits ohne eine Übertragung der gesamten Verhandlung oder einzelner Teile durch eine ausgeprägte mediale Berichterstattung erreicht werden. Es könnten sich aber durchaus ob der Aussicht, als Zeuge in das Fernsehen zu gelangen, ebenso Menschen als vermeintliche Zeugen ausgeben. Auch vor solchen Umständen (mögen sie auch nur sehr vereinzelt vorkommen) soll der § 169 S. 2 GVG schützen.

II. Fazit

Die Übertragung der gesamten Verhandlung kann keinen wesentlichen Beitrag für ein besseres Verständnis der Öffentlichkeit für die Arbeit der Justiz leisten. Gerade im Strafprozess stehen dem Informationsbedürfnis der Öffentlichkeit die Rechte der Verfahrensbeteiligten entgegen. Vor allem könnte eine Verhandlungsübertragung aber der Wahrheitsfindung entgegenstehen. Eine Übertragung der gesamten Verhandlung sollte daher weiterhin nicht erfolgen. Dies entspricht wohl ebenfalls dem überwiegend gegenwärtigen Meinungsstand der hiesigen Rechtswissenschaft. So wurde sich jüngst erst auf dem Deutschen Juristentag 2016 in Essen mehrheitlich gegen die vollumfängliche Zulassung von Ton- und Filmaufnahmen für die gesamte Verhandlung ausgesprochen.[949] Es könnte ohnehin fraglich sein, ob das heutzutage bestehende gesteigerte Informationsinteresse der Öffentlichkeit eine Übertragung der gesamten Gerichtsverhandlung überhaupt erforderlich macht. Dem Informationsinteresse der Bevölkerung könnte bereits durch weniger einschneidende Maßnahmen, wie die bereits diskutierte gerichtsinterne Verhandlungsübertragung oder die Urteilsübertragung, entsprechend Ausdruck verliehen werden.

---

947 Deutscher Richterbund, DRiZ 1996, 246, 248.

948 Vgl. Vogel, *Fernsehübertragungen von Strafverfahren*, S. 87.

949 71. Deutscher Juristentag Essen 2016, Beschlüsse (Fn. 252), S. 20.

K. Film- und Tonaufnahmen für wissenschaftliche und historische Zwecke

Die Bund-Länder-Arbeitsgruppe schlägt in ihrem Abschlussbericht ebenfalls vor, dass Gerichtsverhandlungen audio-visuell zugunsten wissenschaftlicher und historischer Zwecke aufgezeichnet werden können, sofern das verantwortliche Gericht zu der Entscheidung gelangt, dass es sich um ein Verfahren mit herausragender zeitgeschichtlicher Bedeutung handelt oder handeln könnte.[950] Eine solche Verhandlungsaufzeichnung zugunsten wissenschaftlicher und historischer Zwecke wäre de lege lata nicht mit der Vorschrift des § 169 S. 2 GVG vereinbar, sodass ein solches Vorhaben das Tätigwerden des Gesetzgebers erfordern würde.

I. Referentenentwurf des BMJV

Das BMJV greift die Gedanken der Arbeitsgruppe in seinem Gesetzesentwurf mit auf. Laut des Referentenentwurfs des BMJV soll die Vorschrift des § 169 GVG daher um einen weiteren zweiten Absatz wie folgt ergänzt werden: *„Ton- und Filmaufnahmen der Verhandlung vor dem erkennenden Gericht einschließlich der Verkündung der Urteile und Beschlüsse können zu wissenschaftlichen und historischen Zwecken durch Anordnung des Vorsitzenden zugelassen werden, wenn es sich um ein Verfahren von herausragender zeitgeschichtlicher Bedeutung handelt. Die Entscheidung ist unanfechtbar. Zur Wahrung schutzwürdiger Interessen der Beteiligten oder Dritten sowie zur Wahrung eines ordnungsgemäßen Ablaufs des Verfahrens können die Aufnahmen teilweise ausgeschlossen werden. Die Aufnahmen sind nicht zur Akte zu nehmen. Sie sind vom Gericht demjenigen zuständigen Bundes- oder Landesarchiv zur Übernahme anzubieten, das nach dem Bundesarchivgesetz oder einem Landesarchivgesetz festzustellen hat, ob den Aufnahmen ein bleibender Wert zukommt. Nimmt das Bundesarchiv oder das jeweilige Landesarchiv die Aufnahmen nicht an, sind die Aufnahmen vom Gericht zu löschen.“*[951]

---

950 Bund-Länder-Arbeitsgruppe „Zeitgemäße Neufassung des § 169 GVG“, Abschlussbericht (Fn. 571), S. 19.

951 Referentenentwurf des BMJV (EMöGG) (Fn. 609), S. 4.

II. Stellungnahmen zum Referentenentwurf

Die BRAK[952] und der BDVR[953] lehnen diesen Gesetzesvorschlag in ihrer Stellungnahme jedoch ab. Des Weiteren spricht sich auch der deutsche Richterbund gegen das besagte Gesetzesvorhaben aus.[954] Die JPK hält die Schaffung einer gesetzlichen Grundlage für die audio-visuelle Aufzeichnung historisch bedeutsamer Prozesse allerdings für zwingend erforderlich.[955] Der Deutsche Presserat sowie weitere Medienverbände halten die geplante Regelung für sinnvoll.[956] Solange gewährleistet ist, dass die Bewertung, wann ein herausragend zeitgeschichtlich bedeutendes Verfahren gegeben ist, nach objektivierbaren Maßstäben erfolgt, bestehen auch von Seiten des DAV keine grundsätzlichen Beanstandungen gegen eine Dokumentation von Strafverfahren.[957]

III. Gesetzesentwurf der Bundesregierung

Laut des Gesetzesentwurfes der Bundesregierung (BT-Drucks. 18/10144) soll dem § 169 GVG ein zweiter Absatz hinzugefügt werden: „*Ton- und Filmaufnahmen der Verhandlung einschließlich der Verkündung der Urteile und Beschlüsse können zu wissenschaftlichen und historischen Zwecken von dem Gericht zugelassen werden, wenn es sich um ein Verfahren von herausragender zeitgeschichtlicher Bedeutung für die Bundesrepublik Deutschland handelt. Zur Wahrung schutzwürdiger Interessen der Beteiligten oder Dritter oder zur Wahrung eines ordnungsgemäßen Ablaufs des Verfahrens können die Aufnahmen teilweise untersagt werden. Die Aufnahmen sind nicht zur Akte zu nehmen und dürfen nicht herausgegeben werden oder zu Verfahrenszwecken genutzt werden. Sie sind vom Gericht nach Abschluss des Verfahrens demjenigen zuständigen Bundes- oder Landesarchiv zur Übernahme anzubieten, das nach dem Bundesgesetz oder einem Landesarchivgesetz festzustellen hat, ob den Aufnahmen ein bleibender Wert zukommt. Nimmt das Bundesarchiv oder das jeweilige Landesarchiv die Aufnahmen nicht an, sind*

952 Dazu BRAK, Stellungnahme Nr. 18/2016 (Fn. 692), S. 6 f.

953 Dazu BDVR, Stellungnahme zum EMöGG (Fn. 694), S. 2.

954 Deutscher Richterbund, Stellungnahme Nr. 12/16 (Fn. 698).

955 JPK, Stellungnahme zur Reform des § 169 GVG durch das EMöGG (Fn. 695).

956 BDZV, DJV, Dt. Presserat, VDZ, dju in ver.di, Gemeinsame Stellungnahme zum EMöGG (Fn. 696), S. 6.

957 DAV, Stellungnahme Nr. 38/2016, S. 5, abrufbar unter: https://anwaltverein.de/de/newsroom/sn-38-16-erweiterung-der-medienoeffentlichkeit-in-gerichtsverfahren-169-gvg?file=files/anwaltverein.de/downloads/newsroom/stellungnahmen/2016/DAV-SN-38.pdf (abgerufen am 02.09.2017).

die Aufnahmen durch das Gericht zu löschen.“[958] Ein vierter Absatz soll erneut darauf hinweisen: *„Die Beschlüsse des Gerichts nach den Absätzen 1 bis 3 sind unanfechtbar.“*[959]

IV. Rechtliche Fragen

Die Dokumentation des (Straf-)Verfahrens zu wissenschaftlichen und historischen Zwecken wirft zugleich diverse rechtliche Fragen auf, denen im Folgenden nachgegangen werden soll. Soweit es um Fragen hinsichtlich des Archivrechtes geht, soll es – nicht zuletzt aufgrund umfangreicher Gesetze der einzelnen Länder – im Folgenden im Schwerpunkt um das Bundesarchivgesetz gehen.

1. Schutzfristen

Nach § 169 II 5 GVG-E sind die getätigten Aufnahmen dem jeweils zuständigen Bundes- oder Landesarchiv anzubieten. Damit sind die gesetzlichen Regelungen der jeweiligen Archivgesetze maßgebend. In dem Abschlussbericht der Bund-Länder-Arbeitsgruppe wurde noch in Betracht gezogen, die Aufzeichnungen einem zentralen Archiv zuzuordnen sowie die Sperrfristen und Anordnungskompetenzen bzgl. des Zugriffs einer differenzierten bundeseinheitlichen Regelung zu unterwerfen und überdies das BArchG für einschlägig zu erklären.[960] Der Vorschlag der Arbeitsgruppe wurde im Referentenentwurf des BMJV sowie im Gesetzentwurf der Bundesregierung allerdings nicht aufgegriffen.

Gem. § 3 I 1 BArchG n. F. ist es Aufgabe des Bundesarchivs, das Archivgut des Bundes auf Dauer zu sichern, nutzbar zu machen und wissenschaftlich zu verwerten. Hinsichtlich der Nutzungsrechte der getätigten Aufnahmen wird die Vorschrift des § 5 II BArchG a. F. maßgebend sein, da die in der Verhandlung getätigten Aufzeichnungen stets die Persönlichkeitsrechte bestimmter natürlicher Personen tangieren werden.[961] Nach § 5 II 1 BArchG a. F. darf Archivgut des Bundes, das sich auf natürliche Personen bezieht, erst 30 Jahre nach dem Tode der Betroffenen durch Dritte benutzt werden. Die 30-Jahresfrist entsprach bei Einführung des BArchG der international gängigen Frist.[962] Nicht ausreichend

958 BT-Drucks. 18/10144, S. 7.
959 BT-Drucks. 18/10144, S. 7.
960 Bund-Länder-Arbeitsgruppe „Zeitgemäße Neufassung des § 169 GVG“, Abschlussbericht (Fn. 571), S. 20.
961 Referentenentwurf des BMJV (EMöGG) (Fn. 609), S. 27.
962 Siehe BT-Drucks. 11/1215, S. 14.

ist eine 30-jährige Schutzfrist, welche sich lediglich nach der Entstehungszeit des Archivguts richtet.[963] Nach § 5 II 2 BArchG a. F. endet die Schutzfrist hingegen erst 110 Jahre nach der Geburt des Betroffenen, sofern das Todesjahr nicht oder nur mit unvertretbarem Aufwand festzustellen ist. Was die audiovisuelle Aufzeichnung des Verfahrens angeht, so könnte durch die (langen) Schutzfristen der § 5 II 1 und 2 BArchG a. F. eine Beeinträchtigung der Persönlichkeitsrechte der Betroffenen adäquat verhindert werden.[964]

2. Abweichung von der Schutzfrist

Die 30-jährige Sperrfrist ist jedoch keinesfalls zwingend und kann unter Umständen unterschritten werden.

a) Einwilligung

Gem. § 5 V 2 BArchG a. F. können die Schutzfristen nach Absatz 1 Satz 1 und Absatz 2 verkürzt werden, wenn die Einwilligung des Betroffenen vorliegt. Das Bundesarchiv und die Benutzer müssen sich im Zuge einer möglichen Verkürzung der Schutzfristen vorrangig um die Einwilligung des Betroffenen oder ggf. seiner nächsten Angehörigen bemühen.[965] Ist eine wirksame Einwilligung gegeben, so ist das Ermessen hinsichtlich der Verkürzung der Schutzfrist „auf null" reduziert (teleologische Reduktion).[966]

b) § 5 V 3 BArchG a. F.

Liegt eine Einwilligung des Betroffenen nicht vor, so können gem. § 5 V 3 BArchG a. F. die Schutzfristen nach Absatz 1 Satz 1 und Absatz 2 verkürzt werden, wenn die Benutzung für ein wissenschaftliches Forschungsvorhaben oder zur Wahrnehmung berechtigter Belange unerlässlich ist, die im überwiegenden Interesse einer anderen Person oder Stelle liegen und eine Beeinträchtigung schutzwürdiger Belange durch angemessene Maßnahmen, insbesondere durch Vorlage anonymisierter Reproduktion, ausgeschlossen werden kann. Von einem überwiegenden berechtigten Interesse ist etwa dann auszugehen, wenn ohne den Zugriff auf das Archivmaterial essenzielle berufliche oder persönliche Belange

963 Becker/Oldenhage, *Bundesarchivgesetz-Kom.*, § 5 BArchG, Rn. 30.
964 Vgl. Referentenentwurf des BMJV (EMöGG) (Fn. 609), S. 18.
965 Becker/Oldenhage, *Bundesarchivgesetz-Kom.*, § 5 BArchG, Rn. 68.
966 Manegold, *Archivrecht*, S. 305.

verletzt würden oder dies unzumutbare Belastungen zur Folge hätte.[967] Als angemessene Maßnahme nennt das Gesetz als Beispiel die Vorlage anonymisierter Reproduktion. Allgemein sind als angemessene Maßnahmen solche zu verstehen, „die geeignet sind, wissenschaftliche Notwendigkeiten oder berechtigte Belange einerseits und den Schutz der Persönlichkeit und staatliche Sicherheitsinteressen andererseits in Einklang zu bringen".[968]

Ferner können gem. § 5 V 4 BArchG a. F. für Personen der Zeitgeschichte und Amtsträger in Ausübung ihres Amtes die Schutzfristen nach Absatz 1 Satz 1 und Absatz 2 verkürzt werden, wenn die schutzwürdigen Belange des Betroffenen angemessen berücksichtigt werden. Nach § 5 V 6 BArchG a. F. bedarf die Verkürzung oder Verlängerung der Schutzfristen noch der Einwilligung des jeweiligen Gerichts, bei dem die Aufnahmen entstanden sind. Wird die erforderliche Einwilligung nicht erteilt, so ist der Antrag auf Verkürzung oder Verlängerung der Schutzfrist vom Bundesarchiv in diesem Fall abzulehnen.[969] Die Nichterteilung der Einwilligung bedarf der Begründung.[970]

Nach dem Dafürhalten der BRAK könnte durch die Option des § 5 V 3 BArchG a. F. der Versuchung nachgegangen werden, sich noch vor Ablauf der Schutzfrist das Archivgut für Verfahrenszwecke zunutze zu machen.[971] Da vor allem in Strafverfahren Zeugenaussagen nur unvollkommen protokolliert werden, könnte eine vorzeitige Einsichtnahme in das Archivmaterial für deren Aufarbeitung oder genauso zur Begründung in Rechtsbehelfs- oder Folgeverfahren von den Verfahrensbeteiligten genutzt werden.[972] Gegen diese – wenngleich berechtigte – Sorge könnte man indessen vorbringen, dass das jeweils zuständige Gericht dieser Verkürzung in jedem Fall zustimmen müsste (§ 5 V 6 BArchG a. F.). Gerade beim zuletzt genannten Beispiel läuft des Weiteren die vorzeitige Nutzung des Archivguts den eigentlichen Aufzeichnungszwecken des § 169 II 1 GVG-E, nämlich wissenschaftlichen und historischen Zwecke, entgegen.

Die vorzeitige Einsichtnahme in das Archivgut für Verfahrenszwecke könnte aber unter Umständen gem. § 5 V 3 BArchG a. F. zur Wahrnehmung berechtigter Belange unerlässlich sein. Die Frage bleibt, wann man von einer solchen Unerlässlichkeit ausgehen kann. Liegt diese z. B. vor, wenn eine wichtige Zeugenaussage

---

967 Becker/Oldenhage, *Bundesarchivgesetz-Kom.*, § 5 BArchG, Rn. 76.
968 Becker/Oldenhage, *Bundesarchivgesetz-Kom.*, § 5 BArchG, Rn. 77.
969 Becker/Oldenhage, *Bundesarchivgesetz-Kom.*, § 5 BArchG, Rn. 91.
970 Becker/Oldenhage, *Bundesarchivgesetz-Kom.*, § 5 BArchG, Rn. 92.
971 BRAK, Stellungnahme Nr. 18/2016 (Fn. 692), S. 7.
972 BRAK, Stellungnahme Nr. 18/2016 (Fn. 692), S. 7.

fehlerhaft protokolliert wurde oder das Protokoll gar abhandengekommen ist? Die Vorschrift des § 5 V 3 BArchG a. F. eröffnet somit durchaus eine vorzeitige Möglichkeit für die Benutzung verfahrensrelevanter Aufzeichnungen.

c) *Schutzfristen nach den Landesarchivgesetzen*

Was die Schutzfristen der Landesarchivgesetzte anbelangt, so sind dort hingegen vielfach Abweichungen von der besagten 30-jährigen Schutzfrist des § 5 II 1 BArchG a. F. festzustellen. Nach § 13 II 1 des hessischen Archivgesetzes (HArchivG) etwa darf personenbezogenes Archivgut im Regelfall bereits zehn Jahre nach dem Tod der betroffenen Person oder der letztverstorbenen von mehreren betroffenen Personen durch Dritte genutzt werden.[973] Die Gesetzgeber der Länder orientierten sich hinsichtlich der 10-Jahresfrist vorwiegend an einer Analogie zu § 22 KUG.[974]

Fraglich könnte allerdings sein, ob eine im Vergleich zum Bundesgesetz um 20 Jahre verkürzte Frist der entsprechenden Ländergesetze dem (postmortalen) Persönlichkeitsrecht des von der Dokumentation Betroffenen nicht zuwiderliefe. Im Referentenentwurf des BMJV wird zwar auf die in der Regel verkürzten Schutzfristen der Länder eingegangen, außer der Betonung, dass das Archivgut eines besonderen Schutzes bedarf, wird dazu jedoch nicht weiter Stellung genommen.[975] Eine sich auf dreißig Jahre erstreckende Frist, wie § 5 II 1 BArchG a. F. es vorsieht, ist unter verfassungsrechtlichen Gesichtspunkten allerdings nicht zwingend erforderlich.[976] Vorausgesetzt, dass im jeweiligen Einzelfall andere gesetzlich geeignete Schutzmöglichkeiten bestehen, ist die 10-Jahresfrist unter verfassungsrechtlichen Aspekten nicht problematisch.[977] Die im Vergleich zum Bundesgesetz verkürzte 10-jährige Frist diverser Landesarchivgesetzte ist insgesamt als angemessen anzusehen.[978] Die Anwendung von Archivgesetzen der Länder, und somit die Differenz hinsichtlich der Schutzfrist für personenbezogenes Archivgut zum Bundesarchivgesetz, ist hinsichtlich der Wahrung des (postmortalen) Persönlichkeitsrechtes des Betroffenen daher nicht problematisch.

---

973 Vgl. etwa § 6 II 2 1. HS Landesarchivgesetz Baden-Württemberg; § 7 I 3 Nr. 1 Archivgesetz Nordrhein-Westfalen; § 9 III 3 Landesarchivgesetz Schleswig-Holstein.

974 Manegold, *Archivrecht*, S. 274.

975 Referentenentwurf des BMJV (EMöGG) (Fn. 609), S. 18.

976 Manegold, *Archivrecht*, S. 120.

977 Manegold, *Archivrecht*, S. 120.

978 M. w. n. Freys, *Recht d. Nutzung u. d. Unterhalts v. Archiven*, S. 94 f.; Manegold, *Archivrecht*, S. 274 f.

Die 30-jährige Schutzfrist ermöglicht hingegen in der täglichen Praxis eine handhabbare Bestimmung des empfindsamen Komplexes des Persönlichkeitsschutzes und lässt verwaltungsaufwändige Einzelfallprüfungen oftmals entfallen.[979] Der Bundesrat weist allerdings darauf hin, dass die Zugriffsregeln auf das Archivgut in den einzelnen Bundesländern jederzeit durch den jeweiligen einfachen Gesetzgeber abgeändert, d.h. auch gemäßigt werden könnten und ein Auseinanderbrechen der Zugriffsvoraussetzungen insgesamt droht.[980] Was die mögliche Verkürzung der Schutzfrist i. S. d. § 5 II 1 BArchG a. F. auf Landesebene betrifft, so müsste diese aber einer verfassungsrechtlichen Prüfung standhalten können. Ob dies bei einer Verkürzung unterhalb der bekannten 10-Jahresfrist der Fall ist, dürfte zumindest zweifelhaft sein. Der Bundesrat zieht z.B. in Erwägung, dass in § 169 II GVG-E eine feste Schutzfrist von mindestens 30 Jahren nach dem Tod des Betroffenen verankert werden könnte und darüber hinaus Archivzugriffe einheitlich nur zu Gunsten wissenschaftlicher und historischer Zwecke zu ermöglichen.[981]

d) Verkürzung der Schutzfristen bei Tonaufnahmen?

Die JPK hält es für zumindest diskussionswürdig, ob nicht wenigstens die geltenden Schutzfristen des BArchG für Tonaufnahmen über die Option des § 5 V BArchG a. F. hinaus, und ausdrücklich auch zu Gunsten journalistischer Berichterstattung, verringert werden könnten.[982] Zwar ist es richtig, dass Tonaufnahmen das allgemeine Persönlichkeitsrecht des Betroffenen weit weniger tangieren als zusätzliche Filmaufnahmen[983], jedoch droht auch in diesem Fall eine Verletzung des (postmortalen) Persönlichkeitsrechtes des Betroffenen, sollte es zu einer Verkürzung der Schutzfrist kommen. Eine Regelung, wonach das Archivgut nach § 5 V BArchG a. F. ausdrücklich zu Gunsten journalistischer Berichterstattung genutzt werden kann, ist daher abzulehnen. Die Option der Schutzfristverkürzung nach § 5 V BArchG a. F. soll darüber hinaus die Ausnahme darstellen. Das Hinzufügen weiterer Ausnahmefälle, in denen ein vorzeitiger Zugriff auf das Archivgut ermöglicht werden soll, würde daher dem Telos des § 5 V BArchG a. F. zuwiderlaufen.

979 Becker/Oldenhage, *Bundesarchivgesetz-Kom.*, § 5 BArchG, Rn. 31.
980 BT-Drucks. 18 /10144, S. 36; vgl. auch Kreicker, ZIS 2017, 85, 104.
981 BT-Drucks. 18 /10144, S. 36.
982 JPK, Stellungnahme zur Reform des § 169 GVG durch das EMöGG (Fn. 695).
983 Vgl. JPK, Stellungnahme zur Reform des § 169 GVG durch das EMöGG (Fn. 695).

e) Fazit

Im Ergebnis ist festzuhalten, dass nach dem BArchG diverse Möglichkeiten der Unterschreitung der 30-jährigen Schutzfrist bestehen. Dies ist hinsichtlich einer möglichen Dokumentation von (Straf-)Verfahren bedenklich und könnte de facto zu einer regelmäßigen Unterschreitung dieser Frist führen. Dies gilt es jedoch von vornherein zu verhindern. Eine Fristverkürzung soll vielmehr die Ausnahme darstellen. Die Anwendung des BArchG bzw. des Archivgesetzes des jeweiligen Bundeslandes ist hinsichtlich der Dokumentation von Strafverfahren daher – zumindest, was die Schutzfristen anbelangt – ergänzungsbedürftig.

3. Gesetzesänderung Bundesarchivgesetz

Der Gesetzesentwurf der Bundesregierung vom 15.09.2016 sah eine Neuregelung des Bundesarchivrechts vor.[984] Am 16.03.2017 trat sodann das neu geregelte Bundesarchivgesetz in Kraft.[985] Von Bedeutung ist in diesem Kontext vor allem die Anpassung der Schutzfrist für Archivgut, das sich auf natürliche Personen bezieht. Nach § 11 I 1 BArchG n. F. beträgt die allgemeine Schutzfrist für Archivgut des Bundes zunächst dreißig Jahre; sie wird gem. § 11 I 2 BArchG n. F. mit der Entstehung der Unterlagen in Gang gesetzt. § 11 II 1 BArchG n. F. sieht nunmehr vor, dass Bundesarchivgut, das sich auf eine oder mehrere natürliche Personen bezieht, nach Ablauf der Schutzfrist aus Absatz 1 frühestens *zehn Jahre* nach dem Tod der jeweiligen Person verwendet werden darf. Die Schutzfristverkürzung soll zum einen die Zugangsbedingungen verbessern und zum anderen die Nutzerfreundlichkeit des Bundesarchivs stärken.[986] Darüber hinaus kommt es dadurch zu einer wesentlichen Angleichung der Schutzfristen für personenbezogenes Archivgut auf Bundes- und Länderebene.

Etwaige Abweichungen von den Schutzfristen sind fortan in § 12 BArchG n. F. geregelt. Inhaltlich entspricht die Norm in vielen Punkten dem § 5 V BArchG a. F. Erwähnenswert ist jedoch, dass nach § 12 II 2 Nr. 1 BArchG n. F. eine Schutzfristverkürzung nicht nur für wissenschaftliche Forschungsvorhaben, sondern nunmehr auch für wissenschaftliche Dokumentationsvorhaben in Betracht kommt. Dies wird mit den Erfahrungen aus der Archivpraxis begründet, denn es habe

---

984 BT-Drucks. 18/9633.

985 Siehe BGBl. I, S. 410 ff.

986 BT-Drucks. 18/9633, S. 67.

sich gezeigt, dass wissenschaftliche Dokumentationsvorhaben ebenfalls ein signifikantes öffentliches Interesse an personenbezogenen Schutzfristverkürzungen begründen können.[987] Nach wie vor kann eine Fristverkürzung erfolgen, wenn die Nutzung des personenbezogenen Archivguts zur Wahrnehmung berechtigter Belange unerlässlich ist, § 12 II 2 Nr. 1 BArchG n. F. Interessant ist, dass in der Gesetzesbegründung ausgeführt wird, dass ein solcher berechtigter Belang in dem *Informationsanspruch der Öffentlichkeit*, welcher im Besonderen von der *Presse* wahrgenommen wird, bestehen kann.[988]

Sofern sich das Archivgut auf Amtsträger in Ausübung ihrer Ämter und auf Personen der Zeitgeschichte bezieht, ihr schutzwürdiger privater Lebensbereich nicht tangiert ist, sind nach § 11 IV BArchG n. F. die Schutzfristen des zweiten Absatzes nun nicht mehr anzuwenden. Dieser Schritt wird damit begründet, dass vom Bundesarchiv in der Praxis bereits regelmäßig der Zugang zum Archivgut vor Ablauf der personenbezogenen Schutzfristen gewährt wurde und Amtsträger in Ausübung ihrer Ämter sowie Personen der Zeitgeschichte jenseits ihres privaten Lebensbereichs weniger Schutz bedürfen.[989] Ferner soll § 11 IV BArchG n. F. die Hürden für eine baldige Aufarbeitung der jüngeren Zeitgeschichte beseitigen.[990]

4. Wann ist von einer herausragenden historischen Bedeutung auszugehen?

Fraglich ist ebenfalls, wann von einem *herausragenden zeitgeschichtlich bedeutenden Verfahren* auszugehen ist. Als Beispiel für ein solches Verfahren werden in diesem Kontext oftmals die vor dem Frankfurter Landgericht im Jahre 1963 eröffneten Ausschwitz Prozesse genannt.[991]

Als ein herausragend bedeutendes Verfahren aus jüngerer Zeit dürfte vor allem der NSU-Prozess einzustufen sein.[992] Der Gesetzesentwurf der Bundesregierung ergänzt das Erfordernis des herausragend zeitgeschichtlichen Verfahrens insofern, als dass es Bedeutung für die gesamte Bundesrepublik Deutschland

987 BT-Drucks. 18/9633, S. 72.
988 BT-Drucks. 18/9633, S. 72.
989 BT-Drucks. 18/9633, S. 69 f.
990 BT-Drucks. 18/9633, S. 70.
991 Siehe bspw. Referentenentwurf des BMJV (EMöGG) (Fn. 609), S. 17.
992 So z. B. auch Referentenentwurf des BMJV (EMöGG) (Fn. 609), S. 17; JPK, Stellungnahme zur Reform des § 169 GVG durch das EMöGG (Fn. 695).

haben muss. Ein Verfahren, welches lediglich regional Bedeutung erlangt, genügt diesem Erfordernis daher nicht.[993]

Die Fälle, in denen „zweifelsfrei“ eine für die Dokumentation erforderliche herausragende zeitgeschichtliche Bedeutung des Verfahrens zu bejahen oder abzulehnen sind, dürften allerdings nicht immer eindeutig sein. Die Tatsache, dass das Verfahren für die gesamte Bundesrepublik Deutschland Bedeutung erlangen muss, vermag daran nichts Wesentliches zu ändern. In vielen Fällen dürfte sich eine entsprechende Einordnung des Verfahrens als schwierig erweisen. Ist bspw. der nun eröffnete *Love-Parade-Prozess* von herausragender historischer Bedeutung und somit geeignet, um von dem Verbot des § 169 S. 2 GVG abzuweichen? Nach dem Dafürhalten der JPK hätte möglicherweise auch das Strafverfahren gegen den einstigen Bundespräsidenten *Christian Wulff* als geeignetes Verfahren für die Dokumentation zur wissenschaftlichen und historischen Zwecken dienen können.[994] Das Verfahren war bereits deswegen ungewöhnlich, da bisher kein Strafverfahren gegen einen ehemaligen Bundespräsidenten geführt wurde.

Maßgebend sollen die zum Zeitpunkt der Entscheidung vorliegenden Umstände des Verfahrens sein.[995] Es soll also auf die dem Verfahren zu Grunde liegenden Sach- und Rechtsfragen ankommen.[996] Das BMJV führt in seinem Entwurf aus, dass z. B. Prozesse mit terroristischem oder politischem Background in Betracht kommen, oder wenn es um das Tangieren von Werteentscheidungen geht, die von gesellschaftlicher Bedeutung sind.[997] Nach dem Dafürhalten der großen Strafrechtskommission des Deutschen Richterbundes kommen Gerichtsverfahren eine herausragende zeitgeschichtliche Bedeutung dann zu, wenn sie sich mit Vorwürfen auseinandersetzen müssen, die die *Grundwerte der Gesellschaft* betroffen haben.[998] Die Bundesregierung betont aber, dass nicht jedem Verfahren zwingend eine herausragende zeitgeschichtliche Bedeutung zukommt, nur weil es eine absolute oder relative Person der Zeitgeschichte betrifft.[999]

Gem. § 3 BArchG a. F. (vgl. § 3 II 2 BArchG n. F.) entscheidet das Bundesarchiv im Benehmen mit der anbietenden Stelle, ob den Unterlagen ein bleibender

993 BT-Drucks. 18/10144, S. 27.
994 JPK, Stellungnahme zur Reform des § 169 GVG durch das EMöGG (Fn. 695).
995 Referentenentwurf des BMJV (EMöGG) (Fn. 609), S. 27.
996 BT-Drucks. 18/10144, S. 28.
997 Referentenentwurf des BMJV (EMöGG) (Fn. 609), S. 27.
998 Gr. Strafrechtskommission d. Dt. Richterbundes, Gutachten (Fn. 509), S. 150.
999 BT-Drucks. 18/10144, S. 28.

Wert für die Erforschung oder das Verständnis der deutschen Geschichte, die Sicherung berechtigter Belange der Bürger oder die Bereitstellung von Informationen für Gesetzgebung, Verwaltung oder Rechtsprechung zukommt.[1000] Dem Kriterium „im Benehmen" kommt, was die historische Bewertungskompetenz anbelangt, aber kein selbstständiger Gehalt zu, es ist in Abgrenzung zu einem rechtlich nicht erforderlichen Konsens zwischen dem Archiv und der anbietenden Stelle zu begreifen.[1001] Der Archivar hat bzgl. der Bewertung der Unterlagen eine Monopolstellung inne, die Bewertung erfolgt ohne Kontrolle oder Weisung von außen.[1002] Was die archivarische Bewertung anbelangt, so beinhaltet sie Überlegungen hinsichtlich der positiven Aspekte, d. h. die Bejahung einer Archivierung, als auch der negativen Aspekte, also die Ablehnung einer Archivierung.[1003] Die Anordnung der Vorsitzenden (und die damit einhergehende Bejahung über das Bestehen einer herausragenden zeitgeschichtlichen Bedeutung) zur Aufzeichnung des Verfahrens und die spätere Entscheidung des Bundesarchives über den Wert der Materialien sind jedoch voneinander zu trennen; die Rechtmäßigkeit der Anordnung des Vorsitzenden wird dadurch nicht berührt.[1004] Kommt dem Material kein bleibender Wert i. S. d. § 3 BArchG a. F. zu, so besteht die Pflicht zu dessen Vernichtung.[1005] Nach § 169 II 6 GVG-E fällt dies in den Pflichtenkreis des zuständigen Gerichts.

5. Wer sollte über die Bedeutung des Verfahrens urteilen?

Geht es nach dem Referentenentwurf des BMJV und dem Gesetzesentwurf der Bundesregierung, so müssen hinsichtlich der Bedeutung des Verfahrens im Wesentlichen zwei Entscheidungen getroffen werden. Zum einen die Entscheidung über die Anordnung der Aufzeichnung, und zum anderen die Entscheidung des Bundes- bzw. Landesarchivs über deren Annahme. Was die erste Entscheidung anbelangt, so sollte sie nach dem Referentenentwurf des BMJV noch eine Ermessensentscheidung des jeweils zuständigen Vorsitzenden darstellen.[1006] Der

1000 Zu den einzelnen Bewertungskategorien Becker/Oldenhage, *Bundesarchivgesetz-Kom.*, § 3 BArchG, Rn. 10 ff.

1001 Manegold, *Archivrecht*, S. 176.

1002 Manegold, *Archivrecht*, S. 177.

1003 Manegold, *Archivrecht*, S. 175.

1004 Referentenentwurf des BMJV (EMöGG) (Fn. 609), S. 27.

1005 Becker/Oldenhage, *Bundesarchivgesetz-Kom.*, § 3 BArchG, Rn. 4.

1006 Referentenentwurf des BMJV (EMöGG) (Fn. 609), S. 17.

Gesetzesentwurf der Bundesregierung stellt jene Entscheidung indessen in das Ermessen des jeweils zuständigen Gerichts.[1007]

a) Ermessensentscheidung des Vorsitzenden

Die Beantwortung der Frage, ob dem Verfahren eine herausragende zeitgeschichtliche Bedeutung zukommt, in das alleinige Ermessen des Vorsitzenden zu stellen, könnte negative Folgen hervorrufen. Der öffentliche Druck, welche ohnehin auf dem Vorsitzenden in solchen Verfahren lastet, könnte sich dadurch noch einmal deutlich verstärken.[1008] Die Wahrung der richterlichen (inneren) Unabhängigkeit wird in diesem Kontext abermals eine wichtige Rolle spielen. Geht man von einer gewissenhaften Prüfung des Vorsitzenden aus, so stellt die Entscheidung, ob es sich um ein herausragend zeitgeschichtliches Verfahren handelt, auch eine zusätzliche Arbeitsbelastung dar. Dies vor allem dann, wenn es sich um ein Verfahren handelt, bei dem es durchaus zweifelhaft sein könnte, ob es sich unter diesem recht unbestimmten Merkmal des § 169 II 1 GVG-E subsumieren lässt. Zwar liegt die Entscheidung, ob dem Verfahren eine herausragend zeitgeschichtliche Bedeutung zukommt, letzten Endes beim zuständigen Bundes- bzw. Landesarchiv, dies setzt aber folglich eine vorherige Anordnungsaufzeichnung und somit eine erste Beurteilung voraus.

b) Ermessensentscheidung des Gerichts

Demgegenüber scheint es verständlich, die Entscheidung nicht allein dem Vorsitzenden aufzubürden, sondern in das pflichtgemäße Ermessen des Gerichts bzw. des zuständigen Spruchkörpers zu stellen. Der (nicht nur mediale) Druck der Öffentlichkeit würde demnach nicht ausschließlich auf dem Vorsitzenden lasten, sondern würde sich vielmehr auf das Gericht verteilen. Diese Verteilung könnte sogleich der richterlichen (inneren) Unabhängigkeit des Vorsitzenden förderlich sein, wenngleich er natürlich weiterhin in die Entscheidung mit eingebunden wäre. In der Begründung zum Gesetzesentwurf wird ferner ausgeführt, dass es dem Gericht unbenommen bleibt, das jeweils zuständige Bundes- oder Landesarchiv zur Vorbereitung seiner zu treffenden Entscheidung um eine vorläufige Beurteilung zu erbeten; eine Verpflichtung hierzu solle hingegen nicht bestehen.[1009]

1007 BT-Drucks. 18/10144, S. 27.

1008 Vgl. Norouzi, StV 2016, 590, 593.

1009 BT-Drucks. 18/10144, S. 28.

c) *Einsatz einer externen Kommission?*

Man könnte andererseits die Überlegung anstellen, ob die Entscheidung hinsichtlich der Anordnungsvoraussetzungen nicht aus dem Kompetenzbereich des Gerichts herausgetragen werden könnte. Die große Strafrechtskommission des Deutschen Richterbundes unterbreitete insofern den Vorschlag, ob nicht möglicherweise eine aus Experten bestehende bundesweite Kommission einberufen werden sollte, welche dann im Einzelfall und nach erfolgter Anhörung der Verfahrensbeteiligten über eine Ausnahme vom Verbot des § 169 S. 2 GVG zu befinden hat.[1010]

Dies hätte zum einen den Vorteil, dass dem Gericht ein etwaig bestehender Druck von Seiten der Öffentlichkeit (insbesondere den Medien) bzgl. der Entscheidung für oder gegen eine Aufzeichnung genommen werden könnte. Es könnte insbesondere für den Vorsitzenden eine Arbeitserleichterung darstellen, wird von ihm doch ohnehin ein hohes Maß an unterschiedlichsten Anstrengungen für das Verfahren abverlangt. Eine Anhörung der Verfahrensbeteiligten wäre aber weiterhin erforderlich, sodass eine Mitwirkung des Vorsitzenden bzw. des Gerichts nicht ausbleiben kann. Des Weiteren könnte es vorzugswürdig sein, dass gerade Dritte, d.h. Personen, welche nicht unmittelbar am Verfahren beteiligt sind, über die Bedeutung und Tragweite des Verfahrens – unter Einbeziehung der Verfahrensbeteiligten – urteilen. Eine bundesweite Kommission könnte sich ggf. noch besser mit den Resonanzen, welches das Verfahren auslöst bzw. zukünftig noch auslösen könnte, auseinandersetzen, als es das zuständige Gericht vermag.

Wie bereits erörtert wurde, soll der Vorsitzende die Reaktionen der Gesellschaft auf das jeweilige Gerichtsverfahren durchaus wahrnehmen und sich nicht ob des Verfahrens isolieren. Auf der anderen Seite gilt es aber, die richterliche (innere) Unabhängigkeit zu wahren. Vor diesem Hintergrund verbietet es sich, eine gewisse Grenze (welche gewiss nicht genau festgelegt werden kann und insofern von Person zu Person different sein dürfte) hinsichtlich der Rezeption etwaiger Verfahrensreaktionen zu überschreiten. Zwar soll nun die Anordnungsentscheidung durch das Gericht erfolgen, dies entbehrt den Vorsitzenden jedoch nicht davon, einen eigenen Beitrag zur (Gerichts-)Entscheidung zu leisten. Das Erfordernis der Einsetzung einer Expertenkommission könnte daher auch im Hinblick auf die richterliche (innere) Unabhängigkeit förderlich sein.

1010 Gr. Strafrechtskommission d. Dt. Richterbundes, Gutachten (Fn. 509), S. 150.

Die Zusammensetzung einer solchen Expertenkommission sollte ferner nicht ausschließlich aus Juristen bestehen, sondern Personen aus unterschiedlichen Bereichen (einschließlich Vertreter aus dem Medienbereich) umfassen. Das Erfordernis der Einberufung einer bundesweiten Kommission würde darüber hinaus den Ausnahmecharakter, welche eine Anordnung von Ton- und Filmaufnahmen zu wissenschaftlichen und historischen Zwecken haben sollte, zum Ausdruck bringen. Angenommen, die Einberufung einer Expertenkommission wäre ein zwingendes Erfordernis für die Anordnung von Film- und Tonaufnahmen für wissenschaftliche und historische Zwecke, so dürfte es dadurch wiederum nicht zu wesentlichen Verfahrensverzögerungen kommen.

Denkbar wäre weiterhin, dass zwar eine Expertenkommission über die Einordnung des Verfahrens als bedeutendes historisches Ereignis zu befinden hat, die zu treffende Entscheidung jedoch „lediglich" eine *rechtlich unverbindliche Empfehlung* darstellt. Das Gericht wäre an die Entscheidung der Expertenkommission folglich nicht gebunden, sodass es weiterhin in seinem Ermessen stände, über eine Ausnahme vom Verbot des § 169 S. 2 GVG zu befinden. Die Entscheidung der Kommission würde zwar Bestandteil der Ermessensentscheidung des Gerichts werden, das Ermessen des Gerichts wäre dadurch aber nicht zwangsläufig auf null reduziert.

Was also die Möglichkeit der Einsetzung einer Expertenkommission anbelangt, so böte sie durchaus Vorteile (bessere Einschätzung über die Bedeutung des Verfahrens, Wahrung der richterlichen inneren Unabhängigkeit, ggf. Arbeitserleichterung) und beließe im Falle einer unverbindlichen Empfehlung der Kommission die Entscheidungskompetenz beim zuständigen Gericht. Auf der anderen Seite darf eine unverbindliche Entscheidung einer solchen Expertenkommission nicht derart leerlaufen, dass – im Falle einer positiven Entscheidung – das zuständige Gericht sich in der Praxis regelmäßig gegen eine Anordnung zur Verfahrensaufzeichnung ausspricht. Wie sich eine solche Option in der Praxis letzten Endes auswirkte, müsste daher zunächst evaluiert werden. Sie erscheint jedoch vorzugswürdig und sollte daher in den § 169 II GVG-E mit aufgenommen werden.

6. Nutzung der Ton- und Filmaufnahmen für Verfahrenszwecke?

Der Referentenentwurf des BMJV stellte gem. § 169 II 4 GVG-RefE bereits klar, dass die Ton- und Filmaufnahmen nicht zur Akte zu nehmen sind. Den Aufnahmen soll dadurch kein revisionsrechtlicher Gehalt zugestanden werden.[1011]

1011 Bund-Länder-Arbeitsgruppe „Zeitgemäße Neufassung des § 169 GVG", Abschlussbericht (Fn. 571), S. 19.

Der Deutsche Richterbund hielt eine solche Regelung allerdings für nicht praxistauglich und befürchtete, dass die getätigten Aufzeichnungen letzten Endes über Beweisanträge in das Gerichtsverfahrens miteingebracht werden könnten.[1012] Die Möglichkeiten, bereits vor Ablauf der regulären Schutzfrist Zugriff auf das entsprechende Archivmaterial zu erhalten, wurden bereits erörtert.[1013] Würden die Aufnahmen letztlich doch Gegenstand des Verfahrens werden, so bestünden darüber hinaus Bedenken hinsichtlich des Gleichheitsgrundsatzes, denn anders als bei historisch beachtlichen Verfahren könnten dann bei allen anderen Verfahren die audiovisuellen Aufzeichnungen gerade nicht zur Überprüfung herangezogen werden.[1014]

Der Gesetzesentwurf der Bundesregierung bringt nun gem. § 169 II 3 GVG-E zum Ausdruck, dass die Aufnahmen (weiterhin) nicht zur Akte zu nehmen sind und (nun explizit) weder *herausgegeben*, noch *zu Verfahrenszwecken* genutzt werden dürfen. Die Verwahrung der Aufnahmen darf somit ausschließlich nur zu Gunsten einer künftigen direkten Anbietung an das jeweils zuständige Archiv erfolgen.[1015] Gleichwohl kritisiert *Mosbacher*, dass aufgrund der Formulierung des § 169 II 3 GVG-E eine Nutzung der Aufzeichnungen zumindest für *andere* Verfahren (bspw. für sich anknüpfende Zivilverfahren) nicht ausgeschlossen erscheint.[1016] Die Verwendung der Aufzeichnungsmaterialien zu Gunsten anderer Verfahren widerspräche indessen dem offenkundigen Willen des Gesetzgebers. Sie widerspräche auch dem § 169 II 4 GVG-E (die Pflicht zur Anbietung der Aufnahmen zur Übernahme beim zuständigen Bundes-oder Landesarchiv), sowie dem § 169 II 5 GVG-E (die Pflicht zur Löschung der Aufzeichnungen im Falle der Nichtannahme durch das zuständige Bundes- oder Landesarchiv). Dass darüber hinaus noch eine andere Verwendung der Aufnahmen zulässig ist, lässt sich dem Wortlaut nach nicht entnehmen. Dass Ton- und Filmaufnahmen für wissenschaftliche und historische Zwecke künftig ebenfalls für Verfahrenszwecke verwendet werden, ist daher nicht zu befürchten.

1012 Deutscher Richterbund, Stellungnahme Nr. 12/16 (Fn. 698).

1013 Siehe S. 200 ff.

1014 Deutscher Richterbund, Stellungnahme Nr. 12/16 (Fn. 698).

1015 BT-Drucks. 18/10144, S. 28.

1016 Mosbacher, Stellungnahme zum EMöGG, S. 3, abrufbar unter: https://www.bundestag.de/blob/500956/b86d2c56f7406e285de40b60c847ed60/mosbacher-data.pdf (abgerufen am 02.09.2017).

V. Pro und Contra

Im Nachfolgenden soll festgestellt werden, welche Gesichtspunkte für und gegen eine Verfahrensaufzeichnung zugunsten wissenschaftlicher und historischer Zwecke sprechen.

1. Pro

a) Konservierung des Verfahrens

Die Möglichkeit der audiovisuellen Aufzeichnung von historisch bedeutsamen Verfahren bietet den Vorteil, das Geschehen vor Gericht im Nachhinein detailliert für wissenschaftliche und historische Zwecke verwerten zu können. Die Dokumentation von Gerichtsverfahren dient daher der Informierung einer künftigen, und gerade nicht – wie es z. B. bei der Medienübertragung von Gerichtsurteilen der Fall ist – der gegenwärtigen Öffentlichkeit.[1017] Natürlich lässt sich bereits gegenwärtig ein Verfahren anhand der entsprechenden Akten rekapitulieren. Darüber hinaus werden in diversen Verhandlungen (u. a. im NSU-Verfahren oder im Zuge des Wiederaufnahmeverfahrens gegen *Gustl Mollath*) umfangreiche Wortprotolle angefertigt.[1018] Jedoch käme durch eine zusätzliche Aufzeichnung des Verfahrens in Bild und/oder Ton der nachfolgenden Verwertung des Verfahrensgegenstandes eine gesteigerte Qualität zu. Dies gilt vor allem im Hinblick auf die Vollständigkeit und Genauigkeit einer solchen Dokumentation.

Gerade durch eine visuelle Aufzeichnung können zudem authentische Eindrücke aus der Verhandlung gewonnen werden. Fotos, welche vor Verhandlungsbeginn oder nach ihrer Beendigung gemacht werden, vermögen nicht das in der Verhandlung Erlebte wiederzugeben. Zeichnungen, welche während des Verhandlungsganges von bestimmten Verfahrensbeteiligten angefertigt werden, sind nur bedingt dazu im Stande, die zahlreichen Eindrücke einer Gerichtsverhandlung festzuhalten. Selbst wenn es sich ausschließlich um Tonaufnahmen handeln sollte, so würden diese im Hinblick auf wissenschaftliche und historische Zweckverwendungen dennoch einen Mehrwert innehaben. Die ausführlichen (Ton-)Aufzeichnungen des ersten Ausschwitz Prozesses von 1963 bis 1965, obgleich sie ursprünglich nur für gerichtsinterne Zwecke vorgesehen waren, werden in diesem Kontext oftmals als positives Beispiel dafür genannt, welchem Wert solchen Verfahrensaufzeichnungen über viele Jahrzehnte hinweg

1017 Vgl. Referentenentwurf des BMJV (EMöGG) (Fn. 609), S. 17, 27.

1018 Dazu JPK, Stellungnahme zur Reform des § 169 GVG durch das EMöGG (Fn. 695).

noch zukommen können.[1019] Auch die Tonaufzeichnungen aus dem Stammheim-Prozess von 1975 bis 1977 verdeutlichen die Relevanz einer solchen Dokumentation.[1020]

b) Kosten und Aufwand

Auch Bild- und Tonaufnahmen für ausschließlich wissenschaftliche und historische Zwecke setzen die entsprechende Technik, namentlich Kameras und Mikrofone, voraus. Laut des BMJV bzw. der Bundesregierung wären für die Akquise solcher Geräte für das jeweilige Gericht einmalig höchstens **10000€** zu veranschlagen.[1021] Für die ggf. erforderliche Überwachung der Aufnahmen sind – ausgehend von einem Großverfahren von exempli causa 100 Verhandlungstagen, welche jeweils fünf Stunden andauern – 500 Stunden an Personalkosten zu kalkulieren, sodass sich die Überwachungskosten bei einem Stundenlohn eines Beamten des mittleren Dienstes der Länder von ca. **27,10€** auf ungefähr **13550€** belaufen würden.[1022] Es wird jedoch davon ausgegangen, dass ein Verfahren, bei dem eine Archivaufzeichnung in Betracht kommt, höchstens etwa alle fünf Jahre[1023] vorkommt, und sich die durchschnittlichen jährlichen Mehrkosten (ohne Einmalaufwand) auf durchschnittlich **2710€** belaufen würden.[1024]

Gem. § 3 II 2 BArchG n. F. entscheidet das Bundesarchiv im Benehmen mit dem anbietenden Gericht, ob den Dokumentationsmaterialien ein bleibender Wert zukommt. Richtig ist, dass letzten Endes das Bundesarchiv die Entscheidung über einen bleibenden Wert zu fällen hat und dies nicht in den Aufgabenkreis bzw. in die Kompetenz des jeweiligen Gerichtes fällt. Die anbietende Stelle ist aber zu einer verwaltungsfachlichen Beratung des Bundesarchivs verpflichtet[1025], sodass auch diesbezüglich ein gewisser Mehraufwand auf die Gerichte

1019 Siehe etwa Referentenentwurf des BMJV (EMöGG) (Fn. 609), S. 17; Gr. Strafrechtskommission d. Dt. Richterbundes, Gutachten (Fn. 509), S. 148 f.; JPK, Stellungnahme zur Reform des § 169 GVG durch das EMöGG (Fn. 695); v. Coelln, AfP 2016, 491, 493; Lange, Dt. Bundestag, Stenografischer Bericht, Plenarprotokoll 18/209, S. 21041.

1020 Norouzi, StV 2016, 590, 594.

1021 Referentenentwurf des BMJV (EMöGG) (Fn. 609), S. 23; BT-Drucks. 18/10144, S. 24.

1022 Referentenentwurf des BMJV (EMöGG) (Fn. 609), S. 23; BT-Drucks. 18/10144, S. 24.

1023 Die Verbände BDZV, DJV, Dt. Presserat, VDZ und dju in ver.di gehen jedoch davon aus, dass mehr als nur ein Verfahren in fünf Jahren für eine audiovisuelle Dokumentation in Betracht kommen wird, Gemeinsame Stellungnahmen zum EMöGG (Fn. 696), S. 6.

1024 Referentenentwurf des BMJV (EMöGG) (Fn. 609), S. 23; BT-Drucks. 18/10144, S. 24.

1025 Becker/Oldenhage, *Bundesarchivgesetz-Kom.*, § 3 BArchG, Rn. 7.

hinzukommen könnte. Dieser dürfte allerdings in den meisten Fällen nicht wesentlich sein, sodass hinsichtlich eines möglichen Mehraufwandes keine durchgreifenden Bedenken bestehen.

2. Contra

a) Verfahrensverzögerung und Rechtsschutz

Der Referentenentwurf des BMJV stellt gem. § 169 II 2 GVG-RefE klar, dass die Anordnung des Vorsitzenden unanfechtbar ist. Der Gesetzesentwurf der Bundesregierung bringt dies ebenfalls in § 169 IV GVG-E zum Ausdruck. Durch den Ausschluss der Anfechtbarkeit soll eine Beeinträchtigung und Verzögerung des Gerichtsverfahrens vermieden werden.[1026] Die inkorrekte, die Wahrheit beeinträchtigende Aufnahme stellt jedoch – als Resultat der unanfechtbaren Vorentscheidung des Vorsitzenden – einen Verfahrensmangel dar, der, sofern er der anfechtbaren Sachentscheidung anhaftet, gerügt werden kann.[1027]

Nach dem Dafürhalten des BMJV und der Bundesregierung führt die Unanfechtbarkeit der Anordnungsentscheidung nicht dazu, dass die Rechtsschutzgarantie aus Art. 19 IV GG tangiert wird.[1028] Der Zugang zum Gericht soll dadurch nicht in einem erheblichem Maße erschwert werden.[1029] Die BRAK argumentiert hingegen, dass schon die Aufzeichnungsoption angesichts der damit einhergehenden Nachteile wie die Beeinträchtigung der Wahrheitsfindung den Zugang zum Gericht erschwert, schließlich steht im Zeitpunkt der Klageerhebung noch gar nicht fest, ob eine solche Aufzeichnung vom Vorsitzenden angeordnet wird.[1030] Sollte die klägerische Partei mit einer solchen Anordnung nicht im Einklang stehen, könne sie höchstens die Klage zurücknehmen.[1031] Es ist des Weiteren davon auszugehen, dass womöglich die von der Anordnung Betroffenen Verfassungsbeschwerde (vorerst im Wege der einstweiligen Anordnung) vor dem Bundesverfassungsgericht erheben werden.[1032] Sollte das Gericht hingegen zu der Entscheidung gelangen, keine Aufnahmen zu Gunsten wissenschaftlicher und historischer Zwecke anzufertigen, so kann damit keine Beeinträchtigung

1026 Referentenentwurf des BMJV (EMöGG) (Fn. 609), S. 27; BT-Drucks. 18/10144, S. 28.
1027 BRAK, Stellungnahme Nr. 18/2016 (Fn. 692), S. 7.
1028 Referentenentwurf des BMJV (EMöGG) (Fn. 609), S. 27; BT-Drucks. 18/10144, S. 28.
1029 Referentenentwurf des BMJV (EMöGG) (Fn. 609), S. 27.
1030 BRAK, Stellungnahme Nr. 18/2016 (Fn. 692), S. 7.
1031 BRAK, Stellungnahme Nr. 18/2016 (Fn. 692), S. 7.
1032 BRAK, Stellungnahme Nr. 18/2016 (Fn. 692), S. 7.

von Grundrechten einhergehen, da ein begründeter grundrechtlicher Anspruch auf Herstellung von Aufzeichnungen kraft des Staates nicht besteht.[1033]

Was die spätere Entscheidung des Bundesarchivs i. S. d. § 3 II 2 BArchG n. F. angeht, so ist diese bereits nicht mehr Teil des eigentlichen Verfahrens und demnach nicht anfällig für mögliche Verfahrensverzögerungen.[1034] Mangels unmittelbarer Rechtswirkung nach außen, sowie der Nichtverletzung subjektiv-öffentlicher Rechte, stellt sie auch keinen Verwaltungsaktes i. S. d. § 35 I VwVfG dar.[1035] Die Entscheidung des Archivs ist nur dann der gerichtlichen Kontrolle nicht entzogen, wenn die Bedeutung der Archivwürdigkeit grundsätzlich verkannt wurde oder bei einem ersichtlichen Missbrauch oder kompletten Entfall der Bewertungskompetenz.[1036] Solche Fälle dürften in der Praxis jedoch selten einschlägig sein. Was also den Rechtsschutz gegen die Entscheidung des Archivs über den Wert der Unterlagen anbelangt, so sind die rechtlichen Möglichkeiten des Betroffenen gegen diese deutlich begrenzt.

b) Negative Auswirkungen auf die Prozessbeteiligten

Was mögliche Beeinflussungen von Kameras und Mikrofonen betrifft, so ist wiederum auf das im Vorfeld Erörterte zu verweisen. Natürlich können Kameraaufnahmen, welche ausschließlich zu archivarischen Zwecken getätigt werden, ebenfalls das Verhalten der Verfahrensbeteiligten negativ beeinflussen[1037] und letzten Endes der Wahrheitsfindung entgegenstehen. Dies gilt ebenfalls für reine Tonaufzeichnungen. Die Tatsache, dass die getätigten Aufnahmen der gegenwärtigen Verwendung entzogen sein sollen[1038], kann jedoch durchaus dazu führen, dass potenziellen Verhaltensänderungen entgegengewirkt wird. Letztlich kann sie aber keinen vollkommenden Schutzmechanismus gegen Verhaltensänderungen der Verfahrensbeteiligten bieten. Gerade in solchen Prozessen, welchen eine herausragende zeitgeschichtliche Bedeutung zukommt, werden Persönlichkeiten

---

1033 v. Coelln, AfP 2016, 491, 494.

1034 Vgl. Referentenentwurf des BMJV (EMöGG) (Fn. 609), S. 27.

1035 Becker/Oldenhage, *Bundesarchivgesetz-Kom.*, § 3 BArchG, Rn. 6.

1036 Manegold, *Archivrecht*, S. 177.

1037 Davon ausgehend etwa Deutscher Richterbund, Stellungnahme Nr. 12/16 (Fn. 698); BDVR, Stellungnahme zum EMöGG (Fn. 694), S. 2; Seif, Dt. Bundestag, Stenografischer Bericht, Plenarprotokoll 18/209, S. 21037.

1038 Nach *Kreicker* sind deshalb die Gefahren für die Wahrheitsfindung und die Verfahrensfairness aufgrund von Verhaltensänderungen vernachlässigbar, ZIS 2017, 85, 104.

mitwirken, denen ihr eigenes Geschichtsbild besonders wichtig ist.[1039] Sofern es sich überdies noch um Personen der Zeitgeschichte oder Amtsträger in Ausübung ihres Amtes handelt, bestand nach bisheriger Gesetzesregelung gem. § 5 V 4 BArchG a. F. sogar die Möglichkeit der Schutzfristverkürzung. Nach § 11 IV BArchG n. F. sind die Schutzfristen des § 11 II BArchG n. F. obendrein grundsätzlich nicht auf Personen der Zeitgeschichte oder Amtsträger in Ausübung ihres Amtes anzuwenden. Archivaufzeichnungen könnten zudem politisch beflügelte Täter zur Inszenierung und Verbreitung ihrer Botschaften veranlassen.[1040]

Bereits die Möglichkeit einer Einwilligungserteilung der Betroffenen im Sinne des § 12 II 1 BArchG n. F. für die Nutzung der Aufzeichnungen vor Ablauf der regulären Schutzfrist könnte eine Art „Einfallstor“ für eine Verhaltensänderung vor Gericht sein. Es ist nicht fernliegend, dass den Betroffenen für die Erteilung ihrer Genehmigung von den zukünftigen Nutznießern der Aufzeichnungen eine gewisse Geldsumme offeriert wird, damit sie vorzeitig Zugriff auf das Archivgut erhalten können. Gerade Betroffene, welche sich in einer finanziellen Notlage befinden, könnten dieser Versuchung nachgeben. Versuche, auf eine Einwilligung der Betroffenen hinzuarbeiten, könnten ohne Weiteres bereits vor der Verhandlung, d. h. vor der Aufzeichnung stattfinden. Mit dem Wissen, dass die Aufzeichnungen also bereits früher als grundsätzlich vorgesehen verwertet werden könnten, ist zwar – da eine Einwilligung erteilt wird – das allgemeine Persönlichkeitsrecht der Betroffenen nicht tangiert, jedoch könnte gerade dieses Wissen Auswirkungen auf das Verhalten vor Gericht haben und somit letztendlich der Wahrheitsfindung im Wege stehen. Da im Falle der Erteilung einer Einwilligung das Ermessen der Archivstelle bzgl. der Schutzfristverkürzung auf null reduziert ist, muss es einen Zugriff auf das Material grundsätzlich auch erlauben. An dieser Stelle sei aber nochmals darauf hingewiesen, dass nach § 12 IV 1 BArchG n. F. das Gericht, bei dem die Unterlagen entstanden sind, dieser Verkürzung noch zustimmen muss. Dennoch: Die Möglichkeit der Einwilligungserteilung muss – vor allem im Hinblick auf die Wahrheitsfindung – durchaus als kritisch betrachtet werden.

VI. Fazit

Film- und Tonaufnahmen, welche zu wissenschaftlichen und historischen Zwecken angefertigt werden, ermöglichen eine zukünftige vertiefende Auseinandersetzung mit den Inhalten der jeweiligen Verhandlung. Im Gegensatz zu den

1039 BRAK, Stellungnahme Nr. 18/2016 (Fn. 692), S. 6.

1040 Seif, Dt. Bundestag, Stenografischer Bericht, Plenarprotokoll 18/209, S. 21037.

bisherigen Möglichkeiten der nachträglichen Eruierung einer Gerichtsverhandlung, können die archivierten Verfahrensmaterialien sicherlich einen qualitativen Zugewinn für wissenschaftliche und historische Zwecke darstellen. Es wäre jedoch vorzugswürdig, wenn eine externe Kommission über die Bedeutung des Verfahrens urteilen würde. Da es sich um eine unverbindliche Empfehlung handeln würde, verbliebe die Entscheidung, ob die Voraussetzungen für eine Verfahrensaufzeichnung gegeben sind, beim zuständigen Gericht. Aufzeichnungen für wissenschaftliche und historische Vorhaben können hingegen Einfluss auf das Verhalten der Prozessbeteiligten haben. Dies gilt sowohl für Filmaufnahmen als auch für reine Tonaufnahmen. Diese Umstände könnten somit der Wahrheitsfindung und damit einem zentralen Verfahrensziel erheblich entgegenstehen. Aus diesem Grund sollte der Gesetzgeber von der Schaffung einer Möglichkeit zur Aufzeichnung von Verhandlungen für wissenschaftliche und historische Zwecke letzten Endes Abstand nehmen.

L. Bezugnahme zur These

Die Ausführungen haben ergeben, dass der Status quo der öffentlichen Hauptverhandlung – im Speziellen in Strafsachen – teilweise nicht befriedigend ist und eines gesetzgeberischen Tätigwerdens bedarf. Die audiovisuelle (gerichtsinterne) Übertragung der Verhandlung in einen Medienraum könnte etwaige bei medienintensiven Prozessen bestehende Engpässe hinsichtlich der Saalkapazität verhindern, zumindest aber in einem gewissen Rahmen entgegenwirken. Sie ist in erster Linie als quantitative Lösung zu begreifen, obgleich mit ihr durchaus auch Aspekte wie die Verbesserung der Arbeitsbedingungen für Medienvertreter einhergehen. Obwohl die audiovisuelle Übertragung der Verhandlung de lege lata bereits möglich ist, müsste der Gesetzgeber – aufgrund gegenteiliger Rechtsansichten und revisionsrechtlicher Bedenken deutscher Gerichte – diese auch in Gesetzesform zum Ausdruck bringen.

Die Tatsache, dass der Gesetzgeber lediglich die Möglichkeit einer Tonübertragung schaffen möchte, stellt keine befriedigende (und ebenso zeitgemäße) Anpassung der Gerichtöffentlichkeit dar; die reine Tonübertagung ist ein wesentliches „Weniger" als die audiovisuelle Übertragung der Verhandlung. Ob die Schaffung der Möglichkeit einer Übertragung von Urteilen (nach dem Willen des Gesetzgebers vorerst nur bei obersten Bundesgerichten) einen Zugewinn hinsichtlich der Öffnung der Justiz gegenüber der Bevölkerung darstellt und zugleich zu einem besseren Verständnis für die Arbeit der Justiz führt, ist mitunter zweifelhaft. Zwingende Gründe gegen ein solches Gesetzesvorhaben liegen indessen nicht vor. Die Aufzeichnung der Verhandlung zugunsten wissenschaftlicher und historischer Zwecke könnte hingegen die Wahrheitsfindung wesentlich beeinträchtigen und sollte daher auch zukünftig unterbleiben.

M. Ergänzung: Beschluss des Deutschen Bundestages und des Bundesrates

Am 22.06.2017 hat der Deutsche Bundestag den besagten Gesetzesentwurf der Bundesregierung[1041] in der durch den Ausschuss für Recht und Verbraucherschutz geänderten Fassung[1042] mit den Stimmen des gesamten Hauses angenommen.[1043] Die geänderte Fassung sieht nunmehr vor, dass die Möglichkeit der Aufzeichnung von Gerichtsverhandlungen zugunsten wissenschaftlicher und historischer Zwecke (§ 169 II 1 GVG-E) auf *Tonaufnahmen* beschränkt werden soll.[1044] Des Weiteren stellt § 169 II 3 GVG-E nun klar: „*Die Aufnahmen sind nicht zu den Akten zu nehmen und dürfen weder herausgegeben noch für Zwecke des aufgenommenen oder eines anderen Verfahrens genutzt oder verwertet werden.*"[1045] Weitere Änderungen durch den Ausschuss für Recht und Verbraucherschutz gab es jedoch nicht.[1046] Am 22.09.2017 erfolgte die Billigung des EMöGG durch den Bundesrat.[1047]

1041 BT-Drucks. 18/10144.

1042 BT-Drucks. 18/12591.

1043 Dt. Bundestag, Stenografischer Bericht, Plenarprotokoll 18/240, S. 24635 f.

1044 BT-Drucks. 18/12591, S. 3.

1045 BT-Drucks. 18/12591, S. 3.

1046 Siehe jedoch die neue Fassung des § 17a BVerfGG-E, welche ebenfalls die zuvor genannten zwei Änderungen beinhaltet, BT-Drucks. 18/12591, S. 3.

1047 BR-Drucks. 606/17 (Beschluss).

N. Fazit

Sarstedt gab einst wieder, dass die Medienvertreter dem Gericht als Gäste – nach dessen gutem Brauch – begegnen und das Gericht ihnen tunlichst optimale Arbeitsbedingungen im Sitzungssaal verschafft.[1048] Dies sei jedoch Courtoisie, keine Schuldigkeit von Rechts wegen, und könne nichts an der Tatsache verändern, dass die Medienvertreter nach dem geltenden Recht Zuhörer wie alle anderen seien.[1049] Mag diese Aussage der damaligen Zeit „geschuldet" sein, so wäre es geradezu fahrlässig, diese in die Gegenwart transportieren zu wollen. Die Schaffung guter Arbeitsbedingungen für Journalisten im und am Gerichtssaal ist keine bloße Courtoisie (mehr), sie ist – nicht zuletzt aufgrund der Bedeutung der Medien und den gewandelten Verhältnissen der Gerichtsöffentlichkeit – zu einer (Rechts-)Pflicht geworden. Dieser Pflicht muss die Justiz – nicht zuletzt wegen ihrer selbst willen – gegenwärtig als auch zukünftig nachkommen. Natürlich war die Gerichtsöffentlichkeit früher eine andere, als man sie heutzutage kennt. Auch die zukünftige Gerichtsöffentlichkeit wird sich von der Gegenwärtigen – möglicherweise grundlegend – unterscheiden. Zeitlos ist indessen das Erfordernis, den Status quo der Gerichtsöffentlichkeit fortwährend der Kontrolle zu unterziehen, und bei Bedarf anzupassen.

1048 Sarstedt, JR 1956, 121, 125.
1049 Sarstedt, JR 1956, 121, 125.

www.ingramcontent.com/pod-product-compliance
Ingram Content Group UK Ltd.
Pitfield, Milton Keynes, MK11 3LW, UK
UKHW020713041026
15590UKWH00002B/635

9 783631 794227